ଭାବ-ଅନୁଭବ

ଭାବ-ଅନୁଭବ

ଡକ୍ଟର ଗଗନ ବିହାରୀ ପାଣିଗ୍ରାହୀ

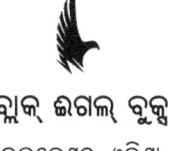

ବ୍ଲାକ୍ ଈଗଲ୍ ବୁକ୍ସ
ଭୁବନେଶ୍ୱର, ଓଡ଼ିଶା

BLACK EAGLE BOOKS
Dublin, USA

ଭାବ-ଅନୁଭବ / ଡକ୍ଟର ଗଗନ ବିହାରୀ ପାଣିଗ୍ରାହୀ

ବ୍ଲାକ୍ ଈଗଲ୍ ବୁକ୍ସ : ଭୁବନେଶ୍ୱର, ଓଡ଼ିଶା • ଡବ୍‌ଲିନ୍, ଯୁକ୍ତରାଷ୍ଟ୍ର ଆମେରିକା

BLACK EAGLE BOOKS

USA address:
7464 Wisdom Lane
Dublin, OH 43016

India address:
E/312, Trident Galaxy, Kalinga Nagar,
Bhubaneswar-751003, Odisha, India

E-mail: info@blackeaglebooks.org
Website: www.blackeaglebooks.org

First International Edition Published by
BLACK EAGLE BOOKS, 2024

BHABA-ANUBHABA
by **Dr. Gagan Behari Panigrahi**

Copyright © **Dr. Gagan Behari Panigrahi**

All rights reserved. No part of this publication may be reproduced, stored in a retrieval system, or transmitted, in any form or by any means, electronic, mechanical, photocopying, recording or otherwise without the prior permission of the publisher.

Cover art: **Dr. Gagan Behari Panigrahi**
Interior Design: Ezy's Publication

ISBN- 978-1-64560-556-0 (Paperback)

Printed in the United States of America

ଉତ୍ସର୍ଗ

ଚାରୁଲତା ମିଶ୍ର

ହେ, ବନ୍ଦନୀୟା, ପୂଜନୀୟା, ଚାରୁ ଚାରୁଲତା
ତୁମେ ନାହିଁ ଆଜି ଆଉ ଆମ ଗହଣରେ,
ତେଜି ସର୍ବ ସୁଖ, ଦୁଃଖ, ମାୟା ଓ ମମତା
ସ୍ମୃତି ତକ ଛାଡ଼ିଦେଇ ଗଲ ଆର ପୁରେ ।

ଜନ୍ମିଥିଲ କାହିଁ ସେଇ ଜିଲ୍ଲା ବଲାଙ୍ଗୀରେ,
ଶୈଶବରୁ ସଙ୍ଗୀତରେ ଥିବାରୁ ମମତା,
ସଙ୍ଗୀତ ଶିଖିଲ ଯାଇ ପୁନା ସହରରେ
ବିଷାରଦ ଉପାଧିରେ ହୋଇଲ ଭୂଷିତା ।

ତୁମର ଆଶିଷ ଲଭି ବାଲେଶ୍ୱର ଭୂଇଁ
ଶାସ୍ତ୍ରୀୟ ସଙ୍ଗୀତ କ୍ଷେତ୍ରେ ପାଇଲା ମାନ୍ୟତା,
ଶତ ଶତ ଶିଷ୍ୟ ଶିଷ୍ୟା ଯଥା ଶିକ୍ଷା ପାଇ
ଅରଜିଲେ କଣ୍ଠଶିଳ୍ପୀ ହେବାର ଯୋଗ୍ୟତା ।

ଧନ୍ୟ ତୁମେ ସୁରମୟୀ ଧନ୍ୟ ତୁମ ସୁର,
ସବିନୟେ ତୁମ ପଦେ ଆମର ଜୁହାର ।

ବୋଉ, ଆପଣ ଆଜି ଆମ ଗହଣରେ ନାହାନ୍ତି । ଏ କଥା ଭାବିଲା ବେଳକୁ ମୋ ଆଖିରେ ଲୋତକ ଜକେଇ ଆସୁଛି । ଆପଣ ତ ସବୁବେଳେ ମୋତେ କବିତା ଲେଖିବାକୁ ପ୍ରେରଣା ଯୋଗାଉଥିଲେ । ସେଥିପାଇଁ ମୋର ଏ କବିତା ଗୁଚ୍ଛ ଆପଣଙ୍କ ପାଦ ତଳେ ସମର୍ପି ଦେଲି । ଯେଉଁଠି ଥିଲେ ବି ମଝିରେ ମଝିରେ ପତ୍ରେ ପତ୍ରେ ଲେଉଟେଇ ପଢ଼ିବେ । ସୁର ବି ଦେବେ ।

ଆପଣଙ୍କ ଗେହ୍ଲା ବଡ଼ ଝିଅ

ଶେଷରେ ନ କହିବା କଥା କହିଲେ ଗଗନ ବିହାରୀ ?

ପ୍ରଫେସର ମଣୀନ୍ଦ୍ର କୁମାର ମେହେର

ଛନ୍ଦ-ମଧୁର କବିତାର ପ୍ରଭାବ କି ଗଭୀର ତାହା ପ୍ରତ୍ୟେକେ ଅନୁଭବ କରିପାରନ୍ତି ନିଶ୍ଚୟ। ଶ୍ରୀଯୁକ୍ତ ଗଗନ ବିହାରୀ ପାଣିଗ୍ରାହୀଙ୍କ ଗୀତିକବିତାର ସଂକଳନ ଭାବ-ଅନୁଭବ ମୋ ଚେତନାକୁ ଭାରେ ଭାବାଚ୍ଛନ୍ନ କରିଦେବାରେ ଲାଗିଲା ନାହିଁ କ୍ଷଣେ ବି ବିଳମ୍ବ। ସଂକଳନଟିକୁ ସାତୋଟି ବିଭାଗରେ ସେ ବିଭକ୍ତ କରି ଦେଇଛନ୍ତି, ଯାହା ତାଙ୍କ ଶୃଙ୍ଖଳିତ ଚିନ୍ତାଧାରାର ପରିଚାୟକ। ସେହି ବିଭାଗଗୁଡ଼ିକର ନାମକରଣ ବି କମ ଚିତ୍ତାକର୍ଷକ ନୁହେଁ। ସେଇ ସାତୋଟି ଭାଗର ଶୀର୍ଷକ ଏଠାରେ ଉଲ୍ଲେଖ କରିବାର ଲୋଭ ସମ୍ବରଣ କରିବା ସମ୍ଭବ ହେଉ ନାହିଁ ମୋ ପକ୍ଷରେ। ତେଣୁ ସୂଚିପତ୍ର ମଧ୍ୟରେ ତାହା ସ୍ଥାନିତ ହୋଇ ଥିଲେ ମଧ୍ୟ ଏଠାରେ ସେହି କୋମଳ ଶବ୍ଦଙ୍କୁ ଆଉ ଥରେ ଉଲ୍ଲେଖ କରିଦେବାରେ ମୋର ଆନନ୍ଦ ହିଁ ଆନନ୍ଦ। ସେଗୁଡ଼ିକ ହେଲା ୧. ସ୍ରଷ୍ଟା ଓ ସୃଷ୍ଟି, ୨. ଅନ୍ତଃସ୍ୱର, ୩. କଥା ଓ ଗାଥା, ୪. ପ୍ରକୃତିର ରଙ୍ଗ, ୫. କିଛି କଥା କିଛି ବ୍ୟଥା, ୬. ପ୍ରେମର ପରିଭାଷା, ୭. ନ କହିଲେ ଭଲ। ଏହି କବିତାଗୁଡ଼ିକୁ ଯେପରି କଳାତ୍ମକ ଶୈଳୀରେ ଉପସ୍ଥାପନ କରାଯାଇଛି ତାହା ଯେ କୌଣସି ସାଧାରଣ ପାଠକକୁ ମଧ୍ୟ ସମ୍ମୋହିତ କରି ଦେଇପାରେ।

କବି ଗଗନ ବିହାରୀ ଭଗବାନଙ୍କ ପ୍ରତି ଏତେ ଆସ୍ଥାଶୀଳ ଯେ ତାଙ୍କୁ କୃପାମୟ ବୋଲି ସମ୍ବୋଧନ କରିଛନ୍ତି। ସତେ ଯେମିତି ଲାଗିଲା ଗଙ୍ଗାଧର ମେହେରଙ୍କ ଭକ୍ତି

କବିତାର ଏହା ଏକ ନୂତନ ସଂସ୍କରଣ। କାରଣ ପ୍ରଭୁଙ୍କୁ ଦେବା ପାଇଁ କବିଙ୍କ ନିକଟରେ କିଛି ନାହିଁ। ସୁନ୍ଦର ଉପଲବ୍ଧି ହେଉଛି ହରିଙ୍କ ନାମ ଉଚ୍ଚାରଣ କରିବା ମାତ୍ରକେ ଉଲ୍ଲସିତ ଓ ପୁଲକିତ ହୋଇ ଉଠେ ତାଙ୍କ ମନ। ଏହା ତ ବୈଷ୍ଣବୀୟ ନମ୍ରତା ଓ ନମନୀୟତାର ସଂକେତ। ବଙ୍ଗକବି ଚଣ୍ଡୀ ଦାସ କହିଲେ 'ସଖୀ କେବା ଶୁନାଇଲ ଶ୍ୟାମ ନାମ/ କାନେର ଭିତର ଦିୟା ମରମେ ପଶିଲ ଗୋ/ ଆକୁଲ କରିଲ ପ୍ରାନ।' ଏହା ହିଁ ରାଧାଙ୍କ ଉପଲବ୍ଧିର ଶିହରଣ। ଗଗନ ବିହାରୀଙ୍କ ମଧ୍ୟରେ ବୃନ୍ଦାବନ ବିହାରୀଙ୍କ ପ୍ରତି ଏ ଆସକ୍ତି ଦେଖି ମୁଁ ସ୍ତମ୍ଭୀଭୂତ? ସେ ଭଗବାନଙ୍କୁ ସକଳ ଶକ୍ତିର ଉତ୍ସ ବୋଲି ବର୍ଣ୍ଣନା କରନ୍ତି। ଯେପରି ଭକ୍ତି କବିତାରେ ଗଙ୍ଗାଧର କହିଛନ୍ତି 'କୋଟି କୋଟି ରବି ଧୂଳି ରୂପେ ତୁମ୍ଭ/ ପାଦେ ହୋଇଛନ୍ତି ରୁଣ୍ଡ।' ସେହିପରି କବି ଗଗନ, ସମଗ୍ର ଗଗନରେ ଦେଖିଛନ୍ତି ଯେଉଁ କୋଟି କୋଟି ତାରକା ତାହାର ନିଗୂଢ଼ ରହସ୍ୟ ଭେଦ କରିବାକୁ କିଏ ବା ସକ୍ଷମ? ନିଜକୁ ତେଣୁ ଅତ୍ୟନ୍ତ କ୍ଷୁଦ୍ର ଓ ନଗଣ୍ୟ ଜ୍ଞାନ କରନ୍ତି ସେ। ଯଦି ଈଶ୍ୱର ସର୍ବତ୍ର ବିରାଜିତ ତେବେ ମନ୍ଦିର ମଧ୍ୟକୁ ଠେଲି ପେଲି ହୋଇ ଯିବାର ଆବଶ୍ୟକତା ବା ରହିଛି କଣ ? ପ୍ରତ୍ୟୁଷ, ପ୍ରଦୋଷକାଳର ସୌନ୍ଦର୍ଯ୍ୟ, ଫଳପୁଷ୍ପ, ସମୀରଣ ଏବଂ ବିହଙ୍ଗମାନଙ୍କ କୁଜନରେ ଉଲ୍ଲସିତ ହୋଇଯାଏ କବି ମନ। ବାସ୍ତବିକ ବ୍ୟକ୍ତିଗତ ଭାବରେ ମୋର ମନେ ହୁଏ, ଯେଉଁମାନେ ମନ୍ଦିରକୁ ଯାଆନ୍ତି, ସେମାନଙ୍କ ମଧ୍ୟରୁ ଅଧିକାଂଶ ହେଉଛନ୍ତି ଈଶ୍ୱରଙ୍କ ପ୍ରତି ଭରସା-ଶୂନ୍ୟ। କାରଣ ଯେଉଁ ଭଗବାନ ସର୍ବତ୍ର ବିରାଜିତ ତାଙ୍କୁ ଦେଖିବା ପାଇଁ ହଜାର ହଜାର ଲୋକଙ୍କ ସମାବେଶରେ ପ୍ରବେଶ କରି ଲହୁ ଲୁହାଣ ହୋଇ ଈଶ୍ୱର ଦର୍ଶନ କରିବାର ଆକାଂକ୍ଷାରେ ଯେଉଁମାନେ ପ୍ରମତ୍ତ ସେମାନେ ହିଁ ତ ନାସ୍ତିକ। ଆଉ ଗହଳି ନ ଥିବା ବେଳେ ମନୋଜ ଦାସଙ୍କ 'ଲକ୍ଷ୍ମୀର ଅଭିସାର' ଗଳ୍ପର କୁନି ଝିଅଟି ମନ୍ଦିର ଭିତରକୁ ଯାଇ ଠାକୁରଙ୍କ ସହିତ ଯେଉଁ ଭାବ ବିନିମୟ କରେ ତାହା ହିଁ ହେଲା ଶ୍ରେଷ୍ଠ ଆସ୍ତିକତା। ଗଗନ ବିହାରୀ ନିଜ ନାମଟିକୁ ବାସ୍ତବିକ ସାର୍ଥକ କରି ଦେଇଛନ୍ତି ଏପରି ଭାବ-ବିନ୍ୟାସ ଦ୍ୱାରା। ଇଚ୍ଛା ହୁଏ ତାଙ୍କ ପ୍ରତିଟି କବିତା ସମ୍ପର୍କରେ ନିଜସ୍ୱ ଅନୁଭୂତି ବ୍ୟକ୍ତ କରିବା ପାଇଁ। ତେବେ ବି ଏହି ଦୁଇ ଚାରିଟି କବିତାର ଭାବ-ସମ୍ଭାର ପ୍ରତି ଦୃଷ୍ଟି ନିକ୍ଷେପ କରିବା ମାତ୍ରକେ ବୁଝି ହୋଇଯାଏ ଗଗନ ବିହାରୀଙ୍କ ଅନ୍ତର କେତେ ପରିଚ୍ଛନ୍ନ।

କଥା ଓ ଗାଥା ବିଭାଗରେ ଯେଉଁ କବିତାଗୁଡିକୁ ସଜ୍ଜିତ କରିଛନ୍ତି ଗଗନ ବାବୁ ତା ଭିତରେ ରହିଛି ସୁପ୍ରସିଦ୍ଧ ବ୍ୟକ୍ତିତ୍ୱମାନଙ୍କ ସମ୍ପର୍କରେ ସ୍ୱକୀୟ ଚିନ୍ତାଧାରା। 'ଆହେ ସିକନ୍ଦର' ନାମକ କବିତାରେ ଦେଖିବାକୁ ମିଳେ ଜଗନ୍ନାଥଙ୍କ ପ୍ରତି ମହିମ୍ନ

ଉପଲବ୍ଧି। ସିକନ୍ଦରଙ୍କୁ ସମ୍ବୋଧନ କରି ସେ ଲେଖିଛନ୍ତି ଯେ ତୁମେ କେଉଁ ଧର୍ମର? ତୁମେ ହିନ୍ଦୁ? ତୁମେ ମୁସଲମାନ? ଏ ସବୁ ଉତ୍ତରର ଆବିଷ୍କାର ଅତ୍ୟନ୍ତ କଠିନ। କାହାକୁ ଯାହା ଜଣା ନ ଥିଲା ତୁମେ ଥିଲ ସେପରି ଉଦାର, ଆକାଶୋପମ ବୋଲି କବିଙ୍କ ସଂକେତ ପ୍ରଦାନ ବଡ଼ ଗହନ। ସେ ତାଙ୍କୁ ଆଧୁନିକ ସାଲବେଗ ବୋଲି ବର୍ଣ୍ଣନା କରିଛନ୍ତି, ଯାହା ତାଙ୍କ ଅନ୍ତର୍ଦୃଷ୍ଟିର ଅଭିବ୍ୟକ୍ତି। କବି ରବି ସିଂଙ୍କ ଉପରେ ମଧ୍ୟ ରହିଛି କବିତାଟିଏ। ରବି ସିଂଙ୍କ ଜୀବନର ଦାରିଦ୍ର୍ୟ, ଦୁଃଖ, ବ୍ୟର୍ଥତା, ଫୁଟି ଉଠିଥିବା ବେଳେ ବାଗଦେବୀଙ୍କ ଆଶିଷରେ ସମସ୍ତ ଝଡ଼ଝଞ୍ଜାକୁ ସେ କିପରି ଅତିକ୍ରମ କରି ଯାଇଛନ୍ତି ତାହାର କାବ୍ୟିକ-ରୀତି ଖୁବ ମର୍ମସ୍ପର୍ଶୀ। ବିଷୟ ନିର୍ବାଚନରୁ ଜଣା ପଡ଼ିଯାଏ କବିତ୍ୱର ଗଭୀରତା ରହିଛି କେଉଁ ସ୍ତର ପର୍ଯ୍ୟନ୍ତ। 'କଳାର ପ୍ରତୀକ' କବିତାଟିରେ କୋଣାର୍କ ନିର୍ମାଣର ରୋମାଞ୍ଚକର ଚିତ୍ର ପ୍ରତିଫଳିତ। ମୁମ୍ବାଇ ବାସିନ୍ଦା ରଶ୍ମୀ ମହାପାତ୍ରଙ୍କ ଜୀବନରେ ଘଟିଥିବା ଏକ ସତ୍ୟ ଘଟଣା ଉପରେ ଆଧାରିତ କବିତା ହେଉଛି 'କାହାର ଏ ମାୟା'। କିପରି ଭାବରେ ସଂକଟ ଜନକ ପରିସ୍ଥିତିରୁ ନିଜ ଝିଅର ଜୀବନ ରକ୍ଷା ସମ୍ଭବ ହୋଇଛି ତାହା ରହସ୍ୟ ଘେରରେ ଲୁକ୍କାୟିତ ବୋଲି ବର୍ଣ୍ଣନା କରିବା ବେଳେ ତାଙ୍କର ଆସ୍ଥାଶୀଳତା ପ୍ରକଟିତ ହୋଇ ଯାଇଛି ଅଦୃଶ୍ୟ ଶକ୍ତି ପ୍ରତି। ମହାତ୍ମା ଗାନ୍ଧୀଙ୍କୁ କେନ୍ଦ୍ର କରି ଅସଂଖ୍ୟ କବିତା ରଚିତ ହୋଇଥିବା କଥା କାହାକୁ ବା ଅଜଣା! ଗଗନ ବିହାରୀ ଲେଖିଛନ୍ତି ଏକ କବିତା ଯାହାର ଶୀର୍ଷକ ହେଲା 'ଜୟ ଗାନ୍ଧୀଜୀ ଜୟ'। ଆମେ ସମସ୍ତେ ଜାଣୁ ଯେ ଅହିଂସା ରୂପକ ମନ୍ତ୍ର ବଳରେ ଭାରତ ହେଲା ଦିନେ ସ୍ୱାଧୀନ। ଗାନ୍ଧିଜୀ ବ୍ରିଟିଶ ସରକାରଙ୍କୁ କେବେ ଭୟ ନ କରି ଶାନ୍ତି ଓ ମୈତ୍ରୀର ବାର୍ତ୍ତା ସଂପ୍ରସାରିତ କରିଛନ୍ତି ଏ ଜଗତରେ। ଯେପରି ଭାବରେ ଗାନ୍ଧିଜୀଙ୍କ ଛାତିରେ ଗୁଳିବନ୍ଧ ହେଲା ଆଉ ସବୁ ଧର୍ମର ସମନ୍ୱୟ ସକାଶେ ଗାନ୍ଧିଜୀଙ୍କ ବଳିଦାନ ଥିଲା ଉଦ୍ଦିଷ୍ଟ ଏଥିପାଇଁ ସମୟର ସ୍ରୋତ ଯୁଗ ପରେ ଯୁଗ ବୋହି ଯାଉଥିଲେ ମଧ୍ୟ ଗାନ୍ଧିଜୀଙ୍କ ଜୟଗୀତି ନିନାଦିତ ହେଉଥିବ ସାଧୁ-ସଜ୍ଜନଙ୍କ କଣ୍ଠରେ। ଗଗନ ବିହାରୀ କେଉଁ କ୍ଷେତ୍ରକୁ ବା ନିଜ ବିହାରସ୍ଥଳୀ କରି ନାହାଁନ୍ତି ତାହା ନୁହେଁ। କରୋନା ମହାମାରୀର ଭୟାବହ ବାତାବରଣ ସ୍ମରଣ କରିବା ମାତ୍ରକେ ଲୋମ ଟାଙ୍କୁରି ଉଠେ। କିପରି ଅସରନ୍ତି ପଥ ଶତଶହସ୍ର ଲୋକ ଅତିକ୍ରମ କରି ଯାଉଥିବା ବେଳେ କାହା କାହାର ଜୀବନଦୀପ ନିର୍ବାପିତ ହୋଇ ଯାଇଛି ଦୁର୍ଘଟଣାରେ ତାହା ପଢିଲେ ଭିଜି ଯାଏ ଆଖି, ମରି ଯାଇଥିବା ମଣିଷର ପରିଚୟ କେବଳ ଏକ ନାମ, ସହର ଓ ଗଳିର ହୋଇଥିଲେ ବି ସେ ଆମ ଶିରାପ୍ରଶିରା ସହିତ ରହିଛି ସଂଯୁକ୍ତ। ଏଥିରେ ବ୍ୟଥିତ ହୋଇ ଯାଇପାରେ ନିଶ୍ଚୟ ନିଷ୍ଠୁର

ପାଠକଟିଏ ମଧ୍ୟ। ଏହା ହିଁ ତ କବିତ୍ୱର ହେଉଛି ମୂଳ ଲକ୍ଷ୍ୟ। ମଣିଷ ଭିତରେ ହିଂସା, ଦ୍ୱେଷ, ଘୃଣା, ଯୁଦ୍ଧ ଏ ସବୁର ଅନ୍ତଃ କଣ ଘଟିବ ନାହିଁ କେବେ ? ନବବର୍ଷର ବାର୍ତ୍ତାରେ ଶାନ୍ତିର ଯେଉଁ ଆକାଂକ୍ଷା ପୋଷଣ କରିଛନ୍ତି କବି ତାହା ନ ଚାହେଁ କେଉଁ ସରଳ ସାଦାସିଧା ଏପରିକି ଅନେକ ସମୟରେ ଦୁର୍ଦ୍ଦାନ୍ତ ବ୍ୟକ୍ତିଟି ମଧ୍ୟ ମାତ୍ର ଏହି ଶାନ୍ତିର ପଥରୁଦ୍ଧ କରୁଥିବା ରାଷ୍ଟ୍ର ନାୟକ ନୁହେଁ ଖଳନାୟକମାନେ କିପରି ଗର୍ବୋନ୍ମତ୍ତ। ତାହା ଦେଖିବା, ଶୁଣିବା ଓ ପଢିବା ମାତ୍ରକେ ଛାତି ଭିତରେ ସଂଚରିତ ହୁଏ ପୃଥିବୀର ଭବିଷ୍ୟତ ବିଷୟକ ଅବର୍ଣ୍ଣନୀୟ ଭୟ ଓ ଆଶଙ୍କା। ଏ କବିତାମାନ ସେଇ ନେତୃବର୍ଗଙ୍କ ହାତରେ ପଡ଼େ ନାହିଁ। ସେମାନେ କବିତା ଠାରୁ ବହୁ ଦୂରବର୍ତ୍ତୀ। ସେମାନେ ଦେଖି ପାରନ୍ତି ନାହିଁ ଫୁଲ ଓ ପ୍ରଜାପତି। କବି ଅନ୍ତରର ଏପରି ବାର୍ତ୍ତା ଗ୍ରନ୍ଥାବଦ୍ଧ ହୋଇ ରହିଯାଏ। ଏହାଠୁ ଆଉ ବେଦନାଦାୟକ ବାର୍ତ୍ତା କଣ ବା ରହିଛି ? ସାଂପ୍ରତିକ ବାତାବରଣରେ ପ୍ରସାରିତ ହୋଇ ଯାଉଥିବା ବର୍ବରତା କବିଙ୍କ ପଦପଂକ୍ତିରେ ବ୍ୟଥିତ ସ୍ୱର ଝଙ୍କାର ତୋଳିଛି। କବି ରହନ୍ତି କାନାଡ଼ାରେ। ମନୋଜ ଦାସ କଣ କମ ଅଭିଭୂତ କରିଛନ୍ତି ତାଙ୍କ ପ୍ରାଣକୁ! ମନୋଜଙ୍କ ମହାପ୍ରୟାଣରେ ଶୋକାକୁଳ ଓଡ଼ିଆ ପ୍ରାଣ ସ୍ପନ୍ଦିତ ହୋଇ ଉଠିଛି ମନୋଜ ଦାସ ନାମ ସ୍ମରଣେ କବିତାଟିରେ।

'ପ୍ରକୃତିର ରଙ୍ଗ' ବିଭାଗଟି ମନମୋହକ। କାନାଡ଼ାରେ ଶରତ ଋତୁ ଆମେ ଯେଉଁମାନେ ଦେଖିବାର ସୁଯୋଗ ପାଇ ନାହୁଁ ସେମାନଙ୍କ ପାଇଁ କ୍ଷଣଟିଏ ମାତ୍ର କାନାଡ଼ା ଭୂ-ଭାଗରେ ଅତିବାହିତ ହୋଇଯାଏ ଏ କବିତାଟି ପଢୁଥିବାବେଳେ। କେତେ ରଙ୍ଗ ବେରଙ୍ଗର ବୃକ୍ଷ, ପତ୍ର ଓ ଫୁଲ ଦେଖାଯାନ୍ତି ନରମ ଓ କୋମଳ। ହ୍ରଦର ସୁନୀଳ ରଙ୍ଗ-ଦର୍ପଣରେ ପ୍ରତିବିମ୍ବିତ ହେଉଥାଏ ଭସା ବାଦଲର ଦୃଶ୍ୟ। ଶରତ ପରେ ଆସେ ଶୀତ ଆଉ ତୁଷାରପାତରେ ସବୁକିଛି ଧାରଣ କରେ ଶୁଭ୍ରରୂପ। ମାତ୍ର ସେଥିରେ ଧରଣୀ ବକ୍ଷ ହୁଏ ପ୍ରକମ୍ପିତ। ତେଣୁ ଶୀତ ନୁହେଁ ଶରତ ହିଁ କବିଙ୍କ ପ୍ରିୟ। ସେହି ଶରତକାଳକୁ ଅନୁଭବ କରିବା ପାଇଁ କାନାଡ଼ାକୁ ସେ ଯେ ଆମକୁ ଉତ୍ତୋଳିତ କରି ନେଇ ପାରନ୍ତି ତାହା ଆମର ସୌଭାଗ୍ୟ। 'ଘାସଫୁଲ' ଶୀର୍ଷକ କବିତାରେ ଘାସଫୁଲର ଆଖି ଦେଖି ପାରିଛନ୍ତି କବି। ସେ ଅଲୋଡ଼ା। ତାକୁ କେହି ତୋଳି ନିଅନ୍ତି ନାହିଁ ଠାକୁରଙ୍କ ପାଇଁ। ହେଲେ ଠାକୁରେ ସ୍ୱୟଂ ଥିରିଥିରି ପବନରେ ତାକୁ ଛୁଇଁ ଯାଉଥାନ୍ତି ବାରମ୍ବାର। କେହି ତାକୁ ପଚାରନ୍ତୁ ଅବା ନ ପଚାରନ୍ତୁ ସେଥିରେ ତାର ନାହିଁ କ୍ଷୋଭ। ଶତଶତ ମଣିଷଙ୍କ ପଦଦଳିତ ହୋଇ ବି ସେ ରହିଥାଏ ତୃପ୍ତ। କାରଣ ସେ ଜାଣେ ତାହାର ସୃଷ୍ଟିର ରହସ୍ୟ କେଉଁଠି। ଏ କବିତା ଘାସଫୁଲ ପାଇଁ ରଚିତ ହୋଇ ନାହିଁ। ହୋଇଛି ଆମମାନଙ୍କ ସକାଶେ। ଆମ ମତରେ ଅଲୋଡ଼ା,

ଅପରିଚିତ, ଅଜ୍ଞାତ ବୋଲି ରହିଥାଏ ଯେଉଁ ଅନୁଶୋଚନା, ତାହା ଯଦି ଆହ୍ଲାଦରେ ପରିଣତ ହୋଇ ଯାଇପାରେ ତେବେ ହିଁ କବିତାଟିକୁ ବୁଝିଛୁ ବୋଲି ପ୍ରବୋଧନା ଦେଇ ପାରିବା ନିଜ ନିଜକୁ। ସକଳ ଭୟଙ୍କର ଉଚ୍ଚାକାଂକ୍ଷା କବଳିତ ମଣିଷକୁ ଘାସଫୁଲର ଜୀବନ ସମ୍ପର୍କରେ ହୃଦୟଙ୍ଗମ କରାଇ ଦେବା ପାଇଁ କବିଙ୍କ ପ୍ରୟାସରେ ରହିଛି ନିଷ୍ଠା ଓ ନିଃସ୍ୱାର୍ଥପରତା। ଏ ପୃଥିବୀର ବିଭିନ୍ନ ଦୃଶ୍ୟ କବିତାରେ ତାଙ୍କର ଚିତ୍ରିତ ହୋଇ ରହିଛି ସରଳ ଓ ମଧୁର ଆବେଗ ନେଇ। ଯେମିତି ଘାସଫୁଲକୁ ସେ ଦେଖନ୍ତି, ସେଭଳି ଭୟଙ୍କର ଝଡ଼ର ତୁଷାରାଚ୍ଛନ୍ନ ପରିବେଶକୁ ବି ଅଙ୍ଗେ ନିଭାଇଛନ୍ତି। ବିଭିନ୍ନ ଦେଶରେ ପ୍ରକୃତିର ଏ ଯେଉଁ ଭିନ୍ନଭିନ୍ନ ରୂପ ତାହା ଅନୁଭବ କରିବା ପାଇଁ କାନାଡ଼ାର ଚିତ୍ର ହୋଇଛି ପ୍ରଦତ୍ତ। ଘାସଫୁଲ ଅଛି। ଝଡ଼ ଅଛି। ଏଠି ପୁଣି ଅଛି କପୋତ ପକ୍ଷୀ ଯିଏ ପ୍ରୀତିର ଓ ମୈତ୍ରୀର ସଙ୍ଗୀତ ଗାଏ ଅହରହ। ଗ୍ରୀଷ୍ମ, ବର୍ଷା, ଶରତ, ହେମନ୍ତ, ଶୀତ, ବସନ୍ତ ସମସ୍ତଙ୍କୁ ଦେଇଛନ୍ତି କବି ସ୍ୱତନ୍ତ୍ର ସ୍ଥାନ। ସଂଧ୍ୟାତାରା ତାଙ୍କୁ କମ ବିହ୍ୱଳ କରେନା। ନାଏଗ୍ରା ଜଳପ୍ରପାତର ଧୁମ୍ରାଭ ରୂପାୟନ, ଇନ୍ଦ୍ରଧନୁର ସପ୍ତରଙ୍ଗ, ସେଠୁ ସତେ ଯେମିତି କବି ଚୋରି କରି ଆଣି ଥୋଇ ଦେଇଛନ୍ତି ନିଜ କବିତା ବହିରେ।

‘କିଛି କଥା କିଛି ବ୍ୟଥା’ ଶୀର୍ଷକ ଦେଇ ଆଉ ଏକ ବିଭାଗର ସୃଜନ କରିଛନ୍ତି ସେ। ‘କୀଚକ ବଧ’ ନାମକ କବିତାଟିଏ ଅନ୍ତର୍ଭୁକ୍ତ ହୋଇଛି ସେଠାରେ। ‘କୀଚକ ବଧ’ କାବ୍ୟ ଯାହା ଗଙ୍ଗାଧର ରଚନା କରିଛନ୍ତି ତାହାର ପ୍ରଭାବ କବିଙ୍କ ଉପରେ କି ଗଭୀର ଏଥିରୁ ଅନୁଭବ କରିହୁଏ। ଏହା ଏକ ଦୀର୍ଘ କବିତା। ଛ ଭାଗରେ ବିଭକ୍ତ। କବିତାଟିକୁ ସିନା କବି ଛ ଭାଗରେ ବିଭକ୍ତ କଲେ, ଭୀମଙ୍କ ପ୍ରଚଣ୍ଡ ପ୍ରହାରରେ କୀଚକ କେତେ ଭାଗରେ ବିଭକ୍ତ ହୋଇଥିବ ତାହା ଜାଣିଥିବ ମହାକାଳ। କ୍ଷମତା, ବଳ ଓ ଗର୍ବ ରହେ ନାହିଁ ଚିରଦିନ ପାଇଁ। ଏ କଥା କବି ସିନା ବୁଝନ୍ତି, ପ୍ରତାପୀ କୀଚକମାନେ ସେ ସବୁ ବୁଝିବା ପାଇଁ ସର୍ବଦା ଅପ୍ରସ୍ତୁତ। ଏହା ହିଁ ଅନ୍ତରକୁ କରେ ଯନ୍ତ୍ରଣାକ୍ତ ଯେ,ଯେଉଁମାନଙ୍କ ଗର୍ବ ଚୂର୍ଣ୍ଣିଭୂତ କରିବା ପାଇଁ କବିତାର ସୃଜନ ସମ୍ଭବ ହୁଏ ସେମାନଙ୍କ ମଧ୍ୟକୁ ଏହା ପ୍ରବେଶ କରେନା। ତା ହେଲେ ଏ କବିତା ସବୁ ପଢ଼ନ୍ତି କେଉଁମାନେ ? ପଢ଼ନ୍ତି ଯୁଧିଷ୍ଠିର, ନକୁଳ ଆଉ ସହଦେବମାନେ। ଯେଉଁମାନେ ପରିବର୍ତ୍ତିତ ହୋଇଯିବା ପାଇଁ କବି ଦେଇଥାନ୍ତି ଇଙ୍ଗିତ ସେମାନଙ୍କ ହୃଦୟକୁ ଛୁଏଁ ନାହିଁ ଏହି ନରମ ଅକ୍ଷର ସବୁ।

ପ୍ରତ୍ୟେକ କବିତା ତ ଆଲୋଚନାଯୋଗ୍ୟ କିନ୍ତୁ ସେଥିପାଇଁ ଏ ଅସୁସ୍ଥ ଆଲୋଚକ ସମୟ ଦେବା ସକାଶେ ଅଯୋଗ୍ୟ। ଦୃଷ୍ଟିରେ ପଡ଼ିଯାଏ ‘ସତୀ ନିର୍ବାସନ’

କବିତାଟି। କାହିଁକି ? ଯେହେତୁ ଗଙ୍ଗାଧରଙ୍କ ତପସ୍ୱିନୀ କାବ୍ୟ ସହିତ ରହିଛି ନିଗୂଢ଼ ସମ୍ପର୍କ ଏହି କବିତାଟିର। ସୀତା ପ୍ରକୃତିର ଦୃଶ୍ୟ ଦେଖି ହୋଇ ଯାଉଛନ୍ତି ବିହ୍ୱଳ। ସୁନ୍ଦର ଧରିତ୍ରୀର କୋଳରେ ଯେ ଭରି ରହିଛି ସ୍ୱଚ୍ଛ ନୀରାନନ୍ଦ, ବିହଙ୍ଗମ ଗାନ କରନ୍ତି ହୃଦୟସ୍ପର୍ଶୀ ଗୀତି। ଏହା ଦେଖି ସୀତା ନିଜକୁ ମନେ କରୁଛନ୍ତି ସୌଭାଗ୍ୟବତୀ। ଯେତେବେଳେ ଲକ୍ଷ୍ମଣ ବାଧ୍ୟ ହୋଇ ପ୍ରକାଶ କରିଛନ୍ତି ସୀତାଙ୍କୁ ଏହି ପ୍ରକୃତି କୋଳକୁ ନେଇ ଆସିବାର ଭୟାବହ କାରଣ, ସେତେବେଳେ ଭରି ଯାଇଛି ବଣମୂଳକରେ କି ଅନ୍ତର୍ବେଦନା। ଲକ୍ଷ୍ମଣଙ୍କ ନେତ୍ର ରୂପାୟିତ ହୋଇଛି ଅଶ୍ରୁର ଦୁଇ ନିର୍ଝର ହୋଇ। ପଶୁପକ୍ଷୀ ମଧ୍ୟ ହୋଇଯାଇଛନ୍ତି ସ୍ଥିର। ସ୍ୱର୍ଗରେ ଇନ୍ଦ୍ର ସୀତାଙ୍କ ଉପରେ ସିଞ୍ଚନ କରିଛନ୍ତି ସମ୍ବେଦନାର ବର୍ଷାବିନ୍ଦୁ। ସୀତାଙ୍କ କ୍ରନ୍ଦନରେ କାନ୍ଦିଛି ବନଭୂମି। ପଦୁଟିଏ ଅଭିଯୋଗ କରିଛନ୍ତି ସୀତା ରାମଚନ୍ଦ୍ରଙ୍କୁ ଲକ୍ଷ୍ୟ କରି। କହିଛନ୍ତି – 'ଏ କେଉଁ ପୁରୁଷାକାର ? ଏ ଅଭାଗିନୀକୁ ନିର୍ବାସିତ କରି କି ଯଶ ହେବ ତୁମର ? ଏଭଳି ପ୍ରଶ୍ନ ତପସ୍ୱିନୀର ସୀତା କରିପାରି ନାହାଁନ୍ତି। କାହିଁକି କରି ନାହାନ୍ତି ତାହା ସୁଦୀର୍ଘ ଆଲୋଚନାର ଅପେକ୍ଷା ରଖେ। ତେଣୁ ସେଥିରୁ ବିରତ ରହିବା ବିଧେୟ। ମହର୍ଷି ବାଲ୍ମିକୀ, ମହାକବି କାଳିଦାସ ଆଉ ଉତ୍ତର ରାମଚରିତର ସ୍ରଷ୍ଟା ଭବଭୂତି ଏ ପ୍ରଶ୍ନର ଉତ୍‌ଥାପନ କରିଛନ୍ତି। କବି ଗଗନ ବିହାରୀ ସୀତାଙ୍କ ଦୁଃଖରେ ଦ୍ରବୀଭୂତ। ସ୍ୱୟଂ କବି ହିଁ ଯେପରି ରାମଚନ୍ଦ୍ରଙ୍କ ଉଦ୍ଦେଶ୍ୟରେ ଏହି ପ୍ରଶ୍ନ ପଚାରିଛନ୍ତି। ଯାହାର ଉତ୍ତର ଏ ପର୍ଯ୍ୟନ୍ତ ରାମଚନ୍ଦ୍ର ସନ୍ତୋଷ ଜନକ ଭାବରେ ଦେଇ ପାରିନାହାଁନ୍ତି। ଏପରି ପ୍ରଶ୍ନର ଉପସ୍ଥାପନ ହେଉଛି ଆଧୁନିକ ସମୟର କବିର ସାମାଜିକ ଦାୟିତ୍ୱବୋଧ। ଗଗନ ବିହାରୀ ନିଜସ୍ୱ ସେହି ପ୍ରତିବଦ୍ଧତା ପ୍ରକଟିତ କରି ଦେଇଛନ୍ତି ଅବିଚାରର ଶିକାର ହେଉଥିବା ନାରୀ ଜୀବନର ପ୍ରତିନିଧି ହୋଇ।

ଗଗନଙ୍କ ପରି କବି, ସାବିତ୍ରୀ ଓ ସତ୍ୟବାନଙ୍କ ସମ୍ପର୍କରେ କିପରି ବା ଲେଖନୀ ଚାଳନା କରନ୍ତେ ନାହିଁ ? ମହାକବି ମହଯୋଗୀ ଶ୍ରୀଅରବିନ୍ଦଙ୍କ ସାବିତ୍ରୀ ମହାକାବ୍ୟର ଅସାମାନ୍ୟ ପ୍ରଭା ବଳୟ ମଧ୍ୟକୁ ସେ ପ୍ରବେଶ କରିପାରିଛନ୍ତି ବୋଲି ଏପରି ଏକ ଦୀର୍ଘ କବିତା ରଚନା ତାଙ୍କ ଦ୍ୱାରା ସମ୍ଭବ ହୋଇଛି। ସ୍ୱୟଂ ଯମରାଜଙ୍କ ପରାଜୟ ଓ ସାବିତ୍ରୀଙ୍କ ନିଷ୍ଠାଶୁଦ୍ଧ ପ୍ରେମର ବିଜୟ ଉଦଘୋଷିତ ହୋଇ ଉଠିଛି ଏଠାରେ।

ଏମିତି କୌଣସି ନାହାଁନ୍ତି କବି ଯିଏ ପ୍ରେମାନୁଭବକୁ ବ୍ୟକ୍ତ କରି ନାହାଁନ୍ତି। କବି ଗଗନ ବିହାରୀ ଏହି ଶାଶ୍ୱତ ଅନୁଭବରୁ କିପରି ବା ରହି ପାରନ୍ତେ ଦୂରବର୍ତ୍ତୀ। ଯାହା କିଛି ନିଜସ୍ୱ ଅନୁଭବ ତାହାକୁ ହିଁ ବ୍ୟକ୍ତ କରିବା ହେଉଛି ତାଙ୍କ କବିତାର ବିଶେଷତ୍ୱ। ସେ ଅନ୍ୟ କାହାକୁ ଅନୁକରଣ କରି ପ୍ରେମର କଥା ଉଚ୍ଚାରଣ କରି

ନାହାଁନ୍ତି । ଏ ବିଷୟରେ ବାସ୍ତବିକ କେହି କାହାକୁ କଣ ଅନୁସରଣ କରିବା ସମ୍ଭବ ? 'ଏ ଆଶ୍ୱିନ ରାତେ' ଶୀର୍ଷକ କବିତାଟିରେ ସେ ଯେଉଁ ଚିତ୍ର ଅଙ୍କନ କରିଛନ୍ତି, ତାହା ହିଁ ହେଉଛି ନିଜ ଅନ୍ତରଙ୍ଗ ସାଥୀ ପ୍ରତି ଶ୍ରେଷ୍ଠ ଉପହାର । କେବଳ ମିଳନ କିମ୍ବା ବିରହର ବର୍ଣ୍ଣନାରେ ପ୍ରେମର ଉପଲବ୍ଧି ସାର୍ଥକତା ବିମଣ୍ଡିତ ହୋଇପାରେ ନାହିଁ । ଏ ଜଗତର ନାନା ସ୍ଥାନରେ, ବିଭିନ୍ନ ଦିଗରେ ଯେଉଁ ସୌନ୍ଦର୍ଯ୍ୟ ପରିସ୍ଫୁଟିତ ଏଥିରେ ବିଭୋରତା ଅନୁଭବ କରେ ପ୍ରଣୟୀ-ପ୍ରାଣ । ସେହି ଅନୁଭୂତିକୁ ନିଜ ଭିତରେ ସୀମିତ ରଖି ପାରେ ନାହିଁ ସେ । ନିଜ ପ୍ରିୟତମାକୁ ଏହି ସବୁ ପ୍ରାଣସ୍ପର୍ଶୀ ପବିତ୍ରତା ପ୍ରତି ଆକୃଷ୍ଟ କରି ଦେବାକୁ ସେ ହୁଅନ୍ତି ଉଦବେଳିତ । ସେଥିପାଇଁ ଆଶ୍ୱିନ ମାସର ରାତିରେ ଯେଉଁ ଶୁଭ୍ର ଜ୍ୟୋସ୍ନା ବିଚ୍ଛୁରିତ ହୋଇ ପଡ଼େ ମହାକାଶରେ, ରୂପେଲି ଜହ୍ନର ଆଲୋକ ଯେପରି ଢ଼ାଳି ଦିଏ ଅସୀମ ମମତା, ସବୁଜ ପତ୍ର ଉପରେ ଛୋଟ ଛୋଟ ସ୍ୱଚ୍ଛ ଶିଶିର କଣିକା, ଝରା ଗଙ୍ଗଶିଉଳିର ମନଲୋଭା ଶୋଭା, ଫିକା ଆଲୁଅରେ ଜଳାଶୟ ମଧ୍ୟରେ ପ୍ରସ୍ଫୁଟିତ ହୋଇଥିବା ନରମ କଇଁଫୁଲ, ଗଭୀର ରାତିରେ କାହିଁ କେତେ ଦୂରରେ ପ୍ରୀତିପୂର୍ଣ୍ଣ ଗୀତ ଗାଉଥିବା ପକ୍ଷୀ, କୁଆଁତାରା ଉଇଁ ଆସିବାର ଦୃଶ୍ୟ ଆଉ ପୂର୍ବାକାଶରେ ସିନ୍ଦୁରା ଶୁଭାଗମନର ସଂକେତ- ଏହି ସବୁ ଦୃଶ୍ୟ ପ୍ରତି ପ୍ରିୟତମାର ଦୃଷ୍ଟି ଆକର୍ଷଣ କରିବାରେ ନିହିତ ଯେଉଁ ନାନ୍ଦନିକ ପ୍ରେମର ପରିସ୍ଫୁଟନ - ତାହା ହିଁ ମଣିଷର ହୃଦୟକୁ କରିଦିଏ ଆଶ୍ୱିନ ରାତି ପରି ସୌନ୍ଦର୍ଯ୍ୟମୟ । ଯେଉଁ ପ୍ରେମିକ ପ୍ରେମିକା ଯୁଗଳ ଏ ସବୁ ଦୃଶ୍ୟ ମଧ୍ୟରେ ବିଲୀନ ହୋଇ ନ ପାରି ଦେହଜ ଆକର୍ଷଣରେ ହୁଅନ୍ତି ନିମଗ୍ନ ସେମାନେ କେବେ ହେଲେ ଜାଣି ପାରନ୍ତି ନାହିଁ ଏ ପୃଥିବୀ କିପରି ଭାବରେ ରହିଛି ପ୍ରେମ ପରିପୂର୍ଣ୍ଣ । ଏପରି କବିତା ରଚନା ଗଗନଙ୍କ ସ୍ୱାତନ୍ତ୍ର୍ୟକୁ ସୁସ୍ପଷ୍ଟ କରି ଦେଇଛି । ପ୍ରେମ କବିତା ହୋଇପାରେ କେଉଁ ସ୍ତରର ସୌନ୍ଦର୍ଯ୍ୟବୋଧରେ ତଲ୍ଲୀନ ତାହା ଏ କବିତାର ଧାଡ଼ିଗୁଡ଼ିକ ବ୍ୟକ୍ତ କରିଛନ୍ତି ନରମ ଓ ମଧୁର ଭାବରେ । ସେହିପରି 'କାମିନୀ' ନାମକ କବିତାରେ ପ୍ରିୟତମା ଲୁକ୍କାୟିତ ହୋଇ ରହିଛନ୍ତି ଶ୍ରାବଣର ବର୍ଷା ପ୍ଲାବିତ ରାତ୍ରି ମଧ୍ୟରେ । ପ୍ରେମିକ, ପ୍ରେମିକାର ଅଙ୍ଗ ସୌଷ୍ଠବ ଦେଖି ପାରୁ ନାହାଁନ୍ତି । କିନ୍ତୁ ଅନୁଭବ କରୁଛନ୍ତି ତାଙ୍କ ଉପସ୍ଥିତି । ଆଘ୍ରାଣ କରୁଛନ୍ତି ତାଙ୍କ ପ୍ରୀତିମୟ ସୁଗନ୍ଧର ସୂକ୍ଷ୍ମ ପ୍ରଭାବ । ପ୍ରଭାତ ଆସିଲେ ପ୍ରିୟତମା ଆଉ ରହିବେ ନାହିଁ । ତାଙ୍କ ଉପସ୍ଥିତି କ୍ଷଣିକ । ଅଥଚ ତାହା ହିଁ ପ୍ରଦାନ କରିପାରେ କବିଙ୍କୁ ଶାଶ୍ୱତ ଆନନ୍ଦ । ଏ କି ପ୍ରକାରର ପ୍ରେମ କବିତା ? ଏପରି ସୂକ୍ଷ୍ମ ଭାବ ସମ୍ପନ୍ନ କବିତା ରଚନା କରିପାରନ୍ତି କେତେ ଜଣ ? ଅନୁଭୂତି ହୋଇ ଉଠେ ଯେତେବେଳେ ସୌନ୍ଦର୍ଯ୍ୟସିକ୍ତ, ସେତେବେଳେ ହିଁ ଏପରି କଳ୍ପନା ଉଜ୍ଜୀବିତ

ହୋଇପାରେ କବିତା ଧାରାରେ। ଚୈତ୍ରର ରାତିରେ ପ୍ରିୟତମା ସହିତ ବସିଥାନ୍ତି କବି। ସମୀରଣ ମଧ୍ୟରେ ଚନ୍ଦନର ବାସ୍ନା ଉତଫୁଲ୍ଲିତ କରେ ତାଙ୍କ ହୃଦୟକୁ। ଆକାଶର ମିଟିମିଟି ତାରା ଲାଗନ୍ତି ଏକ ଏକ ହୀରା। ନିଶାଚର ପକ୍ଷୀ ଗାନ କରେ ସଙ୍ଗୀତ ମଧୁର ସ୍ୱନରେ। ଆଉ ଠିକ ଏହିପରି ପରିବେଶ ହୋଇଯାଏ ପରିସ୍ପନ୍ଦିତ ପ୍ରିୟତମାଙ୍କ ସଙ୍ଗୀତର ସ୍ୱରରେ। କବି ହୃଦୟ ସେହି ଗୀତିରେ ହୁଏ ଶିହରିତ। ମନେ ହୁଏ ସ୍ୱପ୍ନ ଭଳି ଚୈତ୍ର ରାତି କି ରମଣୀୟ। ଏପରି ଅନୁଭବକୁ ବିନ୍ୟସ୍ତ କରିବା କମ ହୃଦୟବତ୍ତାର ପରିଚାୟକ ନୁହେଁ। ରାତିରେ ଆମେ ଯେଉଁ ଦେଖୁଁ ସ୍ୱପ୍ନ ସେ ସବୁ କଣ ସୌନ୍ଦର୍ଯ୍ୟ ସମ୍ପନ୍ନ ? ଅନେକ ବିକୃତ ଆଉ ଭୟଙ୍କର ସ୍ୱପ୍ନରେ ଜୀବନ ଲାଗେ କିପରି ବିପନ୍ନ ତାହା କଣ କାହାକୁ ଅଜଣା ? ଭଲ ସ୍ୱପ୍ନ ଦେଖିବା ଗୋଟିଏ ଯୁଗରେ ହୋଇପାରେ ନାହିଁ ସମ୍ଭବ। ଏଣୁ ଯେତେବେଳେ କବି କହୁଛନ୍ତି ଯେ ସ୍ୱପ୍ନ ରାଜ୍ୟରେ ଆମେ ଭ୍ରମଣ କରୁଛୁ ଚୈତ୍ର ରାତ୍ରିରେ ବୋଲି, ତାହା ହିଁ ହେଉଛି ସତକୁ ସତ ମଣିଷ ଚାହୁଁଥିବା ପ୍ରକୃତ ସ୍ୱପ୍ନ। ରାତିର ଦୁର୍ବୋଧ ସ୍ୱପ୍ନ ମନକୁ କରିଦିଏ ଖଣ୍ଡବିଖଣ୍ଡିତ ଆଉ ଏହି ସ୍ୱପ୍ନ ମଣିଷକୁ ନେଇ ଯାଏ ସୌନ୍ଦର୍ଯ୍ୟର କେତେ କେତେ ସ୍ନିଗ୍ଧ ଓ ମନୋରମ ସୋପାନକୁ। ଏପରି ସ୍ୱପ୍ନ ନିର୍ମାଣ କରିପାରୁଥିବା କବି ଗଗନଙ୍କୁ ଆମର ପ୍ରଣାମ। ପ୍ରତିଟି କବିତାରେ ଏହି ପ୍ରକୃତି ଜଗତର ମଧୁମୟ ଦୃଶ୍ୟ ଅଙ୍କନ କରିଛନ୍ତି କବି ଯେପରି ଭାବରେ ସେହିଠାରୁ ହିଁ ସ୍ୱତଃ ପ୍ରତିପନ୍ନ ହେଉଛି ତାଙ୍କ ପ୍ରାଣର ମୁଗ୍ଧ ମୂର୍ଚ୍ଛନା। ଏ କ୍ଷେତ୍ରରେ ସେ କେଉଁ ପାବଚ୍ଛକୁ ଉତ୍ତୀର୍ଣ୍ଣ ? ପ୍ରତ୍ୟେକ କବିତାରେ ରହିଛି ଅନ୍ତର୍ଗତ ଛନ୍ଦର ସୁଷମା, ରହିଛି ମଧ୍ୟ ସରଳତାର ନିରାଜନା। ଏହା ହିଁ ତ ହେଉଛି ଉଚ୍ଚକୋଟୀର କବିତ୍ୱର ଲକ୍ଷଣ। ଯେତେବେଳେ ନିଜ ପ୍ରେୟସୀକୁ ଅର୍ଦ୍ଧାଙ୍ଗିନୀ ଭାବରେ ଲାଭ କରନ୍ତି ସେତେବେଳେ ବି ମାତା ପିତା, ଭ୍ରାତା, ଭଗିନୀ ଏ ସମସ୍ତଙ୍କ ଭିତରେ ଅର୍ଦ୍ଧାଙ୍ଗିନୀଙ୍କ ସଜଳ ନୟନ ଦେଖି ସେ ଜାଣନ୍ତି ଯେ ସ୍ୱର୍ଗର ଅପସରା ଠାରୁ ମଧ୍ୟ ସେ କିପରି ଅଧିକ ମନମୋହିନୀ ଆଉ ଚିତ୍ତବିନୋଦିନୀ। ପ୍ରିୟତମା ଏଠି ସୁନ୍ଦର ଲାଗୁଛନ୍ତି କାହିଁକି ? ଲାଗୁଛନ୍ତି ଏଥିପାଇଁ ଯେ ପ୍ରିୟ ପରିଜନଙ୍କୁ ଛାଡି ଆସିଥିବା ସ୍ମୃତିରେ ତାଙ୍କ ନେତ୍ର ଯୁଗଳ ସଜଳ। ଏହାକୁ ହିଁ ଦେଖି କବି ବିଭୋର ହୁଅନ୍ତି ସତକୁ ସତ ପ୍ରେମାନୁରାଗରେ ମୁଗ୍ଧ ହୋଇ। କୌଣସି ଅଭିଯୋଗ ସାଂସାରିକ ଜୀବନରେ ନ କରିବା ପରି ପତ୍ନୀ କେତେଜଣ ଅଛନ୍ତି ତାହା ଜାଣିବା ନୁହେଁ ଏତେ ସହଜ ସାଧ୍ୟ। ଅଥଚ କବି-ପତ୍ନୀ କଟୁ ବଚନ ବଦଳରେ କିପରି ମଧୁର ମମତା ପ୍ରଦର୍ଶନ କରିପାରନ୍ତି ତାହା ଲେଖିଛନ୍ତି ଉନ୍ମୁକ୍ତ ପ୍ରାଣରେ ଗଗନ ବିହାରୀ। ଏହା ବାସ୍ତବିକ ସତ୍ୟ ? ନା କବିତାରେ ନିଜ ପତ୍ନୀଙ୍କୁ ସେ ପ୍ରଦାନ କରିଛନ୍ତି ସ୍ୱଇଚ୍ଛାରେ

କଳ୍ପିତ ଗୌରବ ? ଏହି ପ୍ରଶ୍ନ ମୋର ନୁହେଁ, ଏହା ହେଉଛି କର୍କଶ-ଭାଷିଣୀ ପତ୍ନୀଙ୍କ ଆଚରଣରରେ ଉତ୍ପୀଡ଼ିତ ପୁରୁଷର ସନ୍ଦିଗ୍ଧ ଜିଜ୍ଞାସା। ସବୁ କବିତାରେ ରଜନୀର ନୀରବତା, ଫିକା ଫଗୁଣର ମରମ କଥା, ବର୍ଷା ଧାରାର ବିରହ ଗାଥା, ମନ ପକ୍ଷୀର ଝୁରି ହେବାର ଅଶ୍ଲୀଳ ବ୍ୟଥା- ଏ ସବୁକୁ ମଧ୍ୟ କବି କରି ନାହାଁନ୍ତି ଅଣଦେଖା। ଯାହା ବି ହେଉନା କାହିଁକି କବିଙ୍କ ଏପରି ପ୍ରେମ କବିତାର ଯେ ସ୍ୱତନ୍ତ୍ର ଆବେଦନ ରହିଛି- ଏ କଥା ସ୍ୱୀକାର କରିବାକୁ ପଡ଼ିବ ହାର୍ଦ୍ଦିକ ଭାବରେ।

କବିତା ପୁସ୍ତକଟିର ଶେଷ ଭାଗର ଉପଶୀର୍ଷକ ହେଲା 'ନ କହିଲେ ଭଲ'। ଯଦି ନ କହିଲେ ଭଲ ତା ହେଲେ କବି ପୁଣି ଏ ସବୁ କହିଛନ୍ତି କାହିଁକି ? ତା ହେଲେ ଆମେ ଧରି ନେବା ଯେ କବି ନିଜେ ଭଲ ନୁହଁନ୍ତି। ଯିଏ ଭଲ ବା ଭଦ୍ରବ୍ୟକ୍ତି ସେ କଣ କେବେ ମୁହଁ ଫିଟାଇ ଅପ୍ରିୟ ସତ୍ୟ ଉଚ୍ଚାରଣ କରିବା ପାଇଁ ଚାହେଁ କି ? କୋର୍ଟ କଚେରିର ବିଳମ୍ବିତ ନ୍ୟାୟ ପ୍ରଦାନ ଉପରେ କଟାକ୍ଷପାତ କରିଛନ୍ତି ସେ। ସେହିପରି ଧନୀ ଲୋକମାନେ କୋଟି କୋଟି ଟଙ୍କା ଋଣ ନେଇ କିପରି ଅନ୍ତର୍ଦ୍ଧାନ ହୋଇଯାନ୍ତି ଆମେ ତାହା ଖବର କାଗଜରୁ ଜାଣୁ। କବି ମିଡ଼ିଲ କ୍ଲାସ ମଣିଷଙ୍କ ଅସହାୟତାକୁ ଚିତ୍ରଣ କରିଛନ୍ତି ଗୋଟିଏ ପକ୍ଷରେ ସହାନୁଭୂତିଶୀଳ ଚିତ୍ତ ନେଇ ଓ ଆଉ ଗୋଟିଏ ପାର୍ଶ୍ୱରେ ଆମ ସରକାରୀ ନୀତି ନିୟମକୁ ବ୍ୟଙ୍ଗ ଓ ବିଦ୍ରୂପ କରିଛନ୍ତି ସତ ସାହସ ନେଇ। 'ନାଲି ପାଣି କରାମତି' କବିତାଟିରେ ସେ ଦର୍ଶାଇ ଦେଇଛନ୍ତି ଯେ ମଦ୍ୟାସକ୍ତ ମନୁଷ୍ୟ ଏହା ଦ୍ୱାରା ବୁଦ୍ଧିବୃତ୍ତି ହରାଇ ହୋଇଯାଏ ସର୍ବସ୍ୱାନ୍ତ। ଘର ସଂସାରର ଶାନ୍ତି ଉଭେଇ ଯାଏ। ଅକାଳ ମରଣ ତାକୁ ବରଣ କରିବାକୁ ପଡ଼େ ଏହି କୁଅଭ୍ୟାସ ଦ୍ୱାରା ପରିଚାଳିତ ହୋଇ। ଏହିପରି ଭାବରେ ଯେଉଁ କେତୋଟି କବିତା ଏ ବିଭାଗରେ ଗ୍ରଥିତ ହୋଇଛି ସେ ସବୁ ହେଉଛି ଅପ୍ରିୟ ସତ୍ୟର ଉଚ୍ଚାରଣ। ବାପୁଜୀଙ୍କୁ ମଧ୍ୟ କବି ଲେଖିଛନ୍ତି ମାର୍ମିକ ପତ୍ର। ସେ ଦର୍ଶାଇ ଦେଇଛନ୍ତି ଯେ, ଏ ଦେଶରେ ଗାନ୍ଧୀ-ପୂଜା କିପରି ପ୍ରହସନରେ ପରିଣତ ହୋଇ ସାରିଛି। ଏମିତି କିଛି ଲୋକ ଅଛନ୍ତି ଯେଉଁମାନେ ଗାନ୍ଧୀ ମୂର୍ତ୍ତିରେ ଅଗ୍ନି ସଂଯୋଗ କରୁଥିବା ବେଳେ, ଗାନ୍ଧୀ ହତ୍ୟାକାରୀ ନାଥୁରାମ ପାଇଁ ତୋଳନ୍ତି ମନ୍ଦିର। କେତେ ଲୋକ ନାଥୁ ମନ୍ଦିର ନିର୍ମାଣ କରୁଥିବା ବେଳେ ଆଉ ଥୋକେ ନିଜ ମନ ଭିତରେ ଗାନ୍ଧୀଙ୍କୁ ପୁନଶ୍ଚ ଗୁଳିବିଦ୍ଧ କରନ୍ତି ନାଥୁରାମ ବେଶରେ। ଏହା ହିଁ କବିଙ୍କ କବିତାର ମର୍ମବାଣୀ।

କେହି ଯେପରି ନ ଭାବନ୍ତି ଯେ, ମହାତ୍ମା ଗାନ୍ଧୀଙ୍କ ବିଷୟରେ କହିବା ବା ଲେଖିବା ଦ୍ୱାରା ସେମାନେ ପ୍ରଶଂସିତ ହେବେ। ମୁଁ ନିଜେ ଗଗନ ବାବୁଙ୍କ କବିତାର

ମୂଲ୍ୟ ଆକଳନ କରୁଥିବା ବେଳେ ମନେ ପଡ଼ିଯାଉଛି ଖବର କାଗଜରେ ଗାନ୍ଧୀ-ପ୍ରସଙ୍ଗ ଉପସ୍ଥାପନ କରି କି ଅସଭ୍ୟ ଆଚରଣ ଓ କର୍କଶ ଉଚ୍ଚାରଣ ଦ୍ୱାରା ମୋ ହୃଦୟ ଖଣ୍ଡବିଖଣ୍ଡିତ ହୋଇଛି ବାରମ୍ବାର। ତଥାପି ଯାହା ନ କହିବା ନିରାପଦ, ଗଗନ ବାବୁଙ୍କ ପରି ବିପଦ ବରଣ କରିଛି ଏ ବିଚରା ନିଃସହାୟ ଲେଖକ। ଏ ବେଦନାର୍ତ୍ତ ରକ୍ତାକ୍ତ ହୃଦୟର ଦୃଶ୍ୟ କାହାକୁ ଦେଖାଇ ହୁଏ ନାହିଁ। କିନ୍ତୁ ଯିଏ ଜାତିର ପିତା ତାଙ୍କୁ ହତ୍ୟା କରିବାର ପ୍ରଚେଷ୍ଟା ଏବେ ବି ରହିଛି ଅବ୍ୟାହତ। କାରଣ ସେମାନେ ଜାଣୁଛନ୍ତି ଯେ ବାରମ୍ବାର ବାରମ୍ବାର ଗାନ୍ଧୀଜୀଙ୍କୁ ନିଷ୍ଠୁର ଭାବରେ ହତ୍ୟା କରାଯାଉଥିଲେ ମଧ୍ୟ ତାଙ୍କ ଶ୍ରଦ୍ଧା, ମମତା ଆଉ ଅହିଂସା ହୋଇ ରହିଛି ଆଉ ରହିଥିବ ଅମର ଜ୍ୟୋତିରେ ଭାସ୍ୱର। କେଉଁମାନେ ଗାନ୍ଧୀ ହତ୍ୟା କରିବା ପାଇଁ ଅଗ୍ରସର ? ଯେଉଁମାନେ ଜାଣନ୍ତି ଯେ ଗାନ୍ଧୀଙ୍କୁ ହତ୍ୟା କରିବାର କୌଣସି ଅସ୍ତ୍ର ନାହିଁ ସେମାନେ ହିଁ ନିଜର ଭୟ ଓ ଭୀରୁତାକୁ ପ୍ରକାଶ କରିବା ପାଇଁ ଗାନ୍ଧୀ ହତ୍ୟା କରି ନିଜେ ହିଁ ହୁଅନ୍ତି ରକ୍ତ ଜର୍ଜରିତ, ପରାଜିତ ଓ ଭୂ ଲୁଣ୍ଠିତ। ଯିଏ ଜାତିର ଜନକ ତାଙ୍କ ନାମ ଉଚ୍ଚାରଣ କରିବା ହୁଏ ଯଦି ବିଦ୍ରୂପର ବିଷୟ ଆଉ ଅପରାଧ ତା' ଠାରୁ ରହିଛି ଆଉ କେଉଁ କରୁଣ ଦୃଶ୍ୟ ଭାରତବର୍ଷର!!! ଯେଉଁ ଗାନ୍ଧିଜୀ ସମସ୍ତ ଧର୍ମ ସମ୍ପ୍ରଦାୟ ମଧ୍ୟରେ ସମନ୍ୱୟ ଆଣିବା ପାଇଁ କରିଛନ୍ତି ଅସୀମ ତ୍ୟାଗ ସେ ଦେଶରେ ଧର୍ମ ନାମରେ ମଣିଷକୁ ଭାଗ ଭାଗ କରି ଦେବାର ଉଦ୍ୟମ କି ନାରକୀୟ ! ଏଭଳି କବିତାରେ କବି ଆଉ ନୀରବ ଦର୍ଶକ ନ ହୋଇ ମୁହଁ ଫିଟାଇଛନ୍ତି। ଆଉ ମୁହଁ ଫିଟାଇବା ଠାରୁ ବଡ଼ ଦୋଷ ଏ ସମାଜରେ କଣ ଅଛି ? ସିଧା ସିଧା ଯେଉଁ ସବୁ ବାକ୍ୟ ରଚନା କରିଛନ୍ତି ଗଗନ ବିହାରୀ ତାହା ଅନେକଙ୍କ ପାଇଁ ଯେ କେବଳ ଅପ୍ରିୟ ନୁହେଁ, ଏକ ଏକ ଅସ୍ତ୍ରାଘାତ ତାହା ସେମାନେ ବୁଝିପାରିବେ ନିଶ୍ଚୟ। କେବଳ ଭାରତବର୍ଷ କଥା ନୁହେଁ, ଆମେରିକାରେ ମଧ୍ୟ ନିର୍ବାଚନ ଦ୍ୱାରା କିପରି ଅଯୋଗ୍ୟ ଅସାମାଜିକ ବ୍ୟକ୍ତି ଆସନ ଅଧିକାର କରନ୍ତି ତାହା ସେ ନିର୍ଭୀକ ଭାବରେ ବ୍ୟକ୍ତ କରିଛନ୍ତି। ହିଂସା, ଦ୍ୱେଷ, ଧର୍ମ, କଳାଗୋରା ଭେଦ ଏ ସବୁ ସମ୍ପ୍ରତି ଆମେରିକାର ସମ୍ମାନକୁ କିପରି ଅବନତ କରି ଦେଇଛି, ତାହା ସେ ଦେଶରେ ଥାଇ ମଧ୍ୟ କବି ରଚନା କରିଛନ୍ତି ରାଜନୀତିର ଖେଳକୁ ମସୀ -ଆକ୍ରମଣ କରି। ଆମେରିକା ହେଉ ବା ଭାରତ ହେଉ ଯେଉଁଠି ଦେଖିଛନ୍ତି ସେ ସଂକୀର୍ଣ୍ଣତା, ଦେଖିଛନ୍ତି ଦର ବୃଦ୍ଧିର ଅସମ୍ଭାଳ ଅବ୍ୟବସ୍ଥା ଆଉ ଦେଖିଛନ୍ତି ସରକାରଙ୍କ କ୍ଷମତା ଜାବୁଡ଼ି ଧରିବାର ଲୋଭ-ଏତେବେଳେ ସ୍ଥିର ହୋଇ ରହିପାରି ନାହାଁନ୍ତି। ଏହା ହିଁ ଗଗନଙ୍କ ଦୁର୍ବଳତା। ଏ ଦୁର୍ବଳତା ବ୍ୟତିରେକେ କବିତା କେବେ ହେଲେ ସୃଷ୍ଟି ହୋଇ ନ ପାରେ। ଯେଉଁ

କବିତାରେ ଅନ୍ୟାୟ, ଅତ୍ୟାଚାର ବିପକ୍ଷରେ ସ୍ୱର ଉତ୍ତୋଳନ କରାଯାଇ ନ ଥାଏ ତାହା ଆଉ ଯାହା ହେଉ ପଛକେ କବିତା ହୋଇପାରିବ ନାହିଁ କେବେ ହେଲେ।

ଏମିତି ଅନେକ କବି ଅଛନ୍ତି ଯେଉଁମାନେ ଦୁର୍ନୀତିଗ୍ରସ୍ତ, ଚାଟୁକାର ଓ ଛଦ୍ମତାର ଶ୍ରେଷ୍ଠ ଦୃଷ୍ଟାନ୍ତ। ଜୀବନରେ ଅନ୍ୟାୟ କରିଥାନ୍ତି ଆଉ ତାରି ବିରୁଦ୍ଧରେ ପୁଣି କବିତା ରଚନା କରି ପୁରସ୍କୃତ ମଧ୍ୟ ହୋଇଥାନ୍ତି ବିଧିବଦ୍ଧ ଯୋଜନା କରି। ଅପ୍ରାସଙ୍ଗିକ କେବେ ହେଲେ ହୋଇ ପାରେନା ଏଠି ଯାହା କହିବାକୁ ପଡୁଛି ମୋତେ। ଏକାଧିକ ବ୍ୟକ୍ତି ଆସି ଜଣାନ୍ତି ଏ ସାମାନ୍ୟ ଲେଖକଟିକୁ ଯେ ଆପଣ ପଦ୍ମ ସମ୍ମାନ, କେନ୍ଦ୍ର ସାହିତ୍ୟ ଏକାଡେମୀ ପୁରସ୍କାର ପାଇବା ପାଇଁ ଯୋଗ୍ୟ। ସେମାନଙ୍କୁ ବିନମ୍ର ପ୍ରଣାମ ଜଣାଇ ଉତ୍ତର ଦିଏ ମୁଁ 'ଏ ସଂସାରରେ ବହୁତ ଭଲ ଲୋକ ଅଛନ୍ତି। ସେମାନଙ୍କୁ ସମ୍ମାନ ପ୍ରଦାନ କରିବା ପାଇଁ ଆପଣ ଚେଷ୍ଟିତ ହେଲେ ଭାରତମାତାଙ୍କର ହୋଇ ପାରିବେ ଉପଯୁକ୍ତ ସନ୍ତାନ। ପୁଣି କେହି କେହି କହନ୍ତି 'ସାର ଆପଣଙ୍କ ନାମରେ ଆମେ ପ୍ରସ୍ତାବ ଦେଉଛୁ ଏକାଡେମୀ ପୁରସ୍କାର ପାଇଁ। ଯାହା ନାମରେ ପୁରସ୍କାର ଦିଆଯାଏ ସେମାନଙ୍କୁ ଏହା ଅର୍ଥାତ ପ୍ରସ୍ତାବ ଦେବା ପୂର୍ବରୁ ପଚରା ଯିବାର ନିୟମ କେଉଁଠି ଲେଖା ଯାଇଛି କି? ଏତେ ଖଣ୍ଡ ବହି ଲେଖିଲେଣି ସେମାନେ ବୋଲି ତାହା ଛାଡ଼ି ଦିଅନ୍ତି ପ୍ରଚାର କରିବା ପାଇଁ ଫେସବୁକ ଜରିଆରେ। କୌଣସି ଅନୁଷ୍ଠାନରୁ ସମ୍ବର୍ଦ୍ଧନା ଲାଭ କରିବା ନିମନ୍ତେ ମଧ୍ୟ ହାଇଁପାଇଁ ହେଉଥିବା କଳାକାର ସାହିତ୍ୟିକଙ୍କ ଅଭାବ ନାହିଁ। ଏହି କାରଣରୁ ଏପରି ପ୍ରସ୍ତାବ ଯେଉଁମାନେ ନେଇ ଆସନ୍ତି ମୋ ନିକଟକୁ ସେମାନଙ୍କ ଆଗ୍ରହକୁ ନିରୁତ୍ସାହିତ କରି ଦେଇଥାଏ ମୁଁ। ଗଗନବାବୁଙ୍କ ପରି ମୁଁ ବି ଜାଣେ ଯେ ବହୁ ଉଚ୍ଚ ଦରର ସାହିତ୍ୟ ସର୍ଜନା ହେଉଥିଲେ ମଧ୍ୟ ନିମ୍ନମାନର ବହି ହୁଏ ଅନେକ କ୍ଷେତ୍ରରେ ପ୍ରସ୍ତାବିତ ଓ ପୁରସ୍କୃତ। ଏହାର ପଶ୍ଚାତପଟର କାହାଣୀ ଏତେ ଦୀର୍ଘ ଯେ ତାହା ବର୍ଣ୍ଣନା କରିବା ଦ୍ୱାରା ମୁଁ ଲକ୍ଷ୍ୟଚ୍ୟୁତ ହୋଇ ଯିବାର ଆଶଙ୍କା ଅସମ୍ଭବ ନୁହେଁ। କେବଳ ଗୋଟିଏ ମାତ୍ର ଦୃଷ୍ଟାନ୍ତ ଦେଇ ମୋ ବକ୍ତବ୍ୟରୁ ଓହରି ଯିବା ପାଇଁ ମାନସିକ ସ୍ତରରେ ମୁଁ ପ୍ରସ୍ତୁତ ହୋଇଯାଇ ସାରିଛି।

ମନେ ପଡୁଛି ହିନ୍ଦୀ ସାହିତ୍ୟର ସୁବିଖ୍ୟାତ 'ଦୀକ୍ଷା' ନାମକ ଏକ ଉପନ୍ୟାସର କିୟଦଂଶ। ତାହାର ସ୍ରଷ୍ଟା ନରେନ୍ଦ୍ର କୋହଲି। ଦ୍ରୌପଦୀଙ୍କ ବସ୍ତ୍ରହରଣ ସମୟରେ ରହିଥିଲେ ଯେଉଁ ରଥୀ ମହାରଥୀ ସେମାନଙ୍କୁ କେହି ଜଣେ ପ୍ରଶ୍ନ ପଚାରିଛନ୍ତି ଯେ, ଆପଣମାନେ ତ ଏତେ ଗୁଣୀ, ଜ୍ଞାନୀ ଓ ବିଜ୍ଞ; ତଥାପି ଦୁର୍ଯ୍ୟୋଧନ ଆଉ ଦୁଃଶାସନଙ୍କର ଦ୍ରୌପଦୀଙ୍କ ପ୍ରତି ଯେଉଁ ବର୍ବର ଅତ୍ୟାଚାର ହୋଇଗଲା ତାହାକୁ ଦେଖି ସମର୍ଥନ ସୂଚକ ମୌନତା ଅବଲମ୍ବନ କରିଥିଲେ କାହିଁକି? ସେମାନେ

ଯେଉଁ ଉତ୍ତର ଦେଇଛନ୍ତି ସେଥିରେ ସ୍ତବ୍ଧ ହୋଇ ରହିଯିବା ଆମ ପରି ହଜାର ହଜାର ଭୟାକ୍ରାନ୍ତ ବ୍ୟକ୍ତିମାନଙ୍କ ପକ୍ଷରେ ସ୍ୱାଭାବିକ ଓ ଆମେ ନିଜେ ନିଜକୁ ଆବିଷ୍କାର କରି ପାରିବା ତାହାରି ମଧ୍ୟରେ ନିଶ୍ଚୟ। ରଥୀ ମହାରଥୀମାନେ ଉତ୍ତର ଦେଇ କହିଛନ୍ତି ଯେ – 'ଆମେ ଯେଉଁ ସମ୍ମାନ ଲାଭ କରିଛୁ ତାହା ଗୋଟିଏ ଦୁଇଟି ଦିନର ସାଧନା କରି ଲାଭ କରି ନାହୁଁ। ବର୍ଷବର୍ଷ ଯୁଗଯୁଗ ବ୍ୟାପୀ ସମସ୍ତ ଅନ୍ୟାୟ ଓ ଅତ୍ୟାଚାର ଦେଖି ମଧ୍ୟ ଆମେ ନୀରବତା ଅବଲମ୍ବନ କରିବାର କାରଣ ହେଉଛି ମୁହଁ ଫିଟାଇବା ମାତ୍ରକେ ଆମେ ଯେଉଁ ମର୍ଯ୍ୟାଦା ଜନକ ସମ୍ମାନ ପାଇଛୁ ତାହା ଆଉ କଦାପି ପାଇପାରି ନ ଥାନ୍ତୁ। କଥା କହିବା ମାତ୍ରକେ, ପ୍ରତିବାଦ କରିବା ମାତ୍ରକେ ଆମେ ନିଜ ଆସନରୁ ମୁହଁମାଡି ପଡ଼ିଥାନ୍ତୁ ତଳେ ଆଉ ଧୂଳି ରୂପରେ ହୋଇ ଯାଇଥାନ୍ତୁ ନଗଣ୍ୟ, ସାମାନ୍ୟ, ଅନାମଧେୟ, ଅପରିଚିତ, ଅଜ୍ଞାତ ସାଧାରଣ। ତେଣୁ ଆମେ ସତ୍ୟ କହିବାକୁ ଯାଇଥାନ୍ତୁ କେଉଁ ମନୋବଳ ନେଇ ?

ଯାହା ନ କହିବା ଭଲ ହୋଇ ଥାନ୍ତା ତାହା କବି ଗଗନ ବିହାରୀ କହି ଦେବା ଦ୍ୱାରା ଗଗନରୁ ସିଧା ସଳଖ ପତନ ହୋଇଛି ତାଙ୍କର ଏହି ଧୂଳି ମାଟି ଉପରେ। ସେପରି ନିର୍ଭିକତା ହିଁ ବଦଳାଇ ଦେଇଥାଏ ଘଟଣାର ମୋଡ଼କୁ ନିଶ୍ଚୟ। କିନ୍ତୁ ସେହି ଦାୟିତ୍ୱ ନେବେ ବା କାହିଁକି ରଥୀ ମହାରଥୀମାନେ। କବି ଗଗନ ବିହାରୀ ବି ସେହିପରି ଅପମାନିତ ହୋଇଯିବାର ଆଶଙ୍କା ଅମୂଳକ ନୁହେଁ। କବିତା ରଚନା କରି କବିମାନେ ଯଦି ପାଆନ୍ତି ବିଦ୍ରୁପ, ଘୃଣା, ବିରକ୍ତି ତା ହେଲେ ତ ସେଇଠି ଘଟିଯିବ କବିର କରୁଣ ମରଣ। ଗଗନ ବିହାରୀ ଯାହା ନ କହିବା କଥା ତାହା କହି ପାରିବା ହିଁ ହେଉଛି ତାଙ୍କର କବିତ୍ୱ।

କବିତା ଶବ୍ଦାଡ଼ମ୍ବରରେ ନ ଥାଏ। ତାହା କାବ୍ୟିକ ଛଟା ପ୍ରଦର୍ଶନ ମଧ୍ୟରେ ବି ଅନୁପସ୍ଥିତ। ଯେତେ ପ୍ରେମ କବିତା ଲେଖିଲେ ମଧ୍ୟ ପ୍ରେମିକ ହେବା ଅସମ୍ଭବ। ଯେତେ ଯାହା ନ କହିବା କଥା ତାହା ଶେଷରେ କହି ଦେଇ ଗଗନ ବିହାରୀ ତାଙ୍କ ବ୍ୟକ୍ତିତ୍ୱ ଓ କବିତ୍ୱକୁ ରଖିଛନ୍ତି ସମୁଜ୍ଜ୍ୱଳ। ଛଦ୍ମତା ବିହୀନ ଏପରି କବିତ୍ୱ ଓ କବିତା ହିଁ ପାଠକର ଅନ୍ତର୍ଦୃଷ୍ଟି କିଞ୍ଚିତ ଉନ୍ମୋଚନ କରିବ ବୋଲି ଏ ଲେଖକ ନିରାଶ ନ ହୋଇ ବରଂ ବହୁ ଦୃଷ୍ଟିରୁ ଆଶାବାଦୀ।

■

କଳିଙ୍ଗ ନଗର, ଭୁବନେଶ୍ୱର
Email: manindrasu@gmail.com

କଥା ପଦେ

ମାର୍ଚ୍ଚ ମାସ ଏଗାର ତାରିଖ ଦୁଇ ହଜାର କୋଡ଼ିଏ ମସିହା। ବିଶ୍ୱ ସ୍ୱାସ୍ଥ୍ୟ ସଂସ୍ଥାର କରୋନା ଭାଇରସ୍ ଜନିତ ରୋଗକୁ ମହାମାରୀ ବ୍ୟାଧି ହିସାବରେ ଘୋଷଣା। ବ୍ୟାଧି ସଂକ୍ରମଣରେ ପ୍ରତିବନ୍ଧକ ସୃଷ୍ଟି କରିବାକୁ ଯାଇ କାନାଡ଼ା ସରକାର ଦ୍ୱାରା ଦେଶର ସମସ୍ତ ବିଦ୍ୟାଳୟ, ମହାବିଦ୍ୟାଳୟ ଓ ବିଶ୍ୱବିଦ୍ୟାଳୟ ବନ୍ଦ। ଯାଦୁଘର, ଚିଡ଼ିଆ ଘର, ସିନେମା ଘର ଓ ପ୍ରେକ୍ଷାଳୟ ପରି ସମସ୍ତ ସର୍ବସାଧାରଣ ଜାଗା ମଧ୍ୟ ବନ୍ଦ। ଦେଶ ବାହାରୁ ବିମାନ ଚଳପ୍ରଚଳ ସ୍ଥଗିତ। ସାରା ପୃଥିବୀରୁ କାନାଡା ସରକାର କାନାଡାର ନାଗରିକମାନଙ୍କୁ ଆଣିବାର ବନ୍ଦୋବସ୍ତ କଲେ। ବ୍ୟବସାୟ ମଧ୍ୟ ବନ୍ଦ କରିଦିଆଗଲା। କେବଳ ଡାକ୍ତରଖାନା, ଔଷଧ ଦୋକାନ ଓ ନିତ୍ୟ ବ୍ୟବହାର୍ଯ୍ୟ ସଉଦା ଦୋକାନ ଖୋଲା ରହିଲା। ଶିକ୍ଷାନୁଷ୍ଠାନ ଓ ଅଫିସ୍ ସବୁ ବନ୍ଦ ହେବା ଫଳରେ ଆମେ ଆତଙ୍କିତ ହୋଇ ସେଇଦିନଠାରୁ ଘର ଭିତରେ ବନ୍ଦୀ ହୋଇ ରହିଲୁ।

ଘରେ ରହି ପ୍ରତିଦିନ ଅଫିସ୍ କାମ ସମ୍ବନ୍ଧୀୟ ଯେତେ ସମ୍ଭବ କମ୍ପ୍ୟୁଟର ମାଧ୍ୟମରେ ଲେଖାପଢ଼ା ହେଲା। କେବେ ଏ ଦୁର୍ଦ୍ଦିନ କଟିବ, ଭବିଷ୍ୟତରେ ଅର୍ଥନୀତି ଉପରେ ଏହାର କି ପ୍ରଭାବ ପଡ଼ିବ, ଚାକିରିର ଅବସ୍ଥା କ'ଣ ହେବ, ସର୍ବୋପରି କିଏ ବଞ୍ଚିବ ବା କିଏ ମରିବ, ଏ ସବୁ ନେଇ ମନ ମଧ୍ୟରେ ସଦାସର୍ବଦା ଉଦ୍‌ବେଗ, ଭୟ ଓ ଆଶଙ୍କାର କଳାବାଦଲ ଛାଇହେଇ ରହିଲା। ଟିଭି ଓ କମ୍ପ୍ୟୁଟରରୁ, ଆକ୍ରାନ୍ତ ଓ ମୃତ୍ୟୁ ସଂଖ୍ୟା, ରୋଗୀ, ଡାକ୍ତର ଓ ନର୍ସମାନଙ୍କର ଅବସ୍ଥା ଦେଖି ମନର ବ୍ୟାକୁଳତା ଆହୁରି ବୃଦ୍ଧିପାଇଲା। ଏ ସବୁକୁ ମନରୁ ଦୂରେଇବାକୁ ଯାଇ ମୁଁ ଯେତେ ପାରେ ସେତେ କମ୍ ଟେଲିଭିଜନ୍ ଦେଖିବାକୁ ଚେଷ୍ଟା କଲି। ସମୟ ବିତେଇବାକୁ ଯାଇ ଯେଉଁ ବହି ସବୁ ପଢ଼ିବାକୁ ଇଚ୍ଛା ଥିଲା ମାତ୍ର ସମୟ ଅଭାବରୁ ପଢ଼ି ପାରି ନଥିଲି ତାହା ପଢ଼ିବାକୁ

ଆରମ୍ଭ କଲି । ଗୋପିନାଥ ମହାନ୍ତିଙ୍କର 'ମାଟି ମଟାଳ', ସୁରେନ୍ଦ୍ର ମହାନ୍ତିଙ୍କର 'ଅନ୍ଧଦିଗନ୍ତ', ଜାନକୀବଲ୍ଲଭ ଓ ଜୟନ୍ତୀ ପଟ୍ଟନାୟକଙ୍କର 'ମହାଭାରତ' ପରି ଆହୁରି ଅନେକ । ବାକିତକ ସମୟ ମୁଁ କବିତା ଲେଖିବାରେ କଟେଇଲି ।

ସେଇ ପଟ୍ଟଭୂମିରେ ମୋର ଏହି ତୃତୀୟ କବିତା ସଂକଳନ 'ଭାବ-ଅନୁଭବ'ର ଅନେକ କବିତା ରଚିତ । ମହାଭାରତ କାହାଣୀ ଦ୍ୱାରା ଅନୁପ୍ରାଣିତ ହୋଇ କୀଚକ ବଧ, କପୋତ ଓ ବାଜପକ୍ଷୀ, ଦ୍ରୌପଦୀ, ସାବିତ୍ରୀ ଓ ସତ୍ୟବାନ କବିତାଗୁଡ଼ିକ ରଚନା କରାହୋଇଅଛି । କରୋନା କାଳର ଘଟଣା ଉପରେ ଲେଖା ହୋଇଥିବା କବିତାଗୁଡ଼ିକ ହେଲା, ନିଃସ୍ୱ ନିର୍ଦ୍ଧନ ଯାତ୍ରୀ ଓ ଦୁଇଶ' ପନ୍ଦର ଗଳି ନମ୍ବର ଓ ବସୁଧାର ଉକ୍ତି । ଆହୁରି ଅନେକ ବିଷୟବସ୍ତୁ ଉପରେ ଏଥିରେ ଥିବା କବିତାଗୁଡ଼ିକ ଆଧାରିତ ହୋଇଥିବାରୁ ଏ ବହିର ସମସ୍ତ କବିତାକୁ ସାତଟି ବିଭାଗରେ ବିଭକ୍ତ କରାହୋଇଅଛି । ସେଗୁଡ଼ିକ ହେଲା, ସ୍ରଷ୍ଟା ଓ ସୃଷ୍ଟି, ଅନ୍ତଃସ୍ୱର, କଥା ଓ ଗାଥା, ପ୍ରକୃତିର ଲୀଳା, କିଛି କଥା-କିଛି ବ୍ୟଥା, ପ୍ରେମର ପରିଭାଷା ଓ ନ କହିଲେ ଭଲ । ମୋର ପୂର୍ବ ସଂକଳନ ପରି ଏଥିରେ ସନ୍ନିବେଶିତ କବିତାଗୁଡ଼ିକ ମଧ୍ୟ ଛନ୍ଦବଦ୍ଧ । ଯଦି ଏହି ସଂକଳନର କବିତାଗୁଡ଼ିକ ପୁଣି ଥରେ ପାଠକ/ପାଠିକାମାନଙ୍କର ହୃଦୟଗ୍ରାହୀ ହୋଇ ତାଙ୍କୁ ଆମୋଦ ପ୍ରଦାନ କରି ପାରିଲା ତେବେ ମୋର ଶ୍ରମ ସାର୍ଥକ ହେଲା ବୋଲି ମୁଁ ଜାଣିବି ।

ଏ କବିତା ପୁସ୍ତକ ପ୍ରକାଶ ହେବାରେ ଅନେକଙ୍କର ସାହାଯ୍ୟ, ସହଯୋଗ ଓ ପ୍ରେରଣା ରହିଛି ।

ପ୍ରଥମରେ ପତ୍ନୀ ସବିତାଙ୍କର ସହଯୋଗ ନଥିଲେ ଏ ପୁସ୍ତକ ଆଜି ପ୍ରକାଶ ପାଇବା ସମ୍ଭବ ହୋଇନଥାନ୍ତା । ସମସ୍ତ କବିତାକୁ ତନ୍ନ ତନ୍ନ କରି ପଢ଼ି, ତ୍ରୁଟି ନିର୍ଦ୍ଧାରଣ କରି ସଂଶୋଧନରେ ସେ ସାହାଯ୍ୟ କରିଛନ୍ତି । ସେଥିପାଇଁ ମୁଁ ତାଙ୍କୁ ସାଦରେ ମୋର କୃତଜ୍ଞତା ଜଣାଉଛି । କଥା ଆକାରରେ ବା ଆଲୋଚନା ମାଧ୍ୟମରେ କବିତା ଲେଖିବାରେ ଯେଉଁ ପରିବାରବର୍ଗ ଓ ବନ୍ଧୁମାନଙ୍କ ଠୁଁ ମୁଁ ପ୍ରେରଣା ପାଇଛି ସେମାନଙ୍କଠାରେ ମୁଁ କୃତଜ୍ଞ । କାନାଡା ଓଡ଼ିଶା ସୋସାଇଟି ଅଫ୍ ଆମେରିକାଜ୍ ଓ ଓଡ଼ିଶା ସୋସାଇଟି ଅଫ୍ ଆମେରିକାଜ୍‌ର ସଭ୍ୟମାନେ ଅନେକ ପାଠଚକ୍ରରେ ମୋର କବିତାକୁ ପ୍ରଶଂସା କରି ମୋତେ ଲେଖିବାର ପ୍ରେରଣା ଯୋଗାଇଥିବାରୁ ମୁଁ ସେମାନଙ୍କଠାରେ ଋଣୀ । ମୋର କବିତା ପ୍ରକାଶ ପାଇଥିବା ପତ୍ରପତ୍ରିକାର ସଂପାଦକ ଓ ସଂପାଦିକାମାନଙ୍କୁ ମୁଁ ସାଦରେ କୃତଜ୍ଞତା ଜଣାଉଛି । ଫେସ୍‌ବୁକରେ ଅନେକ ସହୃଦୟ ପାଠକ-ପାଠିକାମାନଙ୍କର ମନ୍ତବ୍ୟ ପଢ଼ି ମୁଁ ଆନନ୍ଦ ପ୍ରକାଶ କରିବା ସଙ୍ଗେ ସଙ୍ଗେ ସେମାନଙ୍କୁ ଧନ୍ୟବାଦ ଅର୍ପଣ କରୁଛି ।

ମୋର ପୁତ୍ର ସୋମନ ଓ କନ୍ୟା ଇନିକାଙ୍କୁ ଧନ୍ୟବାଦ ଜଣାଉଛି ସେମାନଙ୍କର ସମୟ ସମୟରେ ବିଭିନ୍ନ ପ୍ରକାରର ସାହାଯ୍ୟ ପାଇଁ।

'ବ୍ଲାକ ଇଗଲ ବୁକ୍ସ' ପ୍ରକାଶନ ସଂସ୍ଥା ଏ ପୁସ୍ତକ ପ୍ରକାଶ କରିଥିବାରୁ ଯୁକ୍ତରାଷ୍ଟ୍ର ଆମେରିକାର ବନ୍ଧୁ ସତ୍ୟ ପଟ୍ଟନାୟକ ଓ ପ୍ରକାଶନ ସଂସ୍ଥାର ଅନ୍ୟାନ୍ୟ କର୍ମକର୍ତ୍ତା, ବିଶେଷ କରି ଅଶୋକ ପରିଡ଼ାଙ୍କ ପାଖରେ ମୁଁ ଋଣୀ। ସେମାନଙ୍କର ସାହାଯ୍ୟ ବିନା ଏ ପୁସ୍ତକ ପ୍ରକାଶନ ସମ୍ଭବ ହୋଇପାରିନଥାନ୍ତା।

ଗଗନ ବିହାରୀ ପାଣିଗ୍ରାହୀ

ସୂଚିପତ୍ର

ସ୍ରଷ୍ଟା ଓ ସୃଷ୍ଟି	**୨୭**
ଆହେ କୃପାମୟ ହରି	୨୯
ସକଳ ଶକ୍ତିର ଉତ୍ସ	୩୦
ଈଶ୍ୱର ଓ ମନ୍ଦିର	୩୧
ଦ୍ୱନ୍ଦ୍ୱମୟ ବିଶ୍ୱାସ	୩୩
କିଏ ସେହି ଚିତ୍ରକର ?	୩୫
ଜନନୀ ଜନ୍ମଦାତ୍ରୀ	୩୭
ଭ୍ରାନ୍ତି	୩୮
ହେ ଜନକ	୪୦
ଅନ୍ତଃସ୍ୱର	**୪୧**
ଅନ୍ୱେଷଣ	୪୩
ଜୀବନ ଅଟଇ ସୁନ୍ଦର	୪୫
ଜୀବନ ପଥର ଯାତ୍ରୀ	୪୬
ଜୀବନ ସ୍ରୋତ	୪୭
ପଥ ଅଫେରନ୍ତ	୪୮
ବସୁଧାର ଉକ୍ତି	୫୦
ମନବୋଧ କବିତା	୫୧
ସମୟ	୫୩
କଥା ଓ ଗାଥା	**୫୫**
ଆହେ ସିକନ୍ଦର	୫୭
କବି ରବି ସିଂ	୫୯
କଳାର ପ୍ରତୀକ	୬୫
କାହାର ଏ ମାୟା ?	୬୬
ଜୟ ଗାନ୍ଧିଜୀ ଜୟ	୭୦
ଦୁଇ ଶ' ପନ୍ଦର ଗଳି ନମ୍ବର	୭୨

ନବବର୍ଷ ବାର୍ତ୍ତା	୭୯
ପାଦପର ଆମ୍ରକଥା	୮୦
ପୂଜା ଚାନ୍ଦା	୮୩
ବନ୍ଦୀର ଅନ୍ତଃସ୍ୱର	୮୭
ନିଃସ୍ୱ ନିର୍ଦ୍ଦିନ ଯାତ୍ରୀ	୯୧
ବର୍ବରତାର ଚରମ ସୀମା	୯୪
ବାତ୍ସଲ୍ୟ ମମତା	୯୭
ମନୋଜ ସ୍ମରଣେ	୧୦୦
ଯୁଦ୍ଧ	୧୦୧
ଲତା	୧୦୬
ସୁଖୀ ଧୀବର	୧୦୭
ସେ ପାଇଁ ତୋତେ ମୁଁ କରେ ସଲାମ	୧୧୦
ଅବସର ଚିନ୍ତା	୧୧୪

ପ୍ରକୃତିର ରଙ୍ଗ ୧୧୫

କାନାଡାର ରକ୍ତୁ ଶରତ	୧୧୭
ଘାସଫୁଲ	୧୧୯
ଝଡ଼	୧୨୦
ତୁଷାର ପାତ	୧୨୧
କପୋତ	୧୨୨
ଷଡ଼ ରତୁର ସନେଟ୍	୧୨୩
ସନ୍ଧ୍ୟା ତାରା	୧୨୯
ସ୍ଫଟିକର ଘର	୧୩୦

କିଛି କଥା କିଛି ବ୍ୟଥା ୧୩୧

କପୋତ ଓ ବାଜପକ୍ଷୀ	୧୩୩
କୀଚକ ବଧ	୧୩୯
ଗାଲିଚା ବୁଣିବା ଝିଅ	୧୬୨
ଦ୍ରୌପଦୀ	୧୬୮
ଶୂନ୍ୟ ମନ୍ଦିର	୧୬୪
ସତୀ ନିର୍ବାସନ	୧୭୭
ସାବିତ୍ରୀ ଓ ସତ୍ୟବାନ	୧୮୩

ପ୍ରେମର ପରିଭାଷା	୧୦୫
ଏ ଆଶ୍ୱିନ ରାତେ	୧୦୭
କାମିନୀ	୧୦୮
ଚଇତ୍ର ଚଇତାଲି ରାତେ	୧୦୯
ଚାନ୍ଦ ଓ କୁମୁଦ	୧୧୧
ତୁମେ ମୋ ପ୍ରେୟସୀ ତୁମେ ଅର୍ଦ୍ଧାଙ୍ଗିନୀ	୧୧୨
ଦିନ ଶେଷେ	୧୧୫
ନିଃସଙ୍ଗ ରଜନୀ	୧୧୬
ଫିକା ଫଗୁଣ	୧୧୭
ବର୍ଷା ବିରହ	୧୧୯
ମନ ପକ୍ଷୀ ଝୁରେ	୧୨୦
ନ କହିଲେ ଭଲ	୧୨୧
ଆମ କୋର୍ଟ କଚେରି	୧୨୩
ଧନ୍ୟ ତମେ ମିଡଲ କ୍ଲାସ	୧୨୫
ନାଲିପାଣି କରାମତି	୧୨୭
ନୂଆ ବିକାକିଣା ନୂଆ ବେଉସା	୧୨୯
ପ୍ରିୟତମା ତମେ ବି ବଦଳି ଗଲ ?	୧୩୧
ବାପୁଜୀଙ୍କୁ ପତ୍ର-୧	୧୩୫
ବାପୁଜୀଙ୍କୁ ପତ୍ର-୨	୧୩୯
ବାପୁଜୀଙ୍କୁ ପତ୍ର-୩	୧୪୪
ମାଙ୍କଡ଼ ହାତରେ ଶାଳଗ୍ରାମ	୧୪୭
ଯିବି ମୁଁ ବାବାଜି ହୋଇ	୧୫୧

ସ୍ରଷ୍ଟା ଓ ସୃଷ୍ଟି

ଆହେ କୃପାମୟ ହରି

ଆହେ କୃପାମୟ ହରି !
ପୂଜାର୍ଚ୍ଚନା ପାଇଁ ମୋ ପାଶେ ତ ନାହିଁ
ନୈବେଦ୍ୟ, ରେଶମୀପାଟ,
ଶିକ୍ଷା ଦୀକ୍ଷା ନାହିଁ ଦୁସ୍ଥ ଅଜ୍ଞ ମୁହିଁ
ନ ଜାଣଇ ମନ୍ତ୍ରପାଠ ।

ମୁଁ ଯେ ଅକାଞ୍ଚନ ରିକ୍ତ ହସ୍ତ, ଦୀନ
ମୋ ପାଶେ ତ ଧନ ନାହିଁ,
ସଂସାର ଜଞ୍ଜାଳେ ଯୁଝି ଯୁଝି ତିଳେ
ସମୟ ବି ମିଳେ ନାହିଁ ।

ଯଦି କେଉଁ ଦିନ କରେ ଉଚ୍ଚାରଣ
ନୀରବେ ତୁମରି ନାମ,
ଉଲ୍ଲସିତ ହୋଇ ପୁଲକ ଜାଗଇ
ହୃଦୟ କନ୍ଦରେ ମମ ।

ତୁମ ନାଁ କେବଳ ମୋ ପାଶେ ସମ୍ବଳ
ଫଳ ପୁଷ୍ପ ଭୋଗ ପରି,
କୃପା କରି ତାରେ କର ହେ ଗ୍ରହଣ,
ଆହେ କୃପାମୟ ହରି ।

ସକଳ ଶକ୍ତିର ଉତ୍ସ

ପୂର୍ବାଶା ଅମ୍ବର ଦିଶେ ରକ୍ତ ଜବା ପରି
ଉଦୟ ହୁଅନ୍ତି ଦୀପ୍ତିମାନ ଅଂଶୁମାନ,
ତମସ ପରଦା ଧୀରେ ଯାଏ ଅପସରି
ପଡ଼ି ନବୋଦିତ ରବି ଉଜ୍ଜ୍ୱଳ କିରଣ।

ଅଲୌକିକ ଦୃଶ୍ୟ ଏ ଯେ ଦିନ ପ୍ରତିଦିନ
ହୁଅଇ ପ୍ରକଟ ଯେବେ ଅନନ୍ତ ଗଗନେ,
ସେହି ସୌର ରଶ୍ମି ବଳେ ସକଳ ଜୀବନ
ଚେଇଁ ଉଠେ ଅକସ୍ମାତେ ଧରିତ୍ରୀ ଅଙ୍ଗନେ।

କୋଟି ତାରକା ଗହଣେ ରହି ମହାକାଶେ
ସକଳ ଶକ୍ତିର ଉତ୍ସ ସ୍ୱୟଂ ଦିବାକର,
ସୃଷ୍ଟି କେବେ, କେବେ ଅନ୍ତ, ସ୍ଥିତି ଅବଶେଷେ
କେହି ନ ଜାଣନ୍ତି ଗୁଢ଼ ରହସ୍ୟ ତାହାର।

ବିଶାଳ ବ୍ରହ୍ମାଣ୍ଡ ଆଗେ ହେଲେ ବି ମୁଁ ଛାର,
ଏ କଥା ମୋ କ୍ଷୀଣ ବୁଦ୍ଧି ଭାଳେ ନିରନ୍ତର।

■

ଈଶ୍ୱର ଓ ମନ୍ଦିର

ତୁମେ ଯଦି ଜୀବ ଜଡ଼େ
ସର୍ବ ବିଦ୍ୟମାନ, ହେ ଈଶ୍ୱର !
କୁହ ତେବେ ଯିବି କିଂପା
ପୂଜିବାକୁ ନିତ୍ୟ ମୁଁ ମନ୍ଦିର ?

ଅନ୍ତରୀକ୍ଷ, ମହାକାଶ
ତାରା, ଗ୍ରହ, କାନନ, ବିପିନ,
ମହାର୍ଣ୍ଣବ, ତରଙ୍ଗିଣୀ
ସବୁ ଇ ଯେ ତୁମରି ସୃଜନ ।

ତବ ସୃଷ୍ଟି ସାଥେ ଯଦି
ତବ ସ୍ଥିତି ଥାଏ ନିରନ୍ତର,
କୁହ ତେବେ ଯିବି କିଂପା
ପୂଜିବାକୁ ନିତ୍ୟ ମୁଁ ମନ୍ଦିର ?

ଊଷା, ସଞ୍ଜ, ଫଳ, ପୁଷ୍ପ
ସମୀରଣ, ବିହଗ କୂଜନ,
ମୋ ଇନ୍ଦ୍ରିୟ ସ୍ପର୍ଶ କରି
ତବ ସୃଷ୍ଟି ଉଲ୍ଲସିତ କରଇ ମୋ ପ୍ରାଣ ।

ହେ ଈଶ୍ୱର !
କେଉଁ ରୂପେ ପୂଜିବି ମୁଁ
ତୁମେ ପରା ଅଟ ନିରାକାର,
କୁହ ତେବେ ଯିବି କିଂପା ମନ୍ଦିରକୁ,
ଶୂନ୍ୟ ଯେ ମନ୍ଦିର ?

ଦ୍ୱନ୍ଦ୍ୱମୟ ବିଶ୍ୱାସ

ମଦ ଭାଟିଟିଏ ଗୀର୍ଜା ସନ୍ନିକଟେ
ଯେଉଁ ଦିନୁ ଗଲା ଖୋଲି,
ସେହି ଦିନୁ ସେଠି ଭିଡ଼ ଜମେଇଲେ
ଆସି ମଦୁଆ ମାତାଲି।

ତାଙ୍କ ଦେଖା ଦେଖି ଛୋଟ ସ୍କର୍ଟ୍‌ବାଲୀ
ଆସିଲେ ଜଣକୁ ଜଣ,
ଗୀତ ଗାଇ, ନାଚି, ସିଗାରେଟ୍ ଟାଣି
ସର୍ବେ କଲେ ମଦ୍ୟପାନ।

ଗୀର୍ଜାବାଲା ଦେଖି ହେଲେ ହତୋତ୍ସାହ
କଥା ଏତ ହେଲା ମନ୍ଦ,
ସରକାର ପାଶେ କଲେ ନିବେଦନ
ଭାଟି କରିବାକୁ ବନ୍ଦ।

କାହିଁ ଥିରେ କିନ୍ତୁ ଫଳ ନ ଫଳିଲା
ଭାଟି ବନ୍ଦ ନ ହୋଇଲା,
ଆଗ ପରି ପୁଣି ବେଶି ରାତି ଯାଏଁ
ଭାଟିରେ ଭିଡ଼ ଜମିଲା।

ଶେଷକୁ ଗୀର୍ଜାରେ ହୋଇଲା ପ୍ରାର୍ଥନା
ମଦ ଭାଟି ବନ୍ଦ ପାଇଁ,
କେତେ ଦିନ ଅନ୍ତେ ଦେଖାଗଲା ଭାଟି
ଜଳେ ହୁତୁ ହୁତୁ ହୋଇ।

ଜନେ କହିବାରେ ବିଜୁଳି ନିଆଁରେ
ଭାଟି ପୋଡ଼ି ହେଲା ଧ୍ୱଂସ,
ପ୍ରାର୍ଥନାର ଇଏ କରାମତି ନିଶ୍ଚେ
ଘଟାଇଲା ସର୍ବନାଶ।

ଭାଟିର ମାଲିକ ମକଦ୍ଦମା ତେଣୁ
କଲା ଗୀର୍ଜା ବିରୁଦ୍ଧରେ,
କହିଲା ପ୍ରାର୍ଥନା ଯୋଗୁ ହିଁ ପୋଡ଼ିଲା
ମଦଭାଟି ବିଜୁଳିରେ।

ଗୀର୍ଜା ବାଲା କିନ୍ତୁ କେଉଁଥିରେ ହେଲେ
ନ ମାନିଲେ ତାଙ୍କ ଦୋଷ,
କୈଫିୟତ୍ ଦେଲେ ଜଜ୍ ସାମନାରେ
ସେମାନେ ପୁରା ନିର୍ଦ୍ଦୋଷ।

ଏହି ତର୍କ ଶୁଣି ଜଜ୍ ମହୋଦୟ
ରହିଲେ ଅବାକ ହୋଇ,
ମଥା ତାଙ୍କ ଖାଲି ଖାଇଲା ଚକ୍କର
ନ ପାରିଲେ ରାୟ ଦେଇ।

ଭାବିଲେ ମନରେ:
ଏତ ଦ୍ୱନ୍ଦ୍ୱମୟ, ଚର୍ଚ୍ଚ ନ ମାନଇ
ପ୍ରାର୍ଥନାର କେତେ ଶକ୍ତି,
ହେଲେ ଆଉ ଜଣେ ମାନୁଛି ଏହାକୁ
ଯିଏ ମଦ ବିକେ ନିତି!

■

କିଏ ସେହି ଚିତ୍ରକର ?

କିଏ ସେହି ଚିତ୍ରକର ?
ନାନା ରଙ୍ଗେ ରଙ୍ଗ ରଙ୍ଗାଇ କରିଛି
ରଙ୍ଗମୟ ଏ ସଂସାର ।
କିଏ ସେହି ଚିତ୍ରକର ?

ପ୍ରଭାତେ ତରୁଣ ଅରୁଣ କିରଣ
ପାଟଳ ବର୍ଣ୍ଣ ପରାୟ,
ଦିଶଇ ଅମ୍ବର ରମ୍ୟ ମନୋହର
ସୁନ୍ଦର ସୁଶୋଭନୀୟ,
ସେଇ ଚିତ୍ରପଟ ଦର୍ଶନ କରନ୍ତେ
ଜନେ ହୁଅନ୍ତି ବିଭୋର,
କିଏ ସେହି ଚିତ୍ରକର ?

ଫେନିଳ ସୁନୀଳ ମହୋଦଧି ଜଳ
ଦିଗନ୍ତେ ମିଶଇ ଯାଇ,
ତହୁଁ ଊର୍ମି ମାଳା ସଇକତ ବେଳା
ପରେ ମଥା ପିଟୁ ଥାଇ,
ଅନାଦି ଅନନ୍ତ କାଳୁ ଲାଗିଅଛି
ଏହି ଦୃଶ୍ୟ ନିରନ୍ତର,
କିଏ ସେହି ଚିତ୍ରକର ?

ଶଇଳ କାନନ ଉଦ୍ୟାନ ବିପିନ
ନାନା ରଙ୍ଗେ କୁସୁମିତ,
ଭରା ଶ୍ୟାମଳିମା ଯା'ର ମାଧୁରିମା
ଜନେ ଦେଖି ଆମୋଦିତ,
ଯାହାର ସର୍ଜନା ଭୁବନେ ଭୁବନେ
ନାହିଁ ଯା'ର ପଟାନ୍ତର,
କିଏ ସେହି ଚିତ୍ରକର ?

ନାନା ପୁଷ୍ପ ଫଳ ଛବିଳ ମଞ୍ଜୁଳ
ଶତ ପଶୁ ପକ୍ଷୀ ପ୍ରାଣୀ,
ବିଚିତ୍ର ଢଙ୍ଗରେ ବିବିଧ ରଙ୍ଗରେ
ରଙ୍ଗେଇଛି ଏ ଧରଣୀ,
ଯା'ର ଚିତ୍ରବଳେ ଚିତ୍ରିତ ଭୂଧର
ଚିତ୍ରମୟ ମନୋହର,
ସବୁରି ମୂଳରେ ସେଇତ କେବଳ
ଅଟନ୍ତି ପରମେଶ୍ୱର,
କର, କର ଯୋଡ଼ି ନମସ୍କାର ।

ଜନନୀ ଜନ୍ମଦାତ୍ରୀ

ହେ ଜନନୀ! ଜନ୍ମଦାତ୍ରୀ, ନିଜ ଲହୁ ଦେଇ
ଜୀବଦାନ କର ତୁମେ ସକଳ ପ୍ରାଣରେ,
"ମାଆ" ଡାକ ଠାରୁ ନାହିଁ, ହେ କରୁଣାମୟୀ!
ଆଉ କିଛି ମଧୁମୟ ଏ ସାରା ସଂସାରେ।

ମନ ପ୍ରାଣ ଢାଳି ତୁମେ ସନ୍ତାନ ଲାଳନେ
ପିଇ ଥାଅ କ୍ଲେଶ ତକ ନୀଳକଣ୍ଠ ପରି,
ଅସହାୟ ଶିଶୁ ବଞ୍ଚେ ତବ ସ୍ତନ୍ୟ ପାନେ
ସେ ବାତ୍ସଲ୍ୟ ମମତାରେ ନୋହିବେ କେ ସରି।

ତୁମେ ଅଟ ସ୍ନେହ ଦାତ୍ରୀ ତୁମେ ସର୍ବଂସହା
ତୁମ ଅନୁକମ୍ପା ବଳେ ସକଳ ଧରଣୀ,
ହୋଇଅଛି ଶାନ୍ତି ତୃପ୍ତି ପ୍ରୀତିମୟ ଆହା
ପୂଜନୀୟା, ବନ୍ଦନୀୟା, ତୁମେ ହେ ଜନନୀ।

ରଖି ତେଣୁ ମାତୃ କୁଳେ ଭକ୍ତି ଅବିରତ,
ସର୍ବେ ସବିନୟେ କରୁଥାନ୍ତୁ ପ୍ରଣିପାତ।

ଭ୍ରାନ୍ତି

କ୍ଷୀଣାଙ୍ଗ ଭିଖାରି ଭିକ୍ଷା ଥାଳ ଧରି
ଭିକ୍ଷା ମାଗିବାର ପାଇଁ,
ବଡ଼ି ସକାଳରୁ ବାହାରି ପଡ଼ିଲା
ପ୍ରଭୁଙ୍କର ନାମ ଗାଇ ।
ଭିକ୍ଷାଥାଳ ଥୋଇ ପହିଲୁ ବସିଲା
ଗୀର୍ଜା ସମ୍ମୁଖରେ ଯାଇ,
ପ୍ରାର୍ଥନା ଶେଷରେ ଜନତା ଫେରିଲେ
ସେହି ପଥେ ଚାହିଁ ଚାହିଁ ।

ମନେ ଆଶା ବହି ଭିଖାରି ବାପୁଡ଼ା
ଥାଳ ଟେକି ଦୁଇ ହାତେ,
ମଝିରେ ମଝିରେ ଚାହିଁ ଦେଉଥାଏ
ମିଳିଲାକି କିଛି ସତେ ।
ଜଣ ପରେ ଜଣେ ଫେରିଲେ ସଭିଏଁ
ସେହି ଚଲାପଥ ଦେଇ,
ଦାନ ଦୂର କଥା ନଜର ବୁଲାଇ
କେହି ଚାହିଁଲେ ବି ନାହିଁ ।

ସେଠୁ ଯାଇ ପୁଣି ପହଞ୍ଚିଲା ସିଏ
ମସଜିଦ ସାମନାରେ,
ଧଳା ଟୋପି ଟିଏ ମଥା ପରେ ଥୋଇ
ବସିଲା ଏକ ଲୟରେ ।

ନମାଜ ପଢିବା ଶେଷେ ଧର୍ମୀ ଜନେ
ଲେଉଟିଲେ ନିଜ ଘରେ,
ସେଠାରେ ବି ସିଏ ହେଲା ଅସଫଳ
ବୃଥାଗଲା ଅପେକ୍ଷାରେ।

ଆଶା ବହି ଶେଷେ ଗଲା ମନ୍ଦିରକୁ
ଶୂନ୍ୟ ଭିକ୍ଷାଥାଳ ଧରି,
କାଳେ କିଏ ଯଦି କେଉଁ ମନ ନେଇ
ଦାନ ଦେବ ଦୟା କରି।
ହେଲେ ସେଠାରେ ବି ନୋହିଲା ସଫଳ
ସୂରୁଜ ନଇଁଲେ ଶେଷେ,
କ୍ଲାନ୍ତ ଶ୍ରାନ୍ତ ହୋଇ ଆଶା ତେଜି ସଞ୍ଜେ
ଗଲା ମଦ ଭାଟି ପାଶେ।

ଦେଖିଲା ମାତାଲି ଫେରନ୍ତି ଭାଟିରୁ
ସେଇ ପଥେ ମଦ ପିଇ,
ବସିଲା ତା' ଆଗେ ଶୂନ୍ୟ ଥାଳ ଧରି
ନୀରବେ କାକୁସ୍ଥ ହୋଇ।
ଆସିଲେ ମାତାଲି ଟଳମଳ ହୋଇ
ପକେଟୁଁ ଖୁଚୁରା କାଢ଼ି,
ଥୁଆ ହୋଇଥିବା ବୃଦ୍ଧ ଭିଖାରିର
ଥାଳୀ ପରେ ଦେଲେ ଝାଡ଼ି।

ନିମିଷକେ ଶୂନ୍ୟ ଥାଳ ଗଲା ଭରି
ହେଲାନି ଜମା ବିଶ୍ୱାସ,
ଉପରକୁ ଚାହିଁ ଭିଖାରି ବାପୁଡ଼ା
ମାରିଲା ଦୀର୍ଘ ନିଃଶ୍ୱାସ।
କହିଲା, ପ୍ରଭୁହେ! ଲାଗେ ଆଚମ୍ବିତ
ଭାବି ବୁଦ୍ଧି ହୁଏ ବଣା,
ରହୁଛ ଗୋଟିଏ ଜାଗାରେ, ଦେଉଛ
ଅନ୍ୟ ଜାଗାର ଠିକଣା।

ହେ ଜନକ

ହେ ଜନକ !
ତୁମ୍ଭେ ଅଟ ଜନ୍ମଦାତା ସ୍ରଷ୍ଟାଙ୍କ ସୃଷ୍ଟିରେ
"ପିତା" ନାମେ ସମ୍ବୋଧନ୍ତି ସନ୍ତାନେ ତୁମ୍ଭଙ୍କୁ,
ପରିବାର ମଙ୍ଗଳକୁ କର୍ତ୍ତବ୍ୟ ଭାବରେ
ଭାବି, କରିଯାଅ କର୍ମ ପୂର୍ଣ୍ଣ କରିବାକୁ।

ପରିବାର ବୃତ୍ତ ମଧ୍ୟେ କେନ୍ଦ୍ରବିନ୍ଦୁ ପରି
କରି ଚାଲିଥାଅ ତୁମେ ଭାରସାମ୍ୟ ରକ୍ଷା,
ବାଆ ବାରି ଝଡ଼ ଝଞ୍ଜା ସବୁ ସହ୍ୟ କରି
ବାହି ଚାଲିଥାଅ ସଦା ଜୀବନ ନଉକା।

ସର୍ବ ସୁଖ ସର୍ବ ଶାନ୍ତି ପରିବାର ପାଇଁ
ଢାଳି ସଦା, ନିଜ ପାଇଁ ନ ଥାଏ ଭାବନା,
ଶତ ଦୁଃଖ ଆସିଲେବି ମ୍ରିୟମାଣ ହୋଇ
ଲୁହ ଟୋପେ ଢାଳିବାକୁ ତୁମକୁ ଯେ ମନା।

ତୁମେ ଅଟ ଅନ୍ନଦାତା, ତୁମ୍ଭେ ଜନ୍ମଦାତା,
ଶିଳା ସମ ଶକ୍ତ ତୁମେ, ତୁମେ ରକ୍ଷାକର୍ତ୍ତା।

■

ଅନ୍ତଃସ୍ୱର

ଅନ୍ୱେଷଣ

ନିତି ମୁଁ ଖୋଜଇ ତୁମକୁ ରାତ୍ରିର
କାଉ କଳା ଘନ ଅନ୍ଧକାରେ,
ନିର୍ମଳ ଶରତ ନୀଳିମ ନଭରେ
ଶୀତଳ ଫେନିଳ ଜୋଛନାରେ।
ପ୍ରଭାତ ପଉଷେ ଚାଦର ସଦୃଶ
ଧୂମାୟିତ କୁଜ୍‌ଝଟିକା ତଳେ,
ନିରସ ନିଦାଘେ ନାଲି ଟହ ଟହ
କୃଷ୍ଣଚୂଡ଼ା ଫୁଲ ଡାଳେ ଡାଳେ।

ଖୋଜଇ ତୁମକୁ ଫଗୁଣ ଚଇତେ
ମନ୍ଦ ମଯଳ ଛନ୍ଦ ସମୀରେ,
ପହିଲି ବସନ୍ତେ ନାନା ରଙ୍ଗେ ରଙ୍ଗା
କୁସୁମିତ କୁଞ୍ଜ କାନନରେ।
ପାହାନ୍ତି ପ୍ରଭାତ ଟିପି ଟିପି ଟିପି
ଶୀକର-ସିକ୍ତ ଶ୍ୟାମ ଦୁର୍ବାରେ,
ତରଙ୍ଗ ବିଧୌତ ନୀରବ ନିର୍ଜନ
ସାଗର ସୈକତ ବେଳା ପରେ।

ଶଇଳ ରାଜିର ଝିଲ୍ଲି ଝଙ୍କାରିତ
ସୁନିର୍ମଳ ଝର ନିର୍ଝରରେ,
ବିଜନ ପଲ୍ଲୀର ବରଷା ବତୁରା

କେତକୀ କୁସୁମ ସୁରଭିରେ।
ଖୋଜଇ ତୁମକୁ ହସରେ କାନ୍ଦରେ
ପ୍ରେମ ପ୍ରୀତି ଭରା ରାଇଜରେ,
ଆଶା ନିରାଶାରେ ଝଡ଼ ବତାସରେ
ଅମା ଅନ୍ଧକାର ଶର୍ବରୀରେ।

ଏଇମିତି ସଦା ଖୋଜି ହେଉଥିବି
ତୁମକୁ ମୁଁ ଜନ୍ମ ଜନ୍ମାନ୍ତରେ,
ଖୋଜିବା ଆନନ୍ଦେ ମଜ୍ଜି ରହିଥିବି
ନ ମିଳଇ ଯାହା ପାଇବାରେ।

■

ଜୀବନ ଅଟଇ ସୁନ୍ଦର

ସଂସାରର ଏଇ ଅଙ୍କାବଙ୍କା ପଥେ ଆମେ
ଚାଲିବାକୁ ଆସିଅଛୁଁ ସ୍ୱଳ୍ପ ଦିନ ପାଇଁ,
ପଥ ଶେଷେ ଲେଉଟିବୁ ପୁଣି ସେହି ଧାମେ
ଚଲା ପଥ କେବେ ଶେଷ ହେବ ଜଣା ନାହିଁ ।

ଆସିଅଛୁ ଏକା, ଏକା ଫେରିଯିବୁ ପୁଣି
ଫେରିବା ହିଁ ଅଟେ ଧ୍ରୁବ ସତ୍ୟ, ରିକ୍ତ ହସ୍ତେ,
ତଥାପି ମଣିଷ କିଆଁ ବଞ୍ଚେ ଜାଣି ଶୁଣି
ନିଜ, ପର, ହିଂସା, ଦ୍ୱେଷ, ମୋହ ମାୟା ଗ୍ରସ୍ତେ ।

ରେ ମୂଢ଼ ମାନବ ! ଜିଇଁ ଯାଆ ଏ ଜୀବନ
ଭଲ ପାଇ, କହି ସଦା ମଧୁର ବଚନ,
ସେତକଇ ଜନେ ସଦା କରିବେ ସ୍ମରଣ
ଆଉ ଯେତେ ତୁଚ୍ଛ, ମୂଲ୍ୟ ହୀନ, ଅକାରଣ ।

ଦୟା, କ୍ଷମା, ପ୍ରେମେ କରି ଜୀବନ ସୁନ୍ଦର,
ପାରି ହୋଇ ଯାଅ ବନ୍ଧୁ, ଏ ଭବ ସାଗର ।

ଜୀବନ ପଥର ଯାତ୍ରୀ

ମୁଁ ଏକା ପଥିକ ଏହି ଜୀବନ ଯାତ୍ରାର
ଶକ୍ତି ମତେ ଅତିକ୍ରମି ଅଛି ପଥ କିଛି,
ଭବିଷ୍ୟତ ଅଟେ ସୁଧୁ ମୋତେ ଅଗୋଚର
ଆଉ କେତେ ପଥ ବାକି କିଏ ବା ଜାଣିଛି ?

ଯେବେ ଚଲା ପଥ କୁସୁମିତ ସୁରଭିତ
ହୋଇନାହିଁ କ୍ଲାନ୍ତ ଶ୍ରାନ୍ତ ଲାଗି ନାହିଁ ତୃଷା,
ଯେତେବେଳେ ଅନ୍ଧକାର କ୍ଲିଷ୍ଟ କଣ୍ଟକିତ
ତଥାପି ବି ଚାଲିଅଛି ମନେ ବାନ୍ଧି ଆଶା ।

କେତେବେଳେ ସହଯାତ୍ରୀ ବନ୍ଧୁ ପରିଜନ
ବେଳେ ବେଳେ କିଏ ପୁଣି ସମ୍ପୂର୍ଣ୍ଣ ଅଜଣା,
କାଳର କରାଳ ଚକ୍ରେ ସର୍ବେ ହେବେ ଲୀନ
ପଥ ଶେଷେ କିଏ ଥିବ ନାହିଁ ତା ଠିକଣା ।

ଏତ ସତ୍ୟ ପରିଶେଷେ ଥିବି ଏକୁଟିଆ,
ରିକ୍ତ ହସ୍ତେ ତେଜି ଯିବି ଏ ସାରା ଦୁନିଆ ।

ଜୀବନ ସ୍ରୋତ

ଶଇଳ ଶିଖରୁ ଶିଳା, ବନ, ଭୁଇଁ ଡେଇଁ
ନିମ୍ନଗା ଧାବଇ ଖରେ ଦେହେ ବହି ନୀର
ଅଙ୍କାବଙ୍କା ଦନ୍ତୁରିତ ପଥ ପାରି ହୋଇ
ମହାର୍ଣ୍ଣବେ ମିଳିବାକୁ ସର୍ବଦା ଅସ୍ଥିର।

ସିନ୍ଧୁଗର୍ଭେ ମିଳନାନ୍ତେ ଆଉ ପୁଣି ଥରେ
ନ ଫେରଇ ସ୍ରୋତସ୍ୱିନୀ ଶଇଳ ଶିଖର
ନିଜ ସତ୍ତା ହାରି ଦେଇ ମିଶି ଯିବା ପରେ
ହୋଇଯାଏ ଅଂଶ ଏକ ବିଶାଳ ସୃଷ୍ଟିର।

ତେସନେ ଜୀବନ ସ୍ରୋତ ବହିଗଲା ପରେ
କାଳର କରାଳ ଚକ୍ରେ ହୋଇଯାଏ ଲୀନ,
ଫେରେନି ସେଦିନ ଆଉ ପୁଣି ଜୀବନରେ
ଚିରଦିନ ପାଇଁ ଘଟେ ତା'ର ଅବସାନ।

ତେଣୁ ସେଥି ପ୍ରତି ଦେଇ ଧ୍ୟାନ, ସାଧୁଜନ,
କରିଯାଅ ଯଥା କର୍ମ ଦିନ ପ୍ରତିଦିନ।

■

ପଥ ଅଫେରନ୍ତ

ଅଗାଧ ସଲିଳେ ମିଶି ଯିବା ବେଳେ
ଦେଖି ମହାର୍ଣ୍ଣବ ଭୀଷଣତା,
ଭୟେ ତରଙ୍ଗିଣୀ ପ୍ରକମ୍ପି ଉଠଇ
ହାରି ଦେବ ବୋଲି ନିଜ ସତ୍ତା।

ନିରୁପାୟ ହୋଇ ପଛକୁ ଅନାଏ
କାହିଁ କେତେ ଉଚ୍ଚ ଦୀର୍ଘ ପଥ,
ଶଇଳ ଶିଖର ବନ୍ଧୁର ପ୍ରସ୍ତର
ଅଙ୍କା ବଙ୍କା ପଥ ଦନ୍ତୁରିତ।

ସମ୍ମୁଖେ ତାହାର ଉଭା ପାରାବାର
ପ୍ରବେଶିବା ମାତ୍ରେ ତାର ଜଳେ,
ଚିରଦିନ ପାଇଁ ହୋଇବ ବିଲୀନ
ଲିଭିଯିବ କାହିଁ ତିଳେ ତିଳେ।

କିନ୍ତୁ ଅସମ୍ଭବ ନଦୀ ପକ୍ଷେ ଏବେ
ଫେରିବାକୁ ତାର ଜନ୍ମସ୍ଥାନ,
ଥରେ ଗଲାପରେ ପଥ ଅଫେରନ୍ତ
ଏତ ଧ୍ରୁବ ସତ୍ୟ ଚିରନ୍ତନ।

ସେ ପାଇଁ ତଟିନୀ ମିଶଇ ସାଗରେ
ମନୁ ଦୂର କରି ଯେତେ ଭୟ,
ସତ୍ତା ହାରିଲେବି ହୋଇ ତ ପାରିବ
ମହା ଅମ୍ବୁଧିର ଅଂଶ ପ୍ରାୟ ।

ଖାଲିଲ ଜିବ୍ରାନଙ୍କ କବିତାର ଛାୟାରେ ଲିଖିତ

ବସୁଧାର ଉକ୍ତି

ମାନବ ସଭ୍ୟତା ଆଜି ଭୟେ ଥରହର,
ଜନ ସମାଗମ ନାହିଁ, ନାହିଁ କୋଳାହଳ
ଜୀବନ ଜୀବିକା ଧ୍ୱସ୍ତ ବିଧ୍ୱସ୍ତ, ଅସ୍ଥିର,
ବଞ୍ଚିବାର ଆଶା ନେଇ ସଭିଏଁ ବ୍ୟାକୁଳ।

ଭୟାବହ ହୋଇଉଠେ ଜିଇଁବାର ସ୍ଥିତି,
ଶ୍ୱାସ ନେବା ପାଇଁ ଲୋଡ଼ା ହୁଏ ଅମ୍ଳଜାନ,
ସହସା ଲାଗଇ ଯେହ୍ନେ କ୍ଷମତା, ସମ୍ପତ୍ତି
ପ୍ରତିପତ୍ତି, ଅହଙ୍କାର, ତୁଚ୍ଛ ମୂଲ୍ୟ ହୀନ।

ତା' ଦେଖି ବସୁଧା କହେ, "ଜାଣିଥା ମାନବ!
ନଭ, ବାୟୁ, ଜଳ, ଭୂମି, ମୋହର ଅଧୀନ,
ତାର ଧ୍ୱଂସ ରଚି ତୁମେ ନକର ଗରବ,
ଧରା ପରେ ତୁମ ସ୍ଥିତି ମାତ୍ର ସ୍ୱଳ୍ପ ଦିନ।

ଆଜି ଅଛ ଯିବ କାଲି, ଏହା ମନେ ରଖ,
ତୁମେ ନୁହଁ ମୋ ମୁନିବ, ମାତ୍ର ଆଗନ୍ତୁକ।"

କରୋନା ମହାମାରୀ ପ୍ରଚ୍ଛଦ ପଟରେ ଲିଖିତ ଏ କବିତା

ମନବୋଧ କବିତା

ମନର ମରାଳ ଝୁରନା ଆଉ ରେ
ଝରାନା ନୟନୁ ଲୁହ,
ଯା'ର ବେଳ ହେଲା ସିଏ ଚାଲିଗଲା
ଛାଡ଼ି ଦୁନିଆର ମୋହ,
କିଆଁ ସେ ପାଇଁ ଝରାଉ ଲୁହ।

ଜାଣୁ ନାହୁଁ କିରେ ଦୁନିଆ ମଞ୍ଚରେ
ଆମେ ସବୁ କଳାକାର।
ନିଜ ଅଭିନୟ ଶେଷ ହେବା ପରେ
ବାହୁଡ଼ିବୁ ଆରପୁର,
ଏତ ନୀତି ଅଟେ ଦୁନିଆର।

ରହିନାହିଁ କେହି ଅମର ସଂସାରେ
ଧନୀ ହେଉ ଅବା ଦୀନ,
ଜନମ ମରଣ ଯାଆ ଆସ ଲୀଳା
ଲାଗିଅଛି ଚିରଦିନ,
ଏ ଯେ ଧ୍ରୁବ ସତ୍ୟ ଚିରନ୍ତନ।

ଜନ୍ମ ଦ୍ୱାର ଦେଇ ଆସନ୍ତି ସଭିଏଁ
ମୃତ୍ୟୁ ଦ୍ୱାର ଫେରିବାର,
ଜନମ ଲଭିଲେ ଛାଏଁ ପାଲଟଇ

ମୃତ୍ୟୁ ଦ୍ୱାର ଆପଣାର,
ଯାକୁ ଶକ୍ତି କାର ଏଡ଼ିବାର ।

ଲୁଚି ଛପି କେହି ପାରିବେନି ରହି
ସଭିଏଁ ଫେରିବେ ଦିନେ,
କିଏ ଯିବ ଆଗ କିଏ ଯିବ ପଛ
ଏହାକୁ କିଏବା ଜାଣେ ।
ହେଲେ ଲେଉଟିବେ ଜଣେ ଜଣେ ।

ମନ ହଂସୀ ତୁହି ଯେତେ ଝୁରିଲେ ବି
ଫେରିବ କି ଗଲା ଯିଏ ।
ରୁକୁଣା ରଥ ତ ଅଣ ଲେଉଟାରେ
ଫେରାଇବ ତାକୁ କିଏ ।
ଆଉ ଫେରିବନି କେବେ ସିଏ ।

ସମୟ

ମୋଗଲ ସମ୍ରାଟ ଆକବର ଦିନେ
ବୀରବଲଙ୍କ ସହିତ,
ଭ୍ରମନ୍ତେ ଦେଖନ୍ତି ନଭଶ୍ଚୁମ୍ବୀ ଏକ
ବିରାଟ ପ୍ରସ୍ତର କାନ୍ଥ ।

ତାର ବିଶାଳତା ଦେଖିବା ମାତ୍ରକେ
ସମ୍ରାଟ ରହିଲେ ଚାହିଁ,
ଆସିଲା ମନକୁ ଉପଯୋଗୀ ଲେଖା
ତହିଁରେ ଲେଖିବା ପାଇଁ ।

ବିରବଲେ ଡାକି ଆଦେଶିଲେ "ଶୀଘ୍ର,
ଲେଖ କାନ୍ଥରେ ଏପରି,
ସୁଖେ ପାଠକଲେ ଦୁଃଖ ଜାତ ହେବ
ଦୁଃଖରେ ସୁଖ ଯେପରି ।"

ଏମନ୍ତ ଶୁଣନ୍ତେ ବିରବଲ ଦଣ୍ଡେ
ରହିଲେ କାନ୍ଥକୁ ଚାହିଁ,
ତହିଁରେ ଲେଖିଲେ "ଇଏ ତ ସମୟ
ଅତି ଶୀଘ୍ର ଯିବ ବହି ।"

କଥା ଓ ଗାଥା

ଆହେ ସିକନ୍ଦର

"ଆରତ ସୁରେ ବାରେ ଡାକେ ମିନତିରେ,
ଚକା ନୟନ ଚାହାଁ ମାଗେ ମାଗୁଣିରେ,"

ଆହେ ସିକନ୍ଦର ତୁମରି କଣ୍ଠରୁ
ଭାସି ଆସିଥିଲା ଦିନେ ଏହି ସୁର,
ଯାହା କି ଏବେବି ଗୁଞ୍ଜରିତ ହୋଇ
ସ୍ପନ୍ଦିତ କରଇ ହୃଦୟ କନ୍ଦର।

ତୁମେ ସେହି ଶିଳ୍ପୀ ଯାର କଣ୍ଠେ ମଧୁ
ବୋଲି କରିଥିଲା ସୁର ମଧୁମୟ,
ସେଇ ସୁର ପଲ୍ଲୀ, ପ୍ରେମ, ଆଧୁନିକ
ଗୀତେ ମୋହିଥିଲା ଓଡ଼ିଆ ହୃଦୟ।

ବୁହାଇଥିଲା ସେ ନଦୀ ସମ ସୁଅ
ଭକ୍ତି ଗୀତି ପ୍ରଭୁ ଜଗନ୍ନାଥଙ୍କର,
ସନ୍ଥ ଭୀମ ଭୋଇ, ଭକ୍ତ ସାଲବେଗ,
ମୁରଲୀ ମୋହନ, ଗଣପତିଙ୍କର।

ପୁର ପଲ୍ଲୀ ଗାଆଁ ବଜାରେ ଘାଟରେ
ସେହି ସୁର ଥିଲା ଅତି ପରିଚିତ,
ହେଉ ଚଳଚିତ୍ର ଅବା ପଲ୍ଲୀ ଗୀତ
ଶୁଣି ଜନେ ହେଉଥିଲେ ବିମୋହିତ।

ଆହେ ସିକନ୍ଦର ତୁମେ କେଉଁ ଧର୍ମୀ ?
ଅଟ ତୁମେ ହିନ୍ଦୁ ନା ମୁସଲମାନ,
କହିବା କଠିନ, ସବୁରି ଧର୍ମର
ପ୍ରତୀକ ରୂପରେ ତୁମେ ମହୀୟାନ।

ତୁମର ଅନ୍ତର ସର୍ବଦା ଉଦାର
କାହାକୁ ନ ଥିଲା ଏ କଥା ଅଜଣା,
ତୁମ ପରି ଶିଳ୍ପୀ ଦୟାବନ୍ତ ଜନ
ଆମରି ସମାଜ ଲୋଡ଼ଇ ଅଧୁନା।

ତୁମେ ନାହିଁ ହେଲେ ତୁମରି ବୃନ୍ତରୁ
ସୋଫିଆ ନାଜିଆ କୁସୁମ ସ୍ୱରୁପ,
ବିକଶିତ ହୋଇ ଦେଶ ବିଦେଶରେ
ବିତରୁ ଅଛନ୍ତି ସୁରଭି ଅମାପ।

ଛାଡି ଯାଇଅଛ ଯେଉଁ କଣ୍ଠ ସ୍ୱର
ଝଙ୍କାରିତ ହେବ କାଳ କାଳ ଧରି,
"ବନ ପକ୍ଷୀ ଝୁରେ ମନ ପକ୍ଷୀ ଝୁରେ",
ଝୁରିବେ ସକଳେ ତୁମକୁ ସୁମରି।

"ଆଧୁନିକ ସାଲବେଗ" ହିସାବରେ
ଖ୍ୟାତି ଲଭିଅଛ ଓଡ଼ିଶା ଭୂଇଁରେ,
ତାହାହିଁ ନିଶ୍ଚିତ, ନୁହଁଇ ଅତ୍ୟୁକ୍ତି
ଯା' ପାଇଁ ଓଡ଼ିଆ ପ୍ରାଣ ସଦା ଝୁରେ।

■

କବି ରବି ସିଂ

ପରାଧୀନତାର ଶୃଙ୍ଖଳ ପିନ୍ଧି
ସଢୁଥିଲା ଯେବେ ଭାରତ ବର୍ଷ,
ସେ କାଳେ ଶୁଭିଲା ବାପୁଙ୍କର ଡାକ
"ଭାରତବାସୀଏ ଆସ ହେ ଆସ
ଫିରିଙ୍ଗି ହଟାଇ ଗଢ଼ିବୁ ଆମେରେ,
ଆମ ଦେଶ, ଆମେ ହୋଇ ଶାସକ,"
ତାଙ୍କରି ଡାକରେ କୁହୁକ ପରାୟ
ଟାଣି ହୋଇଗଲେ ଅନେକ ଲୋକ ।

ତହିଁରେ ସାମିଲ୍ ହେଲେ ମୋର ପିତା
ନିଜକୁ ଝାସିଲେ ଦେଶ ସେବାରେ,
ରାଜଦ୍ରୋହୀ ବନ୍ଦୀ ହିସାବେ ଖଟିଲେ
ମାସ ବର୍ଷ ଧରି କାରାଗାରରେ ।

ମୁରବି ବିହୁନେ ବାଲ୍ୟାବସ୍ଥା ମୋର
ବିତିଲା ଅଦେଖା ଅବହେଳାରେ,
ଚାଟଶାଳୀ ଯାଇ ମୁଁ ଯେ ପଢ଼ିବି
ଭାବିବାକୁ କେହି ନ ଥିଲେ ଘରେ ।

ରୋଜଗାର ବିନା ଘର ଚଳାଇବା
ଅସମ୍ଭାଳ ହେଲା ଦିନକୁ ଦିନ,
ଯାହା ଥିଲା ଗଲା, ଆଉ ନ ଆସିଲା
କେଇ ଦିନ ଭଲା ସଞ୍ଚିତ ଧନ ।

ମାଆଙ୍କ ସହିତ କଟିଲା ଜୀବନ
ଦିନକୁ କେବଳ ଥରଟେ ଖାଇ।
ଶେଷକୁ ଏମିତି ସମୟ ଆସିଲା
କେବେ କେବେ ପାଣି ତୋରାଣି ପିଇ।

ବାପା ଫେରିବାର ଦିନ କେଇଟାରେ
ମାଆ ଚାଲିଗଲେ ରୋଗରେ ପଡ଼ି,
ତିନି ମାସ ଅନ୍ତେ ବାପା ଚାଲିଗଲେ
ଦୁନିଆରେ ମୋତେ ଅନାଥ କରି।

ହତଭାଗା ମୁଇଁ ତେର ବରଷରେ
ଚାଟଶାଳୀ ଗଲି ପଢ଼ିବା ପାଇଁ,
ପାଶେ ମୋ ସେଦିନ ଥିଲା ଖଡ଼ି ଖଣ୍ଡେ
ଆଉ କିଛି ମୁଢ଼ି ଖାଇବା ପାଇଁ।

ପିନ୍ଧିଥିଲି ଖଣ୍ଡେ ଖଦଡ଼ କୁରୁତା
ଦିଶୁଥିଲା ତାହା ଧୂଳି ଧୂସର,
ମଥା ମୋ ନୁଖୁରା, ପାଦ ମୋ ଫୁଙ୍ଗୁଳା
ଢିଲା ହାପ୍ ପ୍ୟାଣ୍ଟ ଆଣ୍ଠୁ ଉପର।

ଦେଖିଲି ଶିକ୍ଷକ ତଳେ ଚଟେଇରେ
ବସିଥିଲେ ପାଶେ ବେତଟି ଥୋଇ,
ତାଙ୍କ ଚଉପାଶେ ସାନ ସାନ ପିଲେ
ବସିଥିଲେ ତାଙ୍କୁ ଗୋଲେଇ ହୋଇ।

ଇସାରା ଦେବାରୁ ମୁଁ ବି ବସିଲି
ସେମାନଙ୍କ ସଙ୍ଗେ ଚଟାଣ ପରେ,
ଆହୁରି ଦେଖିଲି ବସିଥିଲେ କେତେ
ଗାଆଁ ଖେଳ ସାଙ୍ଗ ସାଥୀ ସେଠାରେ।

ଅ- ଆ- ଠାରୁ କ- କ୍ଷ ଯାଏଁ
କହିଲେ ଶିକ୍ଷକ ଲେଖିବା ପାଇଁ,
ତାଙ୍କ ନିର୍ଦ୍ଦେଶରେ ଲେଖି ବସିଲି ମୁଁ
ହାତେ ଧରି ଖଡ଼ି ତଳକୁ ଚାହିଁ।

ଏ କାଳେ ଶିକ୍ଷକ ଶ୍ରେଣୀ ଗୃହ ଛାଡ଼ି
ବାହାରକୁ ଗଲେ ପରିସ୍ରା ପାଇଁ,
ମୋତେ ମାଡ଼ିବାରୁ ତାଙ୍କ ଯିବା ପରେ
ମୁଁ ବି ଚାଲିଲି କିଛି ନ କହି।

ଶିକ୍ଷକ ଆସିଲେ ଭିତରକୁ ଯେବେ
ମୋ' ସ୍ଥାନ ଖାଲି ମୁଁ ଶ୍ରେଣୀରେ ନାହିଁ,
ପରିସ୍ରା ଶେଷରେ ଯେବେ ପହଞ୍ଚିଲି
ଶିକ୍ଷକ ରହିଲେ ମୋତେ ଅନାଇ।

ଗର୍ଜନ ପୂର୍ବକ କଟମଟ କରି
ପଚାରିଲେ ମୋତେ, "କୁଆଡ଼େ ଥିଲୁ?
ମୋତେ ନ କହି ତୁ ଶ୍ରେଣୀ ବାହାରକୁ
ଯିବାକୁ କେମିତି ସାହସ କଲୁ?"

ଅକସ୍ମାତେ ହାତେ ବେତ ବାଡ଼ି ଧରି
ପିଟି ଦେଇଗଲେ ପିଠି ଉପରେ,
"ମାଆ ଲୋ, ବାପା ଲୋ" କହି କୁହାଟିଲି
ଜଳୁଥାଏ ପିଠି ବେତ ମାଡ଼ରେ।

ନ ପାରିଲି ବୁଝି ନ ପାରିଲିନି ଜାଣି
କେଉଁଠି ରହିଲା ଦୋଷ ମୋହର,
ଗୋଡ଼ ହାତ ଦେହ ଥରି ଯାଉଥିଲା
ବହି ଯାଉଥିଲା ନୟନୁ ଧାର।

ଆଉ ଥରେ ଯେବେ ବେତ ଧରି ହାତେ
ଆସିଲେ ଶିକ୍ଷକ ଆଗକୁ ମାଡ଼ି,
ଖଡ଼ି ଗୋଟାଳିକୁ ବାଟୁଳି ପରାୟ
ଦେଲି ଶିକ୍ଷକଙ୍କ ମୁହଁକୁ ଛାଡ଼ି।

ଆଉ କିଏ ରହେ, ଏକମୁହାଁ ହୋଇ
ଧାଇଁଲି ଘରକୁ ପବନ ବେଗେ,
ଅନାଥ ପିଲାର କିଏ ବା ଭରସା
ଅଳି ବା କରନ୍ତି କାହାର ଆଗେ।

ସେ ଦିନ ରହିଲା ଚାଟଶାଳୀ ଯିବା
ଆରମ୍ଭ ଅନ୍ତିମ ଜୀବନେ ମୋର,
ସେଇ ଦିନଠାରୁ ମାଡ଼ିନାହିଁ ଆଉ
ଗାଆଁ ଚାଟଶାଳୀ ପିଣ୍ଡା ଦୁଆର।

ସେ ଦିନ ଘଟନା ଚିରକାଳ ମନେ
ରହିଗଲା ହୋଇ ଅଲିଭା ଗାର,
ବଦଳାଇ ଦେଲା ମୋ ଚିନ୍ତା ଚେତନା
ବଦଳାଇ ଦେଲା ଜ୍ଞାନ ସାଗର।

ବିଦ୍ୟାଳୟ ବିନା ଜ୍ଞାନ ଆହରଣ
ସମ୍ଭବ କି' ନା ପ୍ରମାଣ ପାଇଁ,
ସମାଜ ଆଗରେ ମୋ ଜୀବନ ସତେ
ରହିଗଲା ଏକ ନମୁନା ହୋଇ।

ସେଇ ଦିନଠାରୁ ଜୀବନ ନଉକା
କେତେ ଝଡ଼ ଝଞ୍ଜା ତୋଫାନ ସହି,
ଆଗେଇ ଚାଲିଲା ସମାଜ ସାଗରେ
ବାକ୍‌ଦେବୀଙ୍କର ଆଶିଷ ପାଇ।

ନିଜେ ପାଠ ପଢ଼ି ଯେବେ ମୁଁ ଲେଖିଲି
ପ୍ରବନ୍ଧ, ସାହିତ୍ୟ, କାବ୍ୟ, କବିତା,
ଲବ୍ଧ ଅନୁଭୂତି ରୂପ ନେଲା କ୍ରମେ
ବାମପନ୍ଥୀ ରାଜନୈତିକ ସତ୍ତା।

ସାମ୍ବାଦିକ, କବି, ଲେଖକ ହିସାବେ
ମିଳିଲା ସ୍ୱୀକୃତି ମୋ ଲେଖା ପାଇଁ,
ଶିକ୍ଷାୟତନର ପୀଠଗୁଡ଼ିକରେ
ପାଇଲି ସମ୍ମାନ ବକ୍ତୃତା ଦେଇ।

ସମଗ୍ର ସମାଜ ବ୍ୟବସ୍ଥା ବିରୋଧେ
ଚାଲିଲା ସଂଗ୍ରାମ କଲମ ଦ୍ୱାରା,
ସର୍ବହରାର କବି ରବି ସିଂ
ପାଇଲା ମାନ୍ୟତା ଓଡ଼ିଶା ସାରା।

ବହୁ ବର୍ଷ ପରେ ବକ୍ତା ହିସାବରେ
ଯାଇଥାଏଁ ମୁହିଁ ଏକ ସଭାକୁ,
ସଭା ସାଙ୍ଗ ପରେ ଦେଖା ହେଲା ଜଣେ
ଶିକ୍ଷକଙ୍କ ସାଥେ ଦୈବଯୁଗକୁ।

କଥୋପକଥନେ ସ୍ପଷ୍ଟ ହେଇଗଲା
ସେଇ ଥିଲେ ପରା ଗାଆଁ ଶିକ୍ଷକ,
ସ୍ମରଣେ ଆସିଲା ତାଙ୍କ ବେତ୍ରାଘାତ
ଯା' ଥିଲା ମୋ ପାଇଁ ପୀଡ଼ାଦାୟକ।

ତଥାପି ଜାଗିନି ତାଙ୍କ ପ୍ରତି ମୋର
ଅସମ୍ମାନ ଅବା ଅଶ୍ରଦ୍ଧା ଭାବ,
ମୋ' ତରଫରୁ ଦେଖାଇଲି ମୁହିଁ
ଭଦ୍ରତା ଖାତିରି ଯଥାସମ୍ଭବ।

ନମ୍ର ହୋଇ ମୁହିଁ ଜଣାଇଲି ତାଙ୍କୁ
"ହେ ଗୁରୁ ମୋର ପ୍ରଣାମ ଘେନ,"
ନାହିଁ ମୋର ଗ୍ଲାନି, ଯଦିଓ ସେଦିନ
ଘଟନା ମୋ ପାଇଁ ନିଷ୍ଠୁର ଦାନ।

କଳାର ପ୍ରତୀକ

ଉତ୍ତାଳ ତରଙ୍ଗମାଳା, ଚନ୍ଦ୍ରଭାଗା ତୀରେ
କୁଳୁକୁଳୁ ସ୍ୱନ କରି ସଦା ନୃତ୍ୟରତ,
ଭଗ୍ନ ଏକ ମନ୍ଦିର ସେ ବେଳା ଭୂଇଁ ପରେ
ଉତ୍କର୍ଷ କଳାର ସୌଧ ରୂପେ ପରିଚିତ।

ପ୍ରସ୍ତର ଗାତ୍ରରେ ସେହି ଅପୂର୍ବ ମନ୍ଦିରେ
ନିହାଣେ ଯତନେ ଅଙ୍କା ଅପସରାମାନ,
ଆହା କି ସୁନ୍ଦର ରୂପ ବିବିଧ ଠାଣିରେ
ଜୀବନ୍ତ, ପାଷାଣ କିଏ, ଚିହ୍ନିବା କଠିନ।

ଦର୍ଶନେ ଲାଗଇ ଯେହ୍ନେ କୁଶଳୀ ବଢ଼େଇ
ନିରସ ପାଷାଣ ବୁକେ ସରସ କବିତା,
ରଚିଅଛି ସତେ ଅବା କାଳ କାଳ ପାଇଁ
ଗାଉଛି ଓଡ଼ିଆ ପୁଅ ଗୌରବର ଗାଥା।

ଧନ୍ୟ ଆମ ଶିଳ୍ପୀ କୁଳ ତୋଳିଛି କୋଣାର୍କ,
ସାରା ବିଶ୍ୱେ ଅଟେ ଯାହା କଳାର ପ୍ରତୀକ।

କାହାର ଏ ମାୟା

ଧୂସର ଆକାଶୁ ଅବିରତ ବାରି
ଝରି ଯାଉଥିଲା ଝର ଝର,
ଘଡ଼ ଘଡ଼ି ଡାକେ ବିଜୁଳି ଚମକେ
ଧରା ହେଉଥିଲା ଥର ହର।

ଚାହୁଁ ଚାହୁଁ ଜଳ ହେବାରୁ ପ୍ରବଳ
ମୁମ୍ବାଇ ହୋଇଲା ଜଳମୟ,
ଯାନ ଓ ବାହାନ ହୋଇଲା ସ୍ଥଗିତ
କ୍ଷଣିକେ ଘୋଟିଲା ବିପର୍ଯ୍ୟୟ।

ଝିଅ ମୋ କିପରି ଫେରିବ ସ୍କୁଲରୁ
ଭାବି ଥରିଗଲା ମୋର ଛାତି,
ସେଥିପାଇଁ କାହିଁ ମନ ନ ଲାଗିଲା
ମନେ ଭରିଗଲା ଘୋର ଭୀତି।

କ୍ଷଣିକେ ବିଳମ୍ବ ନ କରି ଆଉ ମୁଁ
ଧାଇଁଲି ନ ମାନି ପାଣି ସୁଅ,
ମା' ମନ ମୋର ହେଲା ଅମାନିଆ
ଭେଟିବି କିପରି ମୋ ଝିଅ।

ସ୍କୁଲରେ ପହଞ୍ଚି ଦେଖିଲି ଝିଅକୁ
ଝିଅ ହେଉଅଛି ଅସ୍ତ ବ୍ୟସ୍ତ,
ଘର ଫେରିବାକୁ ଉପାୟ ଖୋଜୁଛି
ନ ହେବାରୁ ଯାନ ଯାତାୟତ।

ମୋତେ ଦେଖି ଦେଇ ଜାବୁଡ଼ି ଧଇଲା
ବୁହାଇଲା ନେତ୍ରୁ ଲୁହ ଧାର,
ପର ମୁହୂର୍ତ୍ତରେ ଖୋଜିଲୁ ଉପାୟ
କିପରି ଫେରିବୁ ଦୁହେଁ ଘର।

ସକଳ ପ୍ରଚେଷ୍ଟା ହେବାରୁ ବିଫଳ
ଶେଷେ ଦୁଇ ଜଣ କଲୁ ସ୍ଥିର,
ଯାହା ହେଉ ପଛେ ଯେତେ ଦୂର ହେଉ
ପାଦେ ଚାଲି ଲେଉଟିବୁ ଘର।

ବେଳ ଗଡ଼ିଲାରୁ ରବି ଗଲେ ଅସ୍ତ
ଅନ୍ଧାର ଅଇଲା ବେଗେ ମାଡ଼ି,
ବିନା ବିଜୁଳିରେ ମୁମ୍ବାଇ ନଗରୀ
ଘୋର ଅନ୍ଧକାରେ ଗଲା ବୁଡ଼ି।

ବଢ଼ିର ପ୍ରକୋପ ବଢ଼ି ବଢ଼ି ଯାଇ
ପ୍ରଖର ହୋଇଲା ପାଣି ସୁଅ,
ହାତେ ହାତ ଛନ୍ଦି ପାଣି ସୁଅ କାଟି
ଚାଲିଥାଉ ଆମେ ମାଆ ଝିଅ।

ମଝିରେ ମଝିରେ ସୁଅ ଧକ୍କା ଖାଇ
ଯେବେ ଯାଉଥାଏ ହାତ ଛାଡ଼ି,
ଜୀବନ ବିକଳେ ଦୁହେଁ ଦୁହିଁଙ୍କର
ନେଉଥାଉ ପୁଣି ହାତ ଭିଡ଼ି।

ବହୁ ଦୂର ପଥ ଲାଗେ ଅସରନ୍ତି
ବଢ଼ି ଚାଲିଥାଏ ବଢ଼ି ପାଣି,
ଲାଗୁଥାଏ ଯେହ୍ନେ କେହି ମୃତ୍ୟୁ ଜାଲ
ବିଛାଉଛି ଆମ ଆଗେ ଆଣି ।

ଆଣ୍ଠୁଆଏ ପାଣି ଆଜାନୁ ଚୁମିଲା
ଉଦର ଛୁଅନ୍ତେ ଜଳ ରାଶି,
ଭାବିଲୁ ଏଥର ମରଣ ଆସିଲା,
ମାଆ ଝିଅ ଦୁହେଁ ଯିବୁ ଭାସି ।

ଏ କାଳେ ଜାଣିଲୁ ଆଉ କେଇ ଜଣ
ପହଞ୍ଚିଲେ ଆମ ସମ୍ମୁଖରେ,
କିଏ ଏଇ ଜନ ଚିହ୍ନିବା କଠିନ
ମୁହଁ ଦିଶେ ନାହିଁ ଅନ୍ଧକାରେ ।

ଶବ୍ଦ ବାରି ବାରି ତନ୍ମଧ୍ୟରୁ କେତେ
ଜଣ ଆମ ଚଉପାଶେ ରହି,
କଢ଼ାଇଲେ ବାଟ, କିଏ ଏଇ ଜନ
ଅନ୍ଧାରେ ଜାଣିବା ଚାରା ନାହିଁ ।

ସାହା ମିଳିବାରୁ ଭାବିଲି ମନରେ
ଏ କି ଅଟେ ମାୟା ପ୍ରଭୁଙ୍କର,
ସଙ୍କଟ କାଳରେ ପଠାଇ ଅଛନ୍ତି
ସାହା ହେବା ପାଇଁ ସହଚର ।

ଆସିଲା ସ୍ମରଣେ ବସୁଦେବଙ୍କର
ଉଜାଣି ଯମୁନା ପାରି କଥା,
ବାସୁକି କିପରି ନିଜ ଫଣା ତୋଳି
ତାଙ୍କ ରଖିଥିଲା କୃଷ୍ଣ ମଥା ।

ଯେବେ ଯାଇ ଆମ ଘର ଆସିହେଲା
କାଳ ରାତ୍ରି ଯାଇ ଥିଲା ପାହି,
ଯିଏ ଯେଉଁ ବାଟେ ଚାଲି ଯାଇ ଥିଲେ
ବହୁ ଦୂରେ ଚିରଦିନ ପାଇଁ।

କିଏ ସେହି ଜନ ରହିଲେ ଅଜଣା
ଜାଣି ହେଲା ନାହିଁ ତିଳେ ହେଲେ,
ଅଜଣା ହେଲେ ବି ମରଣ ମୁଖରୁ
ଅଜଣା ଜୀବନ ରକ୍ଷା କଲେ।

ମୁମ୍ବାଇ ବାସିନ୍ଦା ରଶ୍ମି ମହାପାତ୍ରଙ୍କ ଜୀବନରେ ଘଟିଥିବା ଏକ ସତ୍ୟ ଘଟଣା ଉପରେ ଆଧାରିତ।

ଜୟ ଗାନ୍ଧିଜୀ ଜୟ

ଜୟ ଗାନ୍ଧିଜୀ ଜୟ,
ତୁମ ଅହିଂସା ମନ୍ତ୍ରେ ହୋଇଲା
ଭାରତ ବର୍ଷର ଜୟ,
ଜୟ ଗାନ୍ଧିଜୀ ଜୟ।

କେଉଁ ଅଖ୍ୟାତ ପୋର ବନ୍ଦରେ
ଯୁଗ ଜନ୍ମା ତୁମେ ଜନମିଲ,
ଶାନ୍ତି, ମଇତ୍ରୀ ବାରତାକୁ ନେଇ
ଭୁବନେ ଭୁବନେ ପ୍ରଚରିଲ,
ଦୁର୍ଦ୍ଧର୍ଷ ଫିରିଙ୍ଗୀ ଗୋରା ବଣିକଙ୍କୁ
ନ କରି କେବେ ବି ଭୟ,
ଜୟ ଗାନ୍ଧିଜୀ ଜୟ।

ସଢୁଥିଲେ ଯେବେ ଭାରତବାସୀଏ
ହାତେ ପିନ୍ଧି ପରାଧୀନ କଡ଼ି,
ଜଗାଇଲ ତୁମେ ସକଳ ଜନତା,
ସ୍ୱାଧୀନତା ମଧୁ ମନ୍ତ୍ର ପଢ଼ି,
ସତ୍ୟ ଅହିଂସା ଫଉଜ ତୁମେ ହେ
କାହାକୁ କରିନ ଭୟ,
ଜୟ ଗାନ୍ଧିଜୀ ଜୟ।

"ଜାଗରେ ଜାଗରେ ଜାଗ ଭାରତୀୟ
ଜାଗ ଶିଶୁ, ବୃଦ୍ଧ, ନର, ନାରୀ,
ପରାଧୀନତାର ତିମିର ଲିଭାଇ
ସ୍ୱାଧୀନ ଆଲୋକ ଦିଅ ଜାଳି",
ଏହି ଡାକ ବଳେ ଭାରତୁଁ ବିଦେଶୀ
ଶାସନର ହେଲା କ୍ଷୟ,
ଜୟ ଗାନ୍ଧିଜୀ ଜୟ।

ଅଗଷ୍ଟ ପନ୍ଦରେ ଉଡ଼ିଲା ତ୍ରିରଙ୍ଗା
ଦେଶ ସାରା ହୋଇ ଫର ଫର,
ଆମେ ଚଳାଇଲୁ ଆମରି ଶାସନ
ଆମେ ନେଲୁ ଆମ ଦେଶ ଭାର,
ଉଚ୍ଚ କଣ୍ଠରେ କହିଲା ଜନତା
ନକରି କାହାକୁ ଭୟ,
"ଜୟ ଭାରତର ଜୟ।"

ତୁମ ଜୀବନର ବଳିଦାନ ଥିଲା
ସବୁରି ଧର୍ମର ହିତ ପାଇଁ,
ତଥାପି ହିଂସାର ଗୁଳି ବୁକେ ନେଇ
ଶହୀଦ ହୋଇଲ ଦେଶ ପାଇଁ,
ଯୁଗ ଯୁଗ ଧରି ତୁମ ବଳିଦାନ
ପାଇଁ ସବୁ ଭାରତୀୟ,
ମୁକ୍ତ କଣ୍ଠରେ ଉଚ୍ଚ କଣ୍ଠରେ
କହୁଥିବେ ସଦା "ଜୟ ଭାରତର ଜୟ",
"ଜୟ ଗାନ୍ଧିଜୀ ଜୟ।"

ଦୁଇ ଶ' ପନ୍ଦର ଗଳି ନମ୍ବର

କାହୁଁ ଯେ ଅଇଲା,
ଛାଏଁ ମାଡିଗଲା,
ମହାମାରୀ ଏକ, ଭୟାନକ,
ଦୁନିଆ ଯାକ।

ଦିନ କେଇଟାରେ ଶିଶୁ ଠାରୁ ପ୍ରୌଢ଼ ଆକ୍ରାନ୍ତ ହୋଇ,
କିଏ ବଞ୍ଚିଗଲା ଆଉ କିଏ ପୁଣି ପାରିଲା ନାହିଁ।
ଅଗଣିତ ଜନେ ନିମିଷେ ପଡ଼ିଲେ ଭୂଇଁରେ ଟଳି,
ଛାଇଗଲେ ଶବ ଦୁନିଆ ଯାକରେ ମଶାଣି ଭଳି।
କାତରେ ଆତୁରେ ସଭିଏଁ ଚାହିଁଲେ ଜିଇଁବା ପାଇଁ,
ଏ ଯେ ମହାମାରୀ ଅତି ମାରାତ୍ମକ, ଇଲାଜ କାହିଁ ?

ଉପାୟ ନାହିଁ ?
ଶବ ଟେକିବାକୁ ସମୟ ନାହିଁ।

ବ୍ୟାଧିର ପ୍ରକୋପ ଦେଖି ସରକାର ଦେଲେ ଆଦେଶ,
ଚବିଶ ଘଣ୍ଟାରେ ଅଚଳ କରିବେ ସମଗ୍ର ଦେଶ।
ବ୍ୟବସା, ଇସ୍କୁଲ, କଳ କାରଖାନା, କୋର୍ଟ, କଚେରି,
ସବୁଆଡେ କଡ଼ା ବନ୍ଦର ନିୟମ ହୋଇଲା ଜାରି।
ସେ ପାଇଁ ସଭିଏଁ ବନ୍ଦୀ ହେଲେ ଘର ଚାରି କାନ୍ଥରେ,
ଚାରିଆଡ଼, ଅନିଶ୍ଚିତ, ହାହାକାର, ବ୍ୟାଧି ଭୟରେ।

ଦିଲ୍ଲୀ ନଗରୀ ଝୁପୁଡି ନିବାସୀ
ଖଟିଖିଆ ଜଣେ, ପଦନ ଦାସ,
କରନ୍ତା କିସ ?

କଷ୍ଟରେ ଚଳିଲା ଯାହା ରଖିଥିଲା ସଞ୍ଚୟ କରି,
ସେତକ ସଇଲା ଦୁଇ ସପ୍ତାହରେ ଦି' ଦିନ ପରି।
ବିନା ମଜୁରୀରେ କେତେ ଦିନ ଆଉ ପାରନ୍ତା ଚଳି,
ଜୀବନ ମରଣ ହୋଇଲା ସମାନ ଏ କଥା ଭାଳି।
ସ୍ଥିର କଲା ଶେଷେ ସହରେ ନ ରହି ଫେରିବ ଘର
ଯେମିତି ହେଲେବି, ଘର ହେଉପଛେ ଅନେକ ଦୂର।
ପୁଅ ପାଇଁ କେଉଁ ଦିନୁଁ ରଖିଥିଲା ଖେଳଣା କିଣି,
ତା' ସାଥେ ଭରିଲା ଭାରିଯାର ଶାଢ଼ୀ ଥଳିଆ ଆଣି।
ପାଦ ପକାଇ,
ଅସ୍ଥିର ହୋଇ,
ସକାଳୁ ସକାଳୁ ଧାଇଁଲା କିପରି ବସ୍ ଧରିବ,
ଦେଖିଲା ସେଠାରେ ଭିତରକୁ ଯିବା ନୁହେଁ ସମ୍ଭବ।
ମୁଣ୍ଡ ଟେକି ସେଠି ଛିଡ଼ା ହେବା ପାଇଁ ଉପାୟ ନାହିଁ,
ସୋରିଷ ବୁଣିଲେ ଛୁଇଁବନି ଜମା ଭୂଇଁକୁ ଯାଇ।
ପଦନ ଭିଡ଼ରୁ ବାହାରକୁ ଆସି ବସିଲା ତଳେ,
ଦେଖିଲା ବସ୍‌ରେ ଯାତ୍ରୀ ପଶୁଥାନ୍ତି ପ୍ରାଣ ବିକଳେ।

ପଦନ କିପରି କେଉଁ ଉପାୟରେ
ପହଞ୍ଚିବ ଘର ହେଲା ଉଚ୍ଛନ୍ନ,
ବିଷାଦ ମନ।

ମନରେ ପଡ଼ିଲା ଏମିତି ବେଳରେ ଭାରିଯା କଥା,
ତା' ଉପରେ ପୁଣି ପୁଅ କଥା ଦେଲା ଦାରୁଣ ବ୍ୟଥା।
ଶତ ସିଂହ ବଳ ସେ ପାଇଁ ଆସିଲା, ଯିବ ସେ ଘର
ପାଦେ ଚାଲି ଚାଲି ଯେତେ ଦୂର ହେଉ, କରିଲା ସ୍ଥିର।

ବାଟରେ ଖାଇବା ଜିନିଷ ରଖିଲା ଥଳିଆ ଆଣି,
ବୋତଲରେ ଭରି ପାଖରେ ରଖିଲା ପିଇବା ପାଣି।

ଆଖିରେ ଲୁହ,
ମନରେ କୋହ।

ମୁହେଁଇଲା ସିଏ ରାଜପଥ ଆଡ଼େ ପାଦରେ ଚାଲି,
ମନେ ଥାଏ ଖାଲି କେମିତିକା ଘର ଫେରିବ ବୋଲି।
ରାଜପଥେ ଯାଇ ଦେଖିଲା ଜନତା ତାହାରି ପରି,
ଧାଇଁଥାନ୍ତି ଶହ ଶହ, ପହଞ୍ଚିବେ ଘର କିପରି।
ଗେରସ୍ତ ଧରିଚି ବୋକଚା ମୁଣ୍ଡରେ, କାନ୍ଧରେ ଝୁଲା,
ଭାରିଯା ତାହାର ପଛରେ ଧାଇଁଚି କାଖେଇ ପିଲା।

ଏକ ମୁହାଁ ହୋଇ ସକଳେ ଧାବନ୍ତି ଭାବିବାକୁ ନାହିଁ କାହାରି ତର,
ଘର ରହିଲାଣି ଅନେକ ଦୂର।

କିଏ ପିନ୍ଧିଅଛି ଯୋତା, ଚପଲ ତ କାହାର ନାହିଁ,
ଫୁଙ୍ଗୁଳା ପାଦରେ ଧାଇଁଥାଏ, ଘର ଫେରିବା ପାଇଁ।
କ୍ଳାନ୍ତ ଶ୍ରାନ୍ତ ହୋଇ କିଏ ବସି ପଡ଼େ ସରଣୀ ଧାରେ,
ଝାଳ ପୋଛୁଥାଏ ପକେଟୁଁ ରୁମାଲ କାଢ଼ି ହାତରେ।
ପିଲାମାନେ ରଡ଼ି ଛାଡୁଥାନ୍ତି ପିତା ମାତାଙ୍କୁ ଚାହିଁ,
କିଏ ବା ବୁଝୁଚି ସେମାନଙ୍କ କଥା, ସମୟ କାହିଁ?

ନଇଁଲେ ସୂରୁଜ,
ଆସିହେଲା ସଞ୍ଜ।

ରୂପା ଥାଳି ପରି ପୂରୁବେ ଉଇଁଲା ପୁନେଇଁ ଜହ୍ନ,
ଜହ୍ନ ଆଲୁଅରେ ଜନତା ଚାଲିଚି, ଏକଇ ଧାନ।
ପହଞ୍ଚିବ ଘର, ହେଉ ପଛେ ଦୂର, ମନରେ ବଳ,

ସେଇ ମନ ବଳେ ପଡ଼ି ଯାଉଥାଏ ପାଦ ସଅଳ।
ପଦନ ବସିଲା ସରଣୀର ଧାରେ ହାଲିଆ ହୋଇ,
ଖାଇଲା ଭୋକରେ, ମେଣ୍ଟାଇଲା ଶୋଷ ପାଣିକୁ ପିଇ।

ପକେଟୁଁ ବାହାର କରି ଲଗାଇଲା ମୋବାଇଲ୍ ନମ୍ବର,
ସେ ପଟୁ ଶୁଭିଲା ଭାରିଯା ସ୍ୱର।

ପଦନ କହିଲା, "ଶୁଣୁଚ ତ ଆହେ, ଆସୁଚି ଘର,
ଦୋକାନ ବଜାର, କାରଖାନା ବନ୍ଦ, ବନ୍ଦ ନଗର।"
ଏକଥା ଶୁଣନ୍ତେ ଭାରିଯା ପଚାରେ ହୋଇଣ ବ୍ୟସ୍ତ,
"କିପରି ଆସୁଚ ? ବସ୍ ରେଳଗାଡ଼ି ଚାଲୁ ନାହିଁ ତ।
ପଦନ କହିଲା, "ନିରୂପାୟ ହୋଇ ଆସୁଚି ଚାଲି,
ମୋ ପାଇଁ ଭାବନା ନ କରିବାକୁ ମୁଁ ଖବର ଦେଲି।"

ଏତକ କହି,
ନିଃଶ୍ୱାସ ନେଇ,

ପଦନ ଚାଲିଲା ଜନତାଙ୍କ ସାଥେ ସାମିଲ ହୋଇ,
ଦ୍ରୁତଗାମୀ ଯାନ ରାଜପଥେ ଖାଲି ସାଆଇଁ ସାଇଁ।
ଦିନ ରାତି ସଞ୍ଜ ସକାଳ କାହାକୁ ନପଡ଼େ ଜଣା,
କେବେ ଯେ ସରିବ ଅସରନ୍ତି ପଥ ନାହିଁ ଠିକଣା।
ତଥାପି ସଭିଏଁ ଚାଲିଥାନ୍ତି ପଥ ବାନ୍ଧି ସାହସ,
ମରିଲେ ମରିବେ, ବଞ୍ଚିଲେ ବଞ୍ଚିବେ, କରିବେ କିସ।

ରାବିଲେ କୁକୁଡ଼ା, କାଉ, କୁମ୍ଭାଟୁଆ, କଜଳ ପାତି,
ପାହିଲା ରାତି।

ସିନ୍ଦୁରା ଫାଟିଲା, ସୂରୁଜ ଉଇଁଲେ ପୂରୁବ ଦିଗେ,
ରାଜପଥ ପରେ ଚାଲିଛି ଜନତା ଚାଲିଛି ଆଗେ।

କିଏ ପୁଣି ଆଉ ଚାଲି ନପାରଇ ହାଲିଆ ହୋଇ,
ଗଛ ତଳେ ଥକ୍କା ମେଣ୍ଟାଇବା ପାଇଁ ବସଇ ଯାଇ।
କିଏ ଚାଲିଲାଣି ଲଙ୍ଗଳା ପାଦରେ ଯୋତାକୁ ଧରି,
ଖଣ୍ଡିଆ ପାଦରୁ ନାଲିଆ ରକତ ଯାଉଛି ଝରି।

ଦେଖି ନହୁଏ,
ବିଷମ ଇଏ।

ଦୟା ପରବଶେ ଗାଡିରୁ ଓହ୍ଲାଇ ଦୟାଳୁ ଜନେ,
ଯାଚୁଥାନ୍ତି ଟଙ୍କା ସାହାଯ୍ୟ ନିମନ୍ତେ ପଥିକ ଗଣେ।
କେହି କରୁଥାନ୍ତି ପ୍ରତ୍ୟାଖ୍ୟାନ ଦାନ ଯୋଡ଼ ହସ୍ତରେ,
"କିସ କରିବୁ ? ଏ ଟଙ୍କା। ଦରକାର ନାହିଁ ବାବୁରେ।
ପହଞ୍ଚିବୁ ଘର ସେଇତ ଆମର କେବଳ ଚିନ୍ତା,
ଚାଲି ଚାଲି ପାଦ ଅବଶ ହେଲାଣି, ହେଲାଣି ବଥା।"

କିଏ ବାଣ୍ଟୁଥାଏ ବିସ୍କୁଟ ପ୍ୟାକେଟ, ବୋତଲ ପାଣି,
ଭୋକିଲା ଜାଣି, ଶୋଷିଲା ଜାଣି।

କିଏ ଚାଲି ଥାଏ ପିଲାକୁ ବସାଇ ସାଇକେଲରେ,
ଆଗ ପଛ ହୋଇ ଝୁଲଇ ତିନୋଟି ଝୁଲା ତହିଁରେ।
ଆଉ କେଉଁ ପିଲା ମାଆ କାଖରେ ତ ବାପ କାନ୍ଧରେ,
ଥକି ଗଲେ ଜଣେ ଅଦଳ ବଦଳ ହୁଏ ମଝିରେ।
ଶହ ଶହ କୋଶ ଚାଲି ଆସିଲେଣି ଅନେକ ବାକି,
କେତେବେଳେ ଯାଇ ପହଞ୍ଚିବେ ଘର ପାଉନି ଆଖି।

ଏମିତି କରି
ଅସରନ୍ତି ପଥ ହୋଇବେ ପାରି।

ସୂରୁଜ ଉଠିଲେ ମଥାନ ଉପରେ ବଢ଼ିଲା ତାତି,
କିଏ ଚାଲିଛି ତ କାହାର ହେଲାଣି ମନ୍ଥର ଗତି।
ପଦନ ଚାଲଇ ଥକିଲା ପାଦରେ ଅସରା ପଥ,
ଅଧାଖିଆ ପେଟ ବଳ ଅଣ୍ଟୁନାହିଁ ହେଲାଣି କ୍ଲାନ୍ତ।
ସଞ୍ଜ ହୋଇବାରୁ ଥକା ମାରିବାକୁ ବସିଲା ଯାଇ,
ଦିନ ତାତି ଅନ୍ତେ, ଯାଉଥିଲା ଧୀର ସମୀର ବହି।

ଗଡ଼ି ପଡ଼ିଲା ସେ ଯୋତା ଖୋଲି ଦେଇ ସରଣୀ ଧାରେ,
ଆକାଶକୁ ଚାହିଁ, ଚଟାଣ ପରେ।

ରାଜପଥ ପରେ ଯାନ ବାହାନର ଘୋର ଗର୍ଜନ,
ଭାସି ଆସୁଥାଏ ନିରବତା ଭାଙ୍ଗି କ୍ଷଣକୁ କ୍ଷଣ।
ହସୁଥାଏ ଜହ୍ନ ତାରାଙ୍କ ଗହଣେ ଦୂର ଗଗନେ,
ଜହ୍ନ ଦେଖିଲାରୁ ପୁଅ ପଡ଼ିଗଲା ପଦନ ମନେ।
ଦୁଇ ନୟନରୁ କେଇ ଟୋପା ଗଲା ଲୋତକ ବହି,
ହାଲିଆ ଥିବାରୁ ଅଜାଣତେ ସିଏ ପଡ଼ିଲା ଶୋଇ।

କ୍ଷଣକ ପାଇଁ,
ନିଶ୍ଚିନ୍ତ ହୋଇ।

ପର ମୁହୂର୍ତ୍ତରେ ଶୁଣିଲା ଚିତ୍କାର, ଭାଙ୍ଗିଲା ନିଦ,
ଜାଣିପାରିଲାନି କୁଆଡୁ ଆସଇ ଭୀଷଣ ଶବ୍ଦ।
ଚାହୁଁ ଚାହୁଁ କାହୁଁ ଦ୍ରୁତଗାମୀ ଟ୍ରକ ଆସିଲା ମାଡ଼ି,
ପବନ ବେଗରେ ପଦନ ଉପରେ ଗଲା ସେ ଚଢ଼ି।
ଖଣ୍ଡେ ବାଟ ଯାଇ ପଦନ ପଡିଲା ସରଣୀ ଧାରେ,
ପିଚ୍ ପିଚ୍ ହେଇ ନହୁ ଗଲା ବହି ସଡ଼କ ପରେ।

ଖଣ୍ଡ ବିଖଣ୍ଡିତ ପଦନ ଶରୀର ରକତେ ବୁଡ଼ି,
ପ୍ରାଣବାୟୁ ଗଲା ନିମିଷେ ଉଡ଼ି।

ଆସବାବ ପତ୍ର ଥଳୀରୁ ବାହାରି ଗଲା ବିଛାଡ଼ି,
ଛିଞ୍ଚାଡ଼ି ପଡ଼ିଲା ପୁଅର ଖେଳନା, ଭାରିଯା ଶାଢ଼ୀ।
ତହିଁ ପରଦିନ ସୂରୁଜ ଉଇଁଲେ ସକାଳ ହେଲା,
ସଡ଼କ ଉପରେ ଶୁଖିଲା ରକତ ଦାଗ ଦିଶିଲା।
କାଆ କାଆ କରି ଉଡ଼ି ବୁଲୁଥିଲେ ଆକାଶେ କୁଆ,
କେତୋଟି ଭୋକିଲା ଶ୍ୱାନ ହୋଇଥିଲେ ଦୂରରେ ଠିଆ।

ପଦନର ଶବ ରହିଚି ତଥାପି ସଡ଼କେ ପଡ଼ି,
ମୁହଁକୁ ମାଡ଼ି।

କୌତୁହଳ ଜନେ କରିଥିଲେ ଭିଡ଼ ଚଉପାଶରେ,
ପଦନ ଦାସକୁ କିଏ ବା ଚିହ୍ନୁଚି ସେଇ ଜାଗାରେ।
ଘରେ ଅସ୍ତ ବ୍ୟସ୍ତ ଭାରିଯା ତାହାର ଗେରସ୍ତ ପାଇଁ,
ଅନେକ ସମୟ ବିତିତ ଗଲାଣି ଖବର ନାହିଁ।
ଫୋନ କରୁଥିଲେ କେତେ ବାଟ ହେଲେ ଥରକୁ ଥର,
ଏତେ ବେଳ ଗଲା ଆସୁନି କି ପାଇଁ କିଛି ଖବର।

କେଉଁଠି କହିବ, କାହାକୁ କହିବ, କରିବ କିସ,
ମନସ୍ତାପର ନୋହିଲା ଶେଷ।

ଛୋଟ ଅକ୍ଷରରେ ପାଇଲା ପ୍ରକାଶ ଖବର ଦିନେ
ରାଜପଥ ପରେ ଚାପା ଖାଇ ମଲା ପଥିକ ଜଣେ।
ପରିଚୟ ପତ୍ର ଅନୁସାରେ ଅଟେ, ନାମ ତାହାର,
ପଦନ ଦାସ, ଦିଲ୍ଲୀରେ ଘର,
ଦୁଇ ଶ' ପନ୍ଦର ଗଳି ନମ୍ବର।

■

ସାହିତ୍ୟ ପତ୍ରିକା "ସାହିତ୍ୟ ଚର୍ଚ୍ଚା" ରେ ପ୍ରକାଶିତ।

ନବବର୍ଷ ବାର୍ତ୍ତା

ଆଶା ଉଦ୍ଦୀପନା ସାଥେ ସବୁ ବର୍ଷ ପରି
ଆଗମିଛି ଧରାପୃଷ୍ଟେ ନୂତନ ବରଷ,
ବିଗତ ଦିନର ସୁଖ ଦୁଃଖ ସ୍ମୃତି କରି
ଭରିବାକୁ ସର୍ବପ୍ରାଣେ ଆନନ୍ଦ ଉଲ୍ଲାସ।

"ସର୍ବେ ଭବନ୍ତୁ ସୁଖିନଃ" ଏହି ନବ ବର୍ଷେ
ପ୍ରାପ୍ତ ହେଉ ସର୍ବ ଜନେ ସୁଖ ଓ ସମ୍ପତ୍ତି,
ଅଜ୍ଞାନ ତିମିର ଲିଭୁ ଜ୍ଞାନାଲୋକ ସ୍ପର୍ଶେ
ଭରି ଯାଉ ସର୍ବପ୍ରାଣେ ଶାନ୍ତି, ମୈତ୍ରୀ, ପ୍ରୀତି।

ପୃଥିବୀରୁ ଲୋପ ପାଉ ହିଂସା, ଦ୍ୱେଷ, ଘୃଣା
ସର୍ବ ସମ୍ପ୍ରଦାୟେ ସୃଷ୍ଟି ହେଉ ଭ୍ରାତୃ ପ୍ରୀତି,
ଦେଶ ଦେଶ ମଧ୍ୟେ ହୋଇ ବାର୍ତ୍ତା ବୁଝାମଣା
ଯୁଦ୍ଧର ସମାପ୍ତି ଘଟୁ, ଫେରି ଆସୁ ଶାନ୍ତି।

ଏଇ ନବ ବର୍ଷେ ଧରା ହେଉ ସୁଖମୟ,
ପୁରାତନ ବର୍ଷ ଆହେ ତୁମ୍ଭଙ୍କୁ ବିଦାୟ।

ପାଦପର ଆତ୍ମକଥା

ଆଜି ମୁଁ ନିରସ ନିରବ ନିର୍ଜୀବ
ଜନାକୀର୍ଣ୍ଣ ଜନ ସମାଜ ଭିତରେ,
ଆଧୁନିକତାର ଚାକଚକ୍ୟ ଦେଇ
ବିତାଏ ଜୀବନ ପ୍ରକୋଷ୍ଠ ମଧ୍ୟରେ।
ନାହିଁ ଶ୍ୟାମଳିମା ନାହିଁ ସେ ବନାନୀ
ନିର୍ମଳ ଆକାଶ-ସାମିଆନା ତଳ,
ଅହରହ ଯହିଁ ଝର ଝର ହୋଇ
ଝରି ଯାଉଥିଲା ନିର୍ଝରିଣୀ ଜଳ।

ଦେଖୁଥିଲି ଯହିଁ କମନୀୟ ଶୋଭା
ପୂର୍ବାଶା ଅମ୍ବରେ ଅରୁଣ ଉଦୟ,
ରବି ଅସ୍ତ ଗଲେ, ଯହିଁ ହେଉଥିଲା
ଅନ୍ଧାର ଆକାଶ ଗ୍ରହ ତାରାମୟ।
ଖେଳୁଥିଲି ଦୋଳି କେବେ ସମୀରଣେ
ନଇଁ ଯାଉଥିଲି ଘୋର ପ୍ରଭଞ୍ଜନେ,
ଶୁଭୁଥିଲା ଯହିଁ ବିହଙ୍ଗମ ସ୍ୱନ
ନିରବତା ଭାଜି ନିଘଞ୍ଚ କାନନେ।

ଜାତି ଜାତି ପକ୍ଷୀ ଋତୁ ପରେ ଋତୁ
କରୁଥିଲେ କ୍ରୀଡ଼ା ମୋର ବକ୍ଷ ପରେ,
ମୋର ମଥା ଟେକି ପାରୁଥିଲି ଦେଖି
ମିଳଇ ଆକାଶ ଯହିଁ ଚକ୍ରବାଳେ।

ଆଦିବାସୀ ଜନ ସରଳ ଜୀବନ
ଦେଖୁଥିଲି ନିତି ଶାଖା ତଳେ ମୋର,
ଭ୍ରମୁଥିଲେ ଖାଦ୍ୟ ପାନ୍ୟ ଅନ୍ୱେଷଣେ
କ୍ଷୁଦ୍ର ବସ୍ତ୍ର ଅଙ୍ଗେ ହସ୍ତେ ଧନୁଶର।

ସବୁଗଲା ନାଶ, ହତିଆର ଧରି
ଚୋରା ବ୍ୟବସାୟୀ ଯେ ଦିନ ହାଜର
ହୋଇ କରତରେ କଚ କଚ କରି
କାଟି ପକାଇଲା ଗଣ୍ଡି ଯେବେ ମୋର।
ନିଃସହାୟ ହୋଇ ପଡିଲି କଚାଡ଼ି
ଘନ ବନ ଶୁଷ୍କ ପତ୍ର ଶଯ୍ୟା ପରେ,
ଖଣ୍ଡ ଖଣ୍ଡ କାଟି ଗାଡ଼ି ପରେ ଲଦି
ନେଇ ପଳାଇଲା ନିକଟ ସହରେ।

ଶୁଷ୍କ ହୋଇଲାରୁ ହେଲି ବ୍ୟବହୃତ
ଡାଇନିଙ୍ଗ ସେଟ ନିର୍ମାଣ କାର୍ଯ୍ୟରେ,
ବିକ୍ରି ହୋଇଗଲି ଥିଲାବାଲା ବଡ଼
ଅଫିସର ଘରେ ଭୁବନେଶ୍ୱରରେ।
ବାସ ଏବେ, ଶୀତ ତାପ ନିୟନ୍ତ୍ରିତ
ବିଜୁଳି ଆଲୁଅ ବିଚ୍ଛୁରିତ ଘରେ,
ଶ୍ୱାସରୁଦ୍ଧ ହୁଏ ଅସ୍ତବ୍ୟସ୍ତ ଲାଗେ
ଅତୀତର କଥା ଯେବେ ମନେ ସ୍ମରେ।

ଏବେ ମୁଁ ଦେଖଇ ଦିନ ପ୍ରତିଦିନ
କୃତ୍ରିମ ଜଟିଳ ମାନବ ଜୀବନ,
ସବୁ ପ୍ରକାରର ମିଥ୍ୟା, ଭ୍ରଷ୍ଟାଚାର
ଏକ ପ୍ରତି ଆନ ମନ୍ଦ ଆଚରଣ।
ଭେଟଇ ଦୈନିକ ଦେଶ ହର୍ତ୍ତା କର୍ତ୍ତା
ତୁଙ୍ଗ ନେତା ଖଣି ବ୍ୟବସାୟୀଗଣ,

ଚକ୍ଷୁ ସାମନାରେ ସବୁ ହେରା ଫେରି
ଦେଖି ଶୁଣି ଜାଣି ରହୁଛି ମଉନ।

ଦେଶ ସେବା ନାମେ ଚୋରୀ ଜାଲିଆତି
ସ୍ପଷ୍ଟ ଦିବାଲୋକେ ଚାଲେ ଅବିରତ,
ଦେଶର ରକ୍ଷକ କିପରି ଭକ୍ଷକ
ଜାଣି ହୋଇଯାଏ ମୁହିଁ ଅସ୍ତବ୍ୟସ୍ତ।
ମନେ ମନେ ଭାବେ କି ସୁନ୍ଦର ଆହା
ଆରଣ୍ୟକ ବାସ ସୁନ୍ଦର ସରଳ,
ଯହିଁ ନାହିଁ ଥିଲା ମାନବ ଅନୀତି
କୁଟିଳ ଜଟିଳ ଦୁନିଆ ଜଞ୍ଜାଳ।

ପୂଜା ଚାନ୍ଦା

ମାଘ ମାସ ଶୀତ ନରମ ସକାଳେ
ଖରାରେ ମସିଣା ପାରି,
ଘନଶ୍ୟାମ ବାବୁ "ସମାଜ" କାଗଜ
ପଢୁଥାନ୍ତି ହସ୍ତେ ଧରି।
ଭାରିଯା ତାଙ୍କର ରୋଷେଇଶାଳରେ
ବ୍ୟଞ୍ଜନ ରନ୍ଧାରେ ବ୍ୟସ୍ତ,
ଶେଷ ହେଲେ ଖାଇ ଘନଶ୍ୟାମ ବାବୁ
କଚେରି କରିବେ ଗସ୍ତ।
କନ୍ୟା ଦୁଇ ଘର ବାରଣ୍ଡା ଉପରେ
ପାଠ ପଢୁଥାନ୍ତି ବସି,
ଏମନ୍ତ ସମୟେ ସାହି ଟୋକା ଦଳେ
ଭିତରେ ଆସିଲେ ପଶି।
ପଢ଼ା ବନ୍ଦ କରି ଘନଶ୍ୟାମ ବାବୁ
ଚାହିଁଲେ ଚଷମା ଟେକି,
ସକାଳୁ ସକାଳୁ ଆସିବା କାରଣ
ପଚାରିଲେ ତାଙ୍କୁ ଦେଖି।
ତନ୍ମଧ୍ୟରୁ କେହି କହିଲା "ଆସିଛୁ
ପୂଜା ଚାନ୍ଦା ନେବା ପାଇଁ,
କ୍ଲବ ଘରେ ହେବ ସରସ୍ୱତୀ ପୂଜା
ଉଠିବ ପଡ଼ିବ ସାହି।"

ଘନଶ୍ୟାମ ବାବୁ ଏକଥା ଶୁଣନ୍ତେ
ଘର ଭିତରକୁ ଯାଇ,
ଦୁଇ ଶତ ମୁଦ୍ରା ଆଣି ସେମାନଙ୍କ
ସାମନାରେ ଦେଲେ ଥୋଇ।
ଦୁଇ ଶତ ଟଙ୍କା ଦେଖିବା ମାତ୍ରକେ
କେତେକେ ଉଠିଲେ କହି,
"ହଜାରେ ଟଙ୍କାର ରସିଦ କାଟିଛୁ
ଦୁଇଶତ ନେବୁ ନାହିଁ।"
ଆଗରୁ ରସିଦ କଟା ହେବା ଜାଣି
ଖପ୍ପା ହୋଇ ଘନଶ୍ୟାମ,
କହିଲେ "ଇଏତ ଅବାନ୍ତର କଥା
କେଉଁ ଆଡ଼ର ନିୟମ।"
ସେପାଇଁ ମୂଳରୁ ଦେବେ ନାହିଁ ଚାନ୍ଦା
ସଫା ସଫା ଦେଲେ କହି,
ଚଷମା ଲଗେଇ ପର ମୁହୂର୍ତ୍ତରେ
କାଗଜେ ରହିଲେ ଚାହିଁ।
ଚାନ୍ଦା କଥା ଶୁଣି ଭାରିଯା ଆସିଲେ
ଆଉ ପୁଣି ଶହେ ନେଇ,
କହିଲେ ନେବାକୁ ତିନି ଶତ ମୁଦ୍ରା
କାକୁତି ମିନତି ହୋଇ।
କେଉଁଥିରେ ହେଲେ ଫଳ ନଫଳିଲା
ବୃଥା ଗଲା ଅନୁରୋଧ,
ଖାଲି ହାତେ ସାହି ଟୋକା ଫେରିଗଲେ
ମନେ ମନେ ହୋଇ କ୍ଷୁବ୍ଧ।
ହେଲା ସମାପନ ସରସ୍ୱତୀ ପୂଜା
ଆସିଲା ଭସାଣି ବେଳ,
ସକାଳ ପହରୁ ମାଇକ ବାଜିଲା
ସାହି ସାରା କୋଳାହଳ।

ସଞ୍ଜ ହେବା ମାତ୍ରେ ଅନ୍ଧକାର ଭେଦି
ଆଲୁଅ ଉଠିଲା ଜଳି,
ବିବିଧ ରଙ୍ଗରେ ରଙ୍ଗ ବେରଙ୍ଗରେ
ଦିଶୁଥାଏ ଭଳି ଭଳି ।
"ମହାମାୟୀ ବିଦ୍ୟା ଦାତ୍ରୀଙ୍କର ଜୟ"
ଧ୍ୱନିରେ କମ୍ପିଲା ସାହି,
ଦେବୀ ବିସର୍ଜନ ପାଇଁ ପ୍ରସେସନ
ଆରମ୍ଭିଲା ରହି ରହି ।
ଦଳ ଦଳ ହୋଇ ତାଳ ଦେଇ ଦେଇ
ସାହି ଟୋକାମାନେ ମିଳି,
ଫୁଙ୍ଗୁଳା ଦେହରେ ନୃତ୍ୟ ଦଳେ କଲେ
ଆଉ ଦଳେ ଦେଲେ ତାଳି ।
ସାଉଣ୍ଡ ବକ୍‌ସରୁ ଶୁଭୁଥିଲା ଯେବେ
"ମୁନ୍ନୀ ବଦନାମ ହୁଇ",
"ଘନଶ୍ୟାମ ରହେ ଏହି ଘରଟିରେ"
ସେ ବେଳେ କହିଲା କେହି ।
ଆଖି ପିଛୁଳାକେ କେତେ ଜଣ ଟୋକା
ପବନ ବେଗରେ ଯାଇ,
ହୋଇଲେ ଉଦ୍ୟତ ଭାଙ୍ଗିବାକୁ ଦ୍ୱାର
ଗୋଇଠା ପାହାର ଦେଇ ।
ଧଡ଼ ଧଡ଼ କରି କବାଟ ବାଡ଼େଇ
ବର୍ଷିଲେ ଅଶ୍ରାବ୍ୟ ଗାଳି,
"ଖୋଲ୍ ବେ କବାଟ ଦେଖିନେବୁ ଶଳା
ଜିଅନ୍ତା ଦେବୁବେ ଜାଳି ।"
ଦୁର୍ଭାଗ୍ୟକୁ ପୁଣି ଘନଶ୍ୟାମ ବାବୁ
ସେ ବେଳେ ନଥାନ୍ତି ଘରେ,
ଭାରିଯା ତାଙ୍କର କବାଟକୁ ଧରି
ଥରୁଥାନ୍ତି ଖାଲି ଡରେ ।

ଘନ ଘନ ଧକ୍କା ଝରକା କବାଟେ
ବର୍ଷୁଥାଏ ବଜ୍ର ପରି,
ଝିଅ ଦୁଇ ଜଣ କୁଣ୍ଢାକୁଣ୍ଢି ହୋଇ
କାନ୍ଦୁଥାନ୍ତି ଥରି ଥରି।
ଧଡ୍ ଧାଡ୍ କରି କିଛି କ୍ଷଣ ପରେ
ଚାଲି ଗଲା ପରେ ଟୋକା,
ବାଟରେ ଦୈବାତ ଦେଖିଲେ ଫେରନ୍ତି
ଘନଶ୍ୟାମ ବାବୁ ଏକା।
ଛଞ୍ଚାଣ ସଦୃଶ ଝାମ୍ପି ପଡ଼ି, ତାଙ୍କୁ
ଦେଲେ ଗୋଇଠା ପାହାର,
"ଭୋଗ୍ ଶଳା ଏବେ ଫଳ କେମିତିକା
ପୂଜା ଚାନ୍ଦା ନଦେବାର।"
ଗଲା ଧକ୍କା ଖାଇ ଘନଶ୍ୟାମ ବାବୁ
ମୁହଁ ମାଡ଼ି ଗଲେ ପଡ଼ି,
କ୍ଷତ ବିକ୍ଷତ ଶରୀରୁଁ ଉଷ୍ମ
ଲହୁ ଯାଉଥାଏ ଗଡ଼ି।
ଚାଲିଗଲା ମେଢ଼ ପ୍ରସେସନ ସାଥେ
ନିର୍ଜନ ହୋଇଲା ପଥ,
ଦୂରରୁ କେବଳ ଶୁଣା ଯାଉଥିଲା
ହିନ୍ଦୀ ସିନେମା ସଙ୍ଗୀତ।
ତହିଁ ପରଦିନ ମିଳିଲା ଖବର
ଘନଶ୍ୟାମ ବାବୁ ଯାଇ,
ଡାକ୍ତରଖାନାରେ ହୁଅନ୍ତି ଚିକିତ୍ସା
ଖଣ୍ଡିଆ ଖାବରା ହୋଇ।
ସାହି ଟୋକା ପରେ ବଳକା ଚାନ୍ଦାରେ
କଲେ ଭୋଜି ଆୟୋଜନ,
ଖୁସି ହାସି ହୋଇ ମଦ୍ୟ ଛେଳି ମାଂସ
ଆକଣ୍ଠେ କଲେ ଭୋଜନ।

■

ବନ୍ଦୀର ଅନ୍ତଃସ୍ୱର

ନିଃସଙ୍ଗେ ନୀରବେ ରୁଦ୍ଧ ପ୍ରକୋଷ୍ଠେ
ବସିଅଛି ମୁହିଁ ଅନ୍ଧକାରେ,
"ଦେଶଦ୍ରୋହୀ" ମିଥ୍ୟା ଅଭିଯୋଗେ ବନ୍ଦୀ
ଆଜି ମୁଁ ତିହାର କାରାପୁରେ ।

ଜାଣିଛ କି ଅପରାଧ ମୋର,
ଶାସନର କଳା କାନୁନ ବିରୁଦ୍ଧେ
ତୋଳିଅଛି ସ୍ୱର ବାରମ୍ବାର ।

ସବୁରି ଧର୍ମକୁ ସମ ଅଧିକାର
ଦେଇଅଛି ଆମ ସମ୍ବିଧାନ,
ଧର୍ମ ନିରପେକ୍ଷ ବିଚାରଧାରାକୁ
କରାହୁଏ ଏବେ ଅସମ୍ମାନ ।

ଅସାମ୍ବିଧାନିକ ଏ କି ନୁହଁ,
ଏହାର ବିରୁଦ୍ଧେ ସ୍ୱର ଉଠାଇଲେ "ଦେଶ ଦ୍ରୋହୀ"
ବୋଲି ଆଖ୍ୟା ଦିଅ ।

ଭ୍ରଷ୍ଟାଚାରୀ ଏବେ ଦେଶ ହର୍ତ୍ତାକର୍ତ୍ତା
ବିରୋଧ କଲେ ହିଁ "ଦେଶଦ୍ରୋହୀ,"
ଦଙ୍ଗାକାରୀ ଦଳ ହିଂସା କାଣ୍ଡେ ଲିପ୍ତ
"ଭାରତ ମାତାର ଜୟ" କହି ।

କଚେରି ହତାରେ ଗୁଣ୍ଡା ଗିରି,
ଓକିଲେ କରିଲେ ପୁଲିସ ଆଗରେ
ନ୍ୟାୟ ବା ମିଳିବ କେଉଁପରି।

ସ୍ୱାଧୀନ ଜନତା ଅଧିକାର ପରେ
ଜାରି ହୋଇ କଟକଣା ମାନ,
ଔପନିବେଷିକ କାନୁନ ଧମକେ
ସଙ୍କୁଚିତ ହୁଏ ଦିନୁଦିନ।

ତେଣୁ ନାଗରିକ ଥର ହର,
ସ୍ୱାଧୀନ ଭାବରେ ମତ ଦେବାଟା ହିଁ
ହୋଇ ଉଠେ ଏବେ ଭୟଙ୍କର।

ଅସହିଷ୍ଣୁତାର ଅଗ୍ନିଶିଖା ଜଳେ
ଦେଶ ସାରା ହୁତୁ ହୁତୁ ହୋଇ,
ସଂଖ୍ୟା ଲଘୁ ବର୍ଗ ଭୟେ ଥର ହର
ବଞ୍ଚିବାକୁ ନିଜ ପ୍ରାଣ ନେଇ।

ଧର୍ମ ନୀରପେକ୍ଷ ରାଷ୍ଟ୍ର ବୋଲି,
କରୁଥିଲୁ ଯାହା ଗର୍ବ ଏତେ ଦିନ
ପଡ଼ି ଯାଇଅଛି ଆଜି ବଳି।

ଦେଶର କୃଷକ ଭୋକିଲା ଶୁଅଇ
ସହେ ପୁରନାରୀ ବଳାତ୍କାର,
କୁଲି ମଜୁରିଆ ଦିନରାତି ଖଟି
ପିନ୍ଧିବାକୁ ବସ୍ତ୍ର ନାହିଁ ଯା' ର।

ଇଏ କି ବିକାଶ ସରକାର,
"ଜନ୍ମ ଭୂମିର ଜୟ" କହିଦେଲେ ମେଣ୍ଟିବକି କ୍ଷୁଧା ଉଦରର।

ସ୍ଥାନେ ସ୍ଥାନେ ଆଜି ଆଦିବାସୀ ହୁଏ
ବଞ୍ଚିତ ନିଜର ଅଧିକାରୁଁ,
ଜଙ୍ଗଲ ଯାହାର ଜୀବନ ଯହିଁରେ
ଜିଇଁ ଆସିଅଛି ଜନମରୁ।

ଖଣିବାଲା ଦ୍ୱାରା ବିତାଡ଼ିତ,
ହୁଏ ଆଦିବାସୀ ଯାହାର ଜୀବନ ଜଂଗଲ ସହିତ ବିଜଡ଼ିତ।

ଧୂର୍ତ୍ତ ବ୍ୟବସାୟୀ ବ୍ୟବସାୟ ନାମେ
ଜାତୀୟ ବ୍ୟାଙ୍କକୁ ଲୁଟିନେଇ,
ସ୍ୱଷ୍ଟ ଦିବାଲୋକେ କରେ ପଳାୟନ
ସ୍ୱ ଇଚ୍ଛାରେ ଦେଶାନ୍ତର ହୋଇ।

ସରକାରୀ କଳ ରହେ ଚାହିଁ,
ମୂକ, ଜଡ଼, ପଙ୍ଗୁ, ନପୁଂସକ ସମ ଧରିବାକୁ ଯା'ର ଲକ୍ଷ୍ୟ ନାହିଁ।

ଆମର ବିଶ୍ୱାସ ଏ ଦେଶ ଜନତା
ଜାଗିବ ନିଶ୍ଚୟ ଯେଉଁ ଦିନ,
ସ୍ୱର ଉତ୍ତୋଳନେ ଚୂର୍ଣ୍ଣ କରିବ
ଶାସକଙ୍କ ଦର୍ପ ସେଇ ଦିନ।

ଫାଶୀବାଦ ଦେଶୁଁ କରି ଦୂର,
ସ୍ୱାଧୀନ ଦେଶର ଜନତା ଜାହିର କରିବ ନିଜର ଅଧିକାର।

ସକଳେ ଜାଣନ୍ତି ମିଥ୍ୟା ଅଭିଯୋଗେ
ହୋଇଅଛି ଆଜି ବନ୍ଦୀ ମୁହିଁ,
ସତ୍ୟର ପ୍ରକଟ ହେବ ନିଶ୍ଚେ ଦିନେ
ଏଥିରେ ସନ୍ଦେହ ତିଳେ ନାହିଁ।

ଯଦି ବି ହରାଏ ପ୍ରାଣ ମୋର,
ତଥାପି ଜନତା ଏକଇ ସ୍ୱରରେ ମାଗିନେବେ ତାଙ୍କ ଅଧିକାର।

ଶାସକ ଏ କଥା ରଖ ମନେ,
ସମୟ ଆସିବ ଶାସନ ଗାଦୀଟି
ଅଦଳ ବଦଳ ହେବ ଦିନେ।

ନିଃସ୍ୱ ନିର୍ଦ୍ଧନ ଯାତ୍ରୀ

ରାଜପଥେ ଆଜି ମଣିଷ ଚାଲିଛି
ନୀଡ଼ ଲେଉଟିବା ପାଇଁ,
ଶହ ଶହ କୋଶ ଦୂରତା ହେଲେ ବି
ପାଶେ ତା' ବିକଳ୍ପ କାହିଁ ?
ସେ ପାଇଁ ଧାଇଁଚି ଜୀବନ ବିକଳେ
ସାଥେ ଧରି ପରିବାର,
ପହଞ୍ଚିବ କେବେ ଭିଟାମାଟି ତା'ର
ଏକଇ ଲକ୍ଷ୍ୟ ତାହାର ।

ଏଇ ଖଟିଖିଆ ଲହୁ ଲୁହ ଦେଇ
ଅନ୍ୟ ପାଇଁ କୋଠା ବାଡ଼ି,
ପୋଲ, ରାସ୍ତା ଘାଟ ମହା ନଗରୀରେ
ହାତେ ଦେଇଥିଲା ଗଢ଼ି ।
ଜମାରୁ କେବେ ବି କରିନି ସେ ଆଶା
ବାସ କରିବ ତହିଁରେ,
ଜାଣିଛି ତୋଳୁଛି ସ୍ୱସ୍ୱେଦ ବଦଳେ
ଅନ୍ୟ ପାଇଁ ରହିବାରେ ।

ପାଇଖାନା ନାଳ ନର୍ଦ୍ଦମା ସରଣୀ
ଅଳିଆ ଅସନା ଯେତେ,
ହୋଟେଲ ଦୋକାନ ହେଉଥିଲା ସଫା
ଏଇ ମଣିଷଙ୍କ ହାତେ ।

କଳ କାରଖାନା ଏମାନଙ୍କ ବଳେ
ଚାଲୁଥିଲା ଘିରି ଘିରି,
ମାଲିକ ପାଖରୁ ନିର୍ଯ୍ୟାତନା ସହି
ନେଇ ଅଳପ ମଜୁରୀ।

ନଥିଲା କେବେ ବି ଏମାନଙ୍କ ପାଇଁ
ଚାରିପଟେ ପକ୍କା କାନ୍ଥ,
ମଥା ପରେ ଛାତ, ରହିବା କୋଠରୀ
ଶୀତ ତାପ ନିୟନ୍ତ୍ରିତ।
ନିଶ୍ୱାସ ନେବାକୁ ଗୁଞ୍ଜୁଥିଲା ମଥା
ଦଦରା ଝୁପୁଡି ମାରି,
କେଉଁ ପୋଲ ତଳେ ନର୍ଦ୍ଦମା ସମୀପେ
ନିଜ ଭାଗ୍ୟକୁ ଆଦରି।

ଆସିଲା କରୋନା ମହାମାରୀ କାହୁଁ
ପୃଥ୍ୱୀ ହେଲା ଥରହର,
ଆଖି ପିଛୁଳାକେ ସବୁ କଲେ ବନ୍ଦ
ରାତାରାତି ସରକାର।
ସେ ପାଇଁ ବୁଡ଼ିଲା ସକଳ ବେଉସା
କାମ ଧନ୍ଦା ଚାହୁଁ ଚାହୁଁ,
ନ ଖଟି ବାହାରେ ବସିଲେ ଭିତରେ
ଅନ୍ନ ବା ଆସିବ କାହୁଁ?

କିଏ ହେବ ସାହା ଏପରି ସଙ୍କଟେ
କିଏ ଏ ଗରୀବ ସାଥୀ?
କହିବାକୁ ନାହିଁ "ଆହା" ବୋଲି କେହି
ଏଇ ତ ଦୁନିଆ ରୀତି।

କରୋନା ଭୟରେ ଜଠର ଜ୍ୱାଳାରେ
ନିଃସ୍ୱ ମଣିଷ ଆଜି,
ଘର ମୁହାଁ ହୋଇ ଧାଏଁ ରାଜପଥେ
କ୍ଳାନ୍ତ ପଥିକ ସାଜି ।

କେବଳ ସମ୍ବଳ ମଥାରେ ବୋକଚା
ହାତରେ କେଇଟି ଝୁଲା,
ପଛରେ ପଛରେ ଭାରିଜା ଧାଉଁଛି
କାଖରେ କାନ୍ଦୁରା ପିଲା ।
ପାଶେ ନାହିଁ ଧନ ମାନ ସନମାନ
ରହିଛି ଜୀବନ ଖାଲି,
ବଞ୍ଚିବାକୁ ହେଲେ ଚାଲିବାକୁ ହେବ
ତପ୍ତ ମରୁଭୂମି ବାଲି ।

ପୟର ଯୁଗଳ କ୍ଷତ ବିକ୍ଷତ
ଝରି ତହୁଁ ଉଷ୍ମ ରକ୍ତ,
ଲାଲେ ଲାଲ ଦିଶେ ସରଣୀ ସଡ଼କ
ରକ୍ତ ରଙ୍ଗେ ରଙ୍ଗାୟିତ ।
ଭୋକ ଶୋଷ ସହି ଧାଇଁଚି ସେପାଇଁ
ନ ମାନି ଦିବସ ରାତ୍ରି,
ପହଞ୍ଚିବ ବୋଲି ନିଜ ଭିଟାମାଟି
ନିଃସ୍ୱ ନିର୍ଦ୍ଧନ ଯାତ୍ରୀ ।

■

ସାହିତ୍ୟ ପତ୍ରିକା "ଅକ୍ଷର" ରେ ପ୍ରକାଶିତ

ବର୍ବରତାର ଚରମ ସୀମା

"ପାଣି ପାଣି ପାଣି" କରୁଥିଲା ରଡ଼ି
କୃଷ୍ଣାଙ୍ଗ ଲୋକଟି ଭୂଇଁ ତଳେ ପଡ଼ି,
ଶ୍ୱେତାଙ୍ଗ ପୁଲିସ୍ ତାର ଗଳା ପରେ
ଆଣ୍ଠୁ ଚାପା ଦେଇ ବସିଥାଏ ମାଡ଼ି।

ପର ମୁହୂର୍ତ୍ତରେ "ମାଆ" ବୋଲି ଡାକି
ମାଗିଲା "ଟୋପାଏ ଦିଅ ମୋତେ ପାଣି,"
ପାଣି ବଦଳରେ ଆହୁରି ପୁଲିସ
ଚାପି ଦେଉଥାଏ ଆଣ୍ଠୁ ଜାଣି ଜାଣି।

କହନ୍ତେ "ପାରୁନି ନେଇ ମୁଁ ନିଃଶ୍ୱାସ,"
ଲୋକର ନାସାଗ୍ରୁ ବହିଲା ରକତ,,
ଧୀର ହୋଇଗଲା କଣ୍ଠ ସ୍ୱର ତା'ର
ନୋହିଲା ତଥାପି କ୍ରୁରତାର ଅନ୍ତ।

ଆସ ପାଶ ଜନେ ଯାଉଥିଲେ ଯେତେ
ହୋଇଲେ ନେହୁରା ପୁଲିସ ଆଗରେ,
"ଛାଡ଼ି ଦିଅ ତାକୁ" ହେଲେ ସେ ସମସ୍ତ
ପଡ଼ିଲା ପୁଲିସ ବଧୀର କର୍ଣ୍ଣରେ।

ପୁଲିସ ନିଷ୍ଠୁର ଦିଶୁଥାଏ ଅବା
ମାଂସହାରୀ ପଶୁ ଶ୍ୱାପଦ ପରାଏ,
ତୀକ୍ଷ୍ଣ ଦନ୍ତ ଦେଇ କାମୁଡ଼ି ଧରିଚି
ଛାଡ଼ିବନି ଜମା ନ ମରିଲା ଯାଏଁ।

କିଛିକ୍ଷଣ ପରେ ଆଉ ସେ ଲୋକଟି
ନିଃଶ୍ୱାସ ଜମାରୁ ନପାରିଲା ନେଇ,
ଉଡ଼ିଗଲା ତାର ଶେଷ ପ୍ରାଣ ବାୟୁ
ସେଇଠି ପୁଲିସ୍ ଆଣ୍ଠୁ ତଳେ ଶୋଇ।

ଲୋକ ଦେଖାଣିଆ ଆସିଲା ଷ୍ଟ୍ରେଚର
ନେବା ପାଇଁ ତାକୁ ଡାକ୍ତର ଖାନାକୁ,
ସେତେବେଳେ ସିଏ ମୁର୍ଦ୍ଦାର କେବଳ
ଝୁଲି ପଡୁଥିଲା ମସ୍ତକ ତଳକୁ।

କ୍ରୁର ବର୍ବରତା ନିର୍ମମ ଏ ଦୃଶ୍ୟ
ଦର୍ଶନ ମାତ୍ରକେ ହୃଦ ଯାଏ ଥରି,
ସଭ୍ୟ ବୋଲି ଆମେ କହୁଅଛୁ ପରା
ଇଏ ଅସଭ୍ୟତା ସମ୍ଭବ କିପରି ?

କାହିଁ ପାଇଁ ତେବେ ନ୍ୟାୟାଳୟ ଅଛି
କିଂପାଇଁ କାନୁନ ? କାହିଁକି ଓକିଲ ?
ଦିବାଲୋକେ ଯଦି ମରିବ ମଣିଷ
ପୁଲିସ ହାତରେ ହୋଇ କଲବଲ।

ସାରା ଆମେରିକା କରିଲେ ବିକ୍ଷୋଭ
ଯେପରି ଏପରି ନଘଟିବ ଆଉ,
କଳା ଧଳା ମିଶି କରୁଛନ୍ତି ଦାବୀ
ନିର୍ମମ ପୁଲିସ୍ କାରାଦଣ୍ଡ ପାଉ।

ଇଏତ ଦୁଃଖଦ କେତେ ଦିନ ଧରି
ମରୁଥିବେ କଳା ପୁଲିସ ହାତରେ,
ଦଳିତ ପତିତ ହୋଇ ରହିଥିବେ
କୃଷ୍ଣକାୟ ଜନେ ସମାଜ ଭିତରେ ?

ହ୍ୟୁମାନ୍ ରାଇଟ୍ସ ସଭିଙ୍କର ଅଛି
ସଭିଙ୍କୁ ସମାନ ମାନିବାକୁ ହେବ,
ଦୂରେଇଲେ କଳା ଧଳା ଭେଦଭାବ
ବିଶ୍ୱେ ଶାନ୍ତି ମୈତ୍ରୀ ପ୍ରତିଷ୍ଠା ହୋଇବ।

■

ଆମେରିକାରେ ଘଟିଥିବା ଏକ ସତ୍ୟ ଘଟଣା ଉପରେ ଆଧାରିତ

ବାତ୍ସଲ୍ୟ ମମତା

ବଉଦ ଫାଙ୍କରେ ଅସ୍ତାଚଳେ ରବି
ନଇଁ ଯାଉଁଥିଲେ ଖରେ,
ବାରୁଣୀ ଗଗନ ହସି ଉଠୁଥିଲା
ନାରଙ୍ଗୀ ନାଲି ରଙ୍ଗରେ।

ପତ୍ର ଦୋହୋଲାଇ ଯାଉଥିଲା ବହି
ଶୀତଳ ସମୀର ଧୀରେ,
ଗାଉଥିଲେ ପକ୍ଷୀ ବୃକ୍ଷ ଡାଳେ ରହି
କିଚିରି ମିଚିରି ସୁରେ।

ଦିନ କର କାମ ଶେଷ ହେବା ଅନ୍ତେ
ଫେରୁଥିଲି ମୁହିଁ ଘର,
ବୃକ୍ଷଛାୟା ତଳେ ଚାଲି ଚାଲି ପଥ,
ନଥିଲା କାହିଁ ନଜର।

ଅକସ୍ମାତେ କାହୁଁ ଖଣ୍ଡି ଉଡ଼ା ଦେଇ
ପକ୍ଷୀ ଶାବକଟି ଆସି,
ଡେଣା ପିଟି ପିଟି ଅସହାୟ ହୋଇ
ପାଦ ତଳେ ଗଲା ପଶି।

ନିରୁପାୟ ହୋଇ ଶାବକେ ସାଦରେ
ହସ୍ତରେ ନେଲି ଉଠାଇ,
ଚକ୍ଷୁ ପତା ମେଲି ଚାହିଁଲା ଶାବକ
ମୋତେ ଭୟଭୀତ ହୋଇ।

ଜାଣିଲି ନିଶ୍ଚିତ ପକ୍ଷୀ ଶାବକଟି
ପିତା ମାତା ହରାଇଛି,
ସାଥୀ ହରା ହୋଇ ଡେଣା ଝାଡ଼ି ଝାଡ଼ି
ସରଣୀରେ ପହଞ୍ଚିଛି।

ଖୋଜି ବସିଲି ମୁଁ ଅନାଇ ଏପଟ
ସେପଟ ତଳ ଉପର,
କାଳେ କାହିଁ ଯଦି ମିଳିଯିବ ମୋତେ
ପିତା ମାତା ଶାବକର।

ନ ପାଇ ନିରାଶ ହେବାରୁ ଶେଷରେ
ଦ୍ୱନ୍ଦ୍ୱ ଆସିଲା ମନରେ,
ଛାଡ଼ି ଯିବି କିବା ପକ୍ଷୀକୁ ରାସ୍ତାରେ
ଅବା ନେଇଯିବି ଘରେ।

ଏହା ଭାବୁ ଭାବୁ ଦେଖିଲି ଅଦୂରେ
ଆସଇ କୃଷ୍ଣ ମାର୍ଜାର,
ଛାଡ଼ି ଯାଏ ଯଦି ପକ୍ଷୀ ଶାବକକୁ
ନିଶ୍ଚେ ପ୍ରାଣ ଯିବ ତାର।

ବିକଳ ନଜରେ ଚାହିଁ ରହିଥିଲା
ପକ୍ଷୀ ଶାବକଟି ମୋତେ,
ମିଟିମିଟି କରି ଦୁଇ ଗୋଡ଼ ଟେକି
ଜାକି ଜୁକି ମୋର ହାତେ।

ସେଠାରେ ନଛାଡ଼ି ଧରି ଆସିଲି ମୁଁ
ଶାବକକୁ ନିଜ ଘର,
ଲୋଡ଼ା ଯଦି ହୁଏ ପାଳିବୁ ଶେଷକୁ
ମନ କରିଦେଲି ସ୍ଥିର ।

ଘର ଆଗପଟ ସବୁଜ ଘାସରେ
ଛାଡ଼ିଦେଲି ଶାବକକୁ,
ସାରା ପରିବାର ଆସିଲେ ଦଉଡ଼ି
ଶାବକକୁ ଦେଖିବାକୁ ।

ଚଞ୍ଚୁ ମେଲା କରି ଶାବକଟି ରାବି
ଡିଅନ୍ତେ ଘାସ ଉପରେ,
ଅକସ୍ମାତେ ଦୁଇ ପକ୍ଷୀ କାହୁଁ ଆସି
ପହଂଚିଲେ ବଗିଚାରେ ।

ଦୁଇ ପଟେ ରହି ପିଲାଟିକୁ ନେଇ
ଉଡ଼ିଗଲେ ଡେଣା ଝାଡ଼ି,
ଚେଏଁ ଚାଆଁ କରି ଖଣ୍ଡି ଉଡ଼ା ଦେଇ
ଶାବକ ବି ଗଲା ଉଡ଼ି ।

ଚକିତ ନୟନେ ଆମେ ସବୁମିଳି
ଦେଖୁଥିଲୁ ଏହି ଦୃଶ୍ୟ,
ଭାବୁଥିଲୁ ଏଯେ ବାତ୍ସଲ୍ୟ ମମତା
ଗଭୀର ତାର ରହସ୍ୟ ।

■

ନିଜ ଅଭିଜ୍ଞତାରୁ

ମନୋଜ ସ୍ମରଣେ

ଯୁଗ ସ୍ରଷ୍ଟା, କଥାକାର, ହେ ମନୋଜ ଦାସ !
ଚାଲିଗଲ ଆରପୁରେ ଇହଲୀଳା ତେଜି,
ଚଉଦିଗ ହାହାକାର ଅଥୟ ଉଦାସ
ସକଳ ଓଡ଼ିଆ ପ୍ରାଣ ଶୋକାକୁଳ ଆଜି ।

କାହିଁ ସେଇ ଭୋଗରାଇ ବାଲିବନ୍ତ ଘେରା
ନାରିକେଳ ଆମ୍ର କୁଞ୍ଜ ଶଙ୍ଖାରୀ ପଲ୍ଲିରେ,
ଆସିଥିଲ ଉଇଁ ତୁମେ ସତେକି ବା ତାରା
ଜକ ଜକ ଜଳିବାକୁ ଓଡ଼ିଶା ଭୂଇଁରେ ।

ଅବିରତ, ତୁମର ସେ ଲେଖନୀ ମୁନରେ
ସୃଷ୍ଟି କରିଗଲ କାଳଜୟୀ ଗଳ୍ପମାନ,
ଯାହାକି ନକ୍ଷତ୍ର ସମ ସାହିତ୍ୟାକାଶରେ
ଆନ୍ଦୋଳିତ କରୁଥିବ ପାଠକଙ୍କ ମନ ।

ଧନ୍ୟ ତୁମେ କଥାକାର ଧନ୍ୟ ତୁମ କୀର୍ତ୍ତି,
ଭକ୍ତି ଭରେ ବାଢୁଅଛୁଁ ଆମର ପ୍ରଣତି ।

■

ଯୁଦ୍ଧ

ଗଗନ ପବନ କମ୍ପି ଉଠୁଛି
ଆକାଶ ମାର୍ଗରୁ ବୋମାମାଡ଼ରେ,
ଗର୍ଜନେ ତର୍ଜନେ ଶୁଭେ ନାହିଁ କିଛି,
ଦିଶେ ନାହିଁ କିଛି ଧୂଆଁ ଧୂଳିରେ।

ପ୍ରତିହିଂସାର ବହ୍ନି ଜଳାଇ
ବୋମା ବର୍ଷୁଅଛି, କରି ଶବଦ,
ପ୍ରତିଧ୍ୱନି ଯାର ଭାସିଆସି କହେ
"ପ୍ରତିଶୋଧ ନେବୁ ପ୍ରତିଶୋଧ"।

"ରକ୍ତର ଜବାବ ରକ୍ତରେ ଦେବୁ
ରକ୍ତେ ପିନ୍ଧିବୁ ବିଜୟ ଟିକା,
ଆଧୁନିକ ଅସ୍ତ୍ର ଶସ୍ତ୍ର ବଳରେ
ଶତ୍ରୁକୁ ହିଁ ଦେବୁ ଉଚିତ ଶିକ୍ଷା।"

ସଭିଏଁ ଧାଆଁନ୍ତି ଜୀବନ ବିକଳେ
ବୋମା ବର୍ଷଣରୁ ବର୍ତ୍ତିବା ପାଇଁ,
ଚଉଦିଗୁଁ ଯେହ୍ନେ ହୁଅଇ ବର୍ଷଣ
ଯେତେ ଧାଇଁଲେବି ନିସ୍ତାର ନାହିଁ।

ବୋମା ବାରୁଦର ଉତ୍କଟ ଗନ୍ଧେ
ନିଃଶ୍ୱାସ ନେବାକୁ ହୁଏ କଠିନ,
ଧୂଆଁ ଧୂଳି ମିଶା ବାୟୁମଣ୍ଡଳକୁ
ଚାହିଁଦେବା କ୍ଷଣି ଚକ୍ଷୁ ଜ୍ୱଳନ।

ବୋମାମାଡ଼େ ଘରଦ୍ୱାର ନାରଖାର
ଧ୍ୱଂସସ୍ତୁପ ଛିଡ଼ା ସେହି ସ୍ଥାନରେ,
ନାହିଁ ପାଣି ନାହିଁ ବିଜୁଳି କେଉଁଠି
ଅନ୍ଧକାରାଚ୍ଛନ୍ନ ଚଉଦିଗରେ।

ଖାଇବାକୁ ରୁଟି ଅନ୍ନ ସ୍ୱପନ
କେବେଠୁଁ ଉଦର ଭୋକେ ଜଳୁଛି,
ପିତା ମାତା ଶିଶୁ କିଏ କାହିଁ କାହିଁଗଲେ
ଭାବିବାକୁ କା'ର ସମୟ ଅଛି।

ମାତା ଖୋଜୁଅଛି କାହିଁଗଲା ତାର
ଚାରି ବରଷର ବାଳୁତ ପୁଅ,
ଭଙ୍ଗାରୁଜା ଘର ଅଣ୍ଡାଳି ଅଣ୍ଡାଳି
ଖୋଜୁଛି ପୁଅକୁ ବୁହାଇ ଲୁହ।

ଗର୍ଭବତୀ ନାରୀ ପ୍ରସବ କରଇ
କଅଁଳା ଶିଶୁକୁ ଚଟାଣ ପରେ,
ଖଣ୍ଡ ବିଖଣ୍ଡିତ ମଣିଷର ଅଙ୍ଗ
ବିଛାଡ଼ି ପଡ଼ିଛି ଚଉଦିଗରେ।

କରୁଣ ଚିତ୍କାର ଆର୍ତ୍ତନାଦ କାହୁଁ
ଭାସିଆସେ କେହି ଶୁଣନ୍ତି ନାହିଁ,
ପୋକ ମାଛି ପରି ମଣିଷ ମରୁଛି
ଆହା କହିବାକୁ ନାହାନ୍ତି କେହି।

କୁଢ଼ କୁଢ଼ ଶବ ସରଣୀ ଧାରରେ
କିଏ ଅଣ୍ଡାଳୁଛି ପ୍ରିୟ ଜନଙ୍କୁ,
କିଏ ବୁହାଉଛି ଲୁହ ଧାର ଧାର
କିଏ ନିନ୍ଦୁଅଛି ନିଜ ଭାଗ୍ୟକୁ।

ପୃଥିବୀର କୋଣେ ଅନୁକୋଣେ ଏବେ
ଧର୍ମ ସାଜିଅଛି ଯୁଦ୍ଧ କାରଣ,
ଅସହିଷ୍ଣୁତାର ବହ୍ନି ଜାଳୁଅଛି
ଜୀବନ ଜୀବିକା କରି ବିପନ୍ନ।

ଲାଗେ ଆଚମ୍ବିତ ଯେଉଁ ଭୁଇଁରୁ କି
ଜନ୍ମ ନେଇଥିଲା ଧରମ ତିନି,
ସେଇ ଭୂଇଁ ପରେ ହୁତୁ ହୁତୁ ଏବେ
ଜଳୁଅଛି ହିଂସାଦ୍ୱେଷର ବହ୍ନି!

ନିର୍ବୋଧ ହାତରେ ଯୁଦ୍ଧର ରାକ୍ଷସ
ନାଚେ ଥେଇ ଥେଇ ବାତୁଳ ପ୍ରାୟ,
ନିରୀହ ଜନଙ୍କ କରୁଣ ରୋଦନ
ଭାବିଦେବା କ୍ଷଣି ଲାଗଇ ଭୟ।

କିଏ କହେ ହିନ୍ଦୁ, କିଏ ଖ୍ରୀଷ୍ଟାନ୍
କିଏ ଜୀଉ କିଏ ମୁସଲମାନ,
ନିଜ ଧରମକୁ ଉପରେ ବସାଇ
ଅନ୍ୟ ଧରମକୁ ଭାବନ୍ତି ହୀନ।

ଯୁଦ୍ଧ ପରିଣତି ହୁଏ ଭୟାବହ
କଉଣସି ଯୁଦ୍ଧେ ଜିତେନି କେହି।
ତଥାପି କେତେକ ଯୁଦ୍ଧେ ମାତିଛନ୍ତି
ମାନବିକତାକୁ ବଳି ପକାଇ।

ଏବେବି ମଣିଷ ବିଭୀଷିକା ରଚି
ଖେଳିବାକୁ ଚାହେଁ ରକତେ ହୋରି,
ଦୁର୍ବଳ ଉପରେ ସବଳ ଚାହୁଁଛି
ଯୁଦ୍ଧର ବଳେ କର୍ତ୍ତୃତ୍ୱ ଜାରି।

ଯୁଦ୍ଧ, ଯାହାର ଲେଲିହାନ ଶିଖା
ଜାଳଇ ଜୀବନ, ଜାଳଇ ପ୍ରାଣ,
ବୁଝିବନି ଜୀଉ, ହିନ୍ଦୁ, ଖ୍ରୀଷ୍ଟିଆନ
ନା ବୁଝଇ କିଏ ମୁସଲମାନ।

ଯୁଦ୍ଧେ କାନ୍ଦଇ ଶତ ପିତା ମାତା
ନୟନୁ ଝରାଇ ତତଲା ଲୁହ,
ଶତ ପୁତ୍ର କନ୍ୟା ଅଚିରେ ହରାନ୍ତି
ମାତା ପିତାଙ୍କର ସରାଗ ସ୍ନେହ।

ନବ ବିବାହିତା ହରାଇ ବସଇ
ଯୁଦ୍ଧ ଭୂଇଁରେ ସ୍ୱାମୀ ନିଜର,
ବନ୍ଧୁ ପରିଜନ ସଭିଙ୍କ ଆଗରେ
ଅଦିନେ ଜଳିଛି ଯୁଇ ପତିର।

ଦେଶର ବିକାଶ ହୋଇଛି ଶୀଥିଳ
ଜୀବନ ଜୀବିକା କରି ବିପନ୍ନ,
କ୍ରୋଧ ହିଂସା ଘୃଣା ଭରିଅଛି ହୃଦେ
ଭୟଭୀତ ହୋଇ କଟିଛି ଦିନ।

ଯୁଦ୍ଧରେ ଏ ଯାଏଁ ଜିତି ନାହିଁ କେହି
ଜିତିବେ ବି ନାହିଁ କସ୍ମିନ କାଳେ,
ହାର୍ କିନ୍ତୁ ହୁଏ ମାନବିକତାର
ଜଳି ପୋଡ଼ି ହୋଇ ପଳେ ପଳେ।

ଧନ୍ୟରେ ମାନବ ଧନ୍ୟ ତୋ ଧରମ
ଗଢ଼ିଥିଲୁ, କହୁ ମଙ୍ଗଳପାଇଁ,
ତାହାକୁ ଏବେ ତୁ ହତିଆର କରି
ଛାତିରେ ଭୁଷୁଛୁ ଅବୁଝା ହୋଇ।

କେବେ ତୁ ବୁଝିବୁ କେବେ ତୁ ଶିଖିବୁ
ଧରାରେ ଯେ ଆମ ସମୟ କ୍ଷୀଣ,
କେହି ଆସିନାହିଁ ଚିରଦିନ ପାଇଁ
ଶାନ୍ତିରେ ଜିଇଁ ଯା କେଇଟି ଦିନ।

ଯୁଦ୍ଧ ପରିଣତି ଅତି ଭୟାବହ
କହେ ଇତିହାସ ପୃଷ୍ଠା ମେଲି,
ଲାଗେ ଆଚମ୍ବିତ ତଥାପି ମାନବ
ପଢ଼ି ଶୁଣି ସବୁ ଯାଉଛି ଭୁଲି।

ଯୁଦ୍ଧ ହେଉ ବୋଲି ଯିଏ ଦିଏ ଡାକ
କରେନି କେବେ ବି ଯୁଦ୍ଧ ସିଏ,
ଚାହିଁବନି କେବେ ଯୁଦ୍ଧ ଆଉ ଥରେ
କରିଅଛି ଥରେ ଯୁଦ୍ଧ ଯିଏ।

ଲତା

ସଙ୍ଗୀତ ଆକାଶେ ଯେଉଁ ଉଜ୍ଜ୍ୱଳ ତାରକା
ଏତେ ଦିନ ଧରି ହେଉଥିଲା ପ୍ରଜ୍ଜ୍ୱଳିତ,
ଧ୍ରୁବ ସତ୍ୟ ଆଗେ ଆଜି ପଡ଼ିଯାଇ ଫିକା
ଚିରଦିନ ପାଇଁ ହୋଇଗଲା ଅସ୍ତମିତ ?

ଆଉ କେବେ ଶୁଭିବନି ସେ ସୁରେଲି ସୁର
ଯେଉଁ ସୁର ବର୍ଷ ବର୍ଷ କୋଟି ଜନ ମନ
ମୋହୁଥିଲା, କରୁଥିଲା ଆନନ୍ଦେ ବିଭୋର
ମହାଶୂନ୍ୟେ ମହାକାଶେ ହୋଇଗଲା ଲୀନ

ସମଗ୍ର ଦୁନିଆ କରି ଆଜି ଶୋକାକୁଳ
ଚାଲିଗଲେ ସେ କୋକିଳ କଣ୍ଠୀ ଆର ପାରି
ଶୋକେ ସନ୍ତାପିତ ସର୍ବେ, ନୟନ ଅଶ୍ରୁଳ
ସେ ମଧୁର ସୁର ଆଜି ହେଉଛନ୍ତି ଝୁରି

ଧନ୍ୟ ସେହି ଲତା ଧନ୍ୟ ସେ ସୁରେଲୀ ସୁର,
ସିଏ କି ପାରନ୍ତି ମରି। ସିଏ ଯେ ଅମର।

■

ସୁଖୀ ଧୀବର

ଶିଳ୍ପପତି ଜଣେ ଦରିଆ କୂଳରେ
ଦେଖିଲେ ଆଶ୍ଚର୍ଯ୍ୟ ହୋଇ,
ଧୀବର ବାପୁଡ଼ା କରଇ ମଉଜ
ବାଲୁକା ବେଳାରେ ଶୋଇ।

କେବେ ପୁଣି ସିଏ ବସି ପଡ଼ି କରେ
ପିକା ଟାଣି ଧୂମ୍ର ପାନ,
କୁଣ୍ଡଳୀ ଆକାରେ ଉପରକୁ ଧୂଆଁ
ଛାଡ଼ଇ କ୍ଷଣକୁ କ୍ଷଣ।

ଶିଳ୍ପପତି ଦେଖି ପୁଛିଲେ ଧୀବରେ
"ମତ୍ସ୍ୟ ଧରିବାକୁ କିଆଁ
ନ ଯାଇ ଏପରି କରୁଛୁ ଆରାମ
ପିକା ଟାଣି ଛାଡୁ ଧୂଆଁ।

ଧୂଆଁ ଛାଡୁ ଛାଡୁ କହିଲା ଧୀବର
ଧନିକ ମୁଖକୁ ଚାହିଁ,
"ଦିନକର ମାଛ ଧରି ମୁଁ ସାରିଛି
ଆଉ ମୋର ଲୋଡ଼ା ନାହିଁ।"

"ଧରୁ ନାହୁଁ କିଆଁ ଆହୁରି ଅଧିକ",
କହିଲେ ଧନିକ ପୁଣି,
"କି ହେବ ସେ ମାଛ ?" କହିଲା ଧୀବର
ଧନିକ ବଚନ ଶୁଣି।

"ଆହୁରି ଅଧିକ ପଇସା ପାଇବୁ
ସେଇ ପଇସାରେ ପୁଣି,
ଆହୁଲା ବଦଳେ ମୋଟର ଲାଗିବା
ନାବଟେ ପାରିବୁ କିଣି।

ସେ ନାବରେ ଯାଇ ଗଭୀର ସାଗରୁ
ଧରିବୁ ମୀନ ପ୍ରଚୁର,
ତାହା ବିକ୍ରି ହେଲେ ସହସା ବହୁତ
ଅର୍ଥ ହେବ ରୋଜଗାର।

ସେଇ ରୋଜଗାରେ ନାଇଲନ ଜାଲ
ସହିତେ ଅନେକ ନାବ,
କିଣି, ବହୁ ମୀନ ଧରି ବିକ୍ରି କଲେ
ପ୍ରଚୁର ଅର୍ଥ ମିଳିବ।"

ଧନୀକ କହିଲେ ଧୀବରେ ଅନାଇ
"ଅର୍ଥ କଲେ ଉପାର୍ଜନ
ମୋ ପରି ହୋଇବୁ ଧନୀ, ଆଉ ମୀନ
ଧରିବୁନି ପ୍ରତି ଦିନ।"

ଶୁଣି ସାରି ସବୁ ବୋଇଲା ଧୀବର
"ଧନ ଅର୍ଜି ରଖି ପାଶ,
ଭାବି ନିଅ ହେଲି ତୁମ ପରି ମୁହିଁ
ତାପରେ କରିବି କିସ ?"

ଧନୀକ କହିଲେ ଧୀବରକୁ ଚାହିଁ
"ସବୁବେଳେ ବସି ରହି,
ଆରାମେ କାଟିବୁ ଜୀବନଟା ଖାଲି
ଉପଭୋଗ କରି ଶୋଇ।"

କହିଲା ଧୀବର ପିକା ଟାଣୁ ଟାଣୁ
ଖୁଉଁ ଖୁଉଁ କାଶି କାଶ,
"ଦେଖି କି ପାରୁନା ଏତେ ବେଳ ଯାଏଁ
ଏବେ ମୁଁ କରୁଛି କିସ।"

■

ସେ ପାଇଁ ତୋତେ ମୁଁ କରେ ସଲାମ

ଏଇ ଯେ ଦେଖଇ ତ୍ରିରଙ୍ଗା ଉଡ଼ଇ
ଗଗନେ ପବନେ ଫର ଫର,
ତାର ଦରଶନେ ରୋମାଞ୍ଚିତ ହୃଦ
ଥରି ଉଠଇ ମୋ ବାରଂବାର।

ତିନି ରଙ୍ଗେ ରଙ୍ଗା ନୁହେଁ ଏ କେବଳ
ବାନା କେଇ ହାତ ସାଧାରଣ,
ତହିଁରେ ରଞ୍ଜିତ କେତେ ଯେ ରକତ,
କେତେ ନର ନାରୀ ବଳିଦାନ।

ଦୁଇ ଶତ ବର୍ଷ ଫିରିଙ୍ଗି ଶାସନ
କାଳିମାକୁ କରିବାକୁ ଦୂର,
ସଂଗ୍ରାମର କଥା କହୁଛି ତ୍ରିରଙ୍ଗା
କହୁଅଛି ଉଡ଼ି ଫରଫର।

କହୁଅଛି ସିଏ ସିପାହି ବିଦ୍ରୋହ
ସିପାହି ମାନଙ୍କ ସ୍ୱାଭିମାନ,
ଫିରିଙ୍ଗି ବିରୋଧେ ପ୍ରଥମ ବିଦ୍ରୋହେ
ଆଣିଥିଲେ ଯିଏ ଜାଗରଣ।

ଗୁଡୁମ୍ ଗୁଡୁମ ବନ୍ଧୁକର କଥା
କମ୍ପିଥିଲା ଯହିଁ ମହୀତଳ,
ପଞ୍ଜାବ ଭୁଇଁର ଜାଲିଆନାବାଗେ
ନିରୀହ ଜନତା କୋଳାହଳ ।

ଲାଲ ଟକ୍ ମକ୍ ଶୋଣିତର ଧାରା
ଛୁଟିଥିଲା ଯହିଁ ସୁଅ ପରି,
ଝଡ଼ିପଡ଼ିଥିଲେ ଝଡ଼ି ପୋକ ପରି
ସ୍ୱାଧୀନତାକାଂକ୍ଷୀ ନରନାରୀ ।

"ସ୍ୱାଧୀନତା ନେବୁ ଆମେ ଏ ମାଟିର
ଏତ ଆମ ଜନ୍ମ ଅଧିକାର,"
ଏବେ ବି ଶୁଭଇ ବାଲ ଗଙ୍ଗାଧର
ତିଳକଙ୍କ ସେଇ କଣ୍ଠ ସ୍ୱର ।
ଏବେ ବି ଗୁମୁରି ଗୁମୁରି କାନ୍ଦୁଛି
ଲାହୋରର ସେଇ କାରାଗାର,
ଦେଖିଥିଲା ଯିଏ ଭଗତ ସିଂହଙ୍କୁ
ଫାଶିଖୁଣ୍ଟ ପରେ ଚଢ଼ିବାର ।

ଉଗ୍ର ଦେଶପ୍ରେମୀ ନେତାଜୀ ସୁଭାଷ
ଗୁରୁ ଗମ୍ଭୀର ବୀରଗାଥା,
"ଦିଅ ମୋତେ ରକ୍ତ ରକ୍ତର ବଦଳେ
ଦେବି ମୁଁ ତୁମକୁ ସ୍ୱାଧୀନତା ।"

ମହାତ୍ମା, ନେହେରୁ, ପଟେଲ, ମୌଲାନା
ଭାରତବାସୀଙ୍କୁ ନିବେଦନ,
"ସ୍ୱଦେଶୀ ଗ୍ରହଣ ବିଦେଶୀ ବର୍ଜନ
ଇଏ ତ ଆମର ସ୍ୱାଭିମାନ ।"

ସତ୍ୟାଗ୍ରହୀ ଦେହେ ବସୁଥିଲା ଯେବେ
ଫିରିଙ୍ଗିମାନଙ୍କ ଲାଠିମାଡ଼,
ସେମାନଙ୍କ କଣ୍ଠୁ ଆସୁଥିଲା ଭାସି
"ବିଦେଶୀ ଆମର ଦେଶ ଛାଡ଼।"

"ଅସହଯୋଗର ଆନ୍ଦୋଳନ" ବଳେ
ଫିରିଙ୍ଗି ଶାସନ ଗଲା ଟଳି,
ଶେଷରେ ଶାସକେ ଭାରତବାସୀଙ୍କ
ସ୍ୱାଧୀନତା କଥା ହେଲେ ଭାଳି।

ସମଗ୍ର ଭାରତ ହେଲା ପ୍ରକମ୍ପିତ
ସଭିଙ୍କ କଣ୍ଠରେ ସେଇ ସ୍ୱର,
"ଆମେ ରେ ଶାସକ ଆମରି ଦେଶର
ଫିରିଙ୍ଗି ଆମର ଦେଶ ଛାଡ଼।"

"ଭାରତ ଛାଡ଼"ର ବହ୍ନି ଶିଖାରେ
ଫିରିଙ୍ଗି ଶାସନ ଗଲା ଜଳି,
ନିରୁପାୟ ହୋଇ ଫିରିଙ୍ଗି ଚାଲିଲେ
ଆମ ଦେଶ ଆମ ହାତେ ଛାଡ଼ି।

ସବୁ ଧର୍ମୀ ଭାଷାଭାଷୀ କରୁଥିଲେ
ଭେଦଭାବ ଭୁଲି ଆନ୍ଦୋଳନ,
"ଏ ଭୂଇଁ ଆମର ଆମେ ଭାରତୀୟ
ଭାରତ ଆମର ଜନ୍ମସ୍ଥାନ।"

ତେଣୁ ତୁ ତ୍ରିରଙ୍ଗା ନୁହଇ କାହାର
ନା ଖ୍ରୀଷ୍ଟ ହିନ୍ଦୁ ନା ମୁସଲମାନ,
ତୁହି ଅଟୁ ପରା ସବୁରି ଧର୍ମର
ତୋ ଆଗେ ସଭିଏଁ ସର୍ବ ସମାନ।

ରହ ତୁ ତ୍ରିରଙ୍ଗା ସବୁ ଠୁଁ ଉଚ୍ଚରେ
ଶାନ୍ତି ମଇତ୍ରୀ ପ୍ରଗତି ପଥେ,
ଉଡୁଥା ପବନେ ଉଡୁଥା ଗଗନେ
ବିଶ୍ୱବାସୀ ଦେଖୁଥାନ୍ତୁ ଚକିତେ।

ତୋତେ ଦେଖିବାରୁ ମନେ ପଡ଼ିଗଲା
ସେଇଦିନ କଥା ସେଇ ସଂଗ୍ରାମ,
ତୁହିରେ ତ୍ରିରଙ୍ଗା ତାହାରି ପ୍ରତୀକ
ସେ ପାଇଁ ତୋତେ ମୁଁ କରେ ସଲାମ।

ଅବସର ଚିନ୍ତା

ସମୟର କେଉଁ ଏକ ମାହେନ୍ଦ୍ର ବେଳାରେ
ହୋଇଥିଲୁ ଆମେ ଦୁହେଁ ଜାୟା ଆଉ ପତି,
ବୟସ ତ ରହୁନାହିଁ ବଢ଼ିଚାଲେ ଧୀରେ
ପାଇ ନାହିଁ ହ୍ରାସ ହେଲେ ଦୁହିଁଙ୍କର ପ୍ରୀତି।

ବୟସ ତ ଯିବ ଗଡ଼ି, ହେବ ପକ୍ୱ କେଶ
ଜୀର୍ଣ୍ଣ ଶୀର୍ଣ୍ଣ ହୋଇ ଶରୀ ନପାରିବ ଚାଲି,
ଚର୍ମ ହେବ ବିଗଳିତ, ଦୃଷ୍ଟି ଶକ୍ତି ହ୍ରାସ
କାଲି କୁହା କଥା ଆମେ ଆଜି ଯିବୁ ଭୁଲି।

ସନ୍ତାନ ସନ୍ତତି କେହି ନଥିବେ ପାଖରେ
ସୁଧୁ ତୁମେ ଆଉ ମୁଁ ଅବସର ନେଇ,
ବସୁଥିବୁ ଦୁହେଁ ବଗିଚାରେ ଦୋଳି ପରେ
ଝୁଲୁଥିବୁ ହାତ ଧରି ବୃକ୍ଷଲତା ଚାହିଁ।

ଦିନ ଆସି ସଞ୍ଜ ହେଇ ପାହୁଥିବ ରାତି,
(ହେଲେ) ଯିବା ଯାଏଁ ଲିଭିବନି ତୁମ ଆମ ପ୍ରୀତି।

■

ପ୍ରକୃତିର ରଙ୍ଗ

କାନାଡ଼ାରେ ଋତୁ ଶରତ

ଆଜିଏ ଶରତେ ରଙ୍ଗ ପେଡ଼ି ହାତେ
ଆସିଛି ପ୍ରକୃତି ରାଣୀ,
କାନନେ ଉଦ୍ୟାନେ ପାଦପ ପତରେ
ରଙ୍ଗ ଦେଉଅଛି ବୁଣି ।

ହଳଦୀ ହରିତେ ନାରଙ୍ଗି ଲୋହିତେ
ମହୀରୁହ ରାଜି ଶୋଭା,
ତପନ କିରଣ ପଡ଼ିଲାରୁ ତହିଁ
ଉକୁଟି ଉଠଇ ଆଭା ।

ସତେକି ଲାଗୁଛି ଧରଣୀ ପିନ୍ଧିଛି
ମଖମଲି ଛପା ଶାଢ଼ୀ,
ଫର ଫର ହୋଇ ପଣତ ଯାହାର
ପବନେ ଯାଉଛି ଉଡ଼ି ।

ରଙ୍ଗୀନ ପତର ଝର ଝର ଝରି
ଭରୁଅଛି ମହୀ ତଳ,
ବିବିଧ ରଙ୍ଗରେ ପତର ଦିଶନ୍ତି
ଫୁଲ ପରି ଅବିକଳ ।

ନିରିମଳ ହ୍ରଦେ କାଲୁଆ ପବନେ
ଜଳ ଯେବେ ଢଳ ଢଳ,
ଭସା ବାଦଲର ପ୍ରତିବିମ୍ବ ତହିଁ
କରୁଅଛି ଝଲମଲ।

ଶରତର ଅନ୍ତେ ଆସିଯିବ ଶୀତ
ମହୀ କରି ଥର ଥର,
ଧୂସର ଆକାଶୁ ତୁହାକୁ ତୁହାକୁ
ଝରିବ ଧୋବ ତୁଷାର।

■

ଘାସଫୁଲ

ପ୍ରଭାତେ ସୁରୁଜ ଯେବେ ପୂରୁବ ଆକାଶେ
ଉଇଁ ଆସୁଥାନ୍ତି ନିତି ରକ୍ତ ରଙ୍ଗ ଢାଳି,
ସବୁଜ ଗାଲିଚା ସମ ସୁକୋମଳ ଘାସେ
ମୁହିଁ "ଘାସ ଫୁଲ" ଚାହେଁ ଚକ୍ଷୁପତା ମେଲି।

ସିରି ସିରି ସମୀରଣେ ଦୋହଲି ଦୋହଲି
ଦୋଳି ଖେଳେ ସାରା ଦିନ ମନ ଉଲ୍ଲାସରେ,
କେବେହେଲେ କେହି ମୋତେ ନିଅନ୍ତିନି ତୋଳି
ଲୋଡ଼ା ହୁଏ ନାହିଁ ମୁହିଁ ପୂଜା ଅର୍ଚ୍ଚନାରେ।

ଆସେ ନାହିଁ ଅଳି ମୋତେ ଚୁମା ଦେବାପାଇଁ
ଅଟେ ସୁଧୁ ଅଙ୍ଗ ମୋର ରଙ୍ଗ ବାସହୀନ,
ସେ ପାଇଁ ମୋ ମନ ମଧ୍ୟେ କ୍ଷୋଭ ତିଳେ ନାହିଁ
ସ୍ରଷ୍ଟାଙ୍କର ସୃଷ୍ଟି ଯୋଗୁଁ ମଣେ ଭାଗ୍ୟବାନ।

ସକଳେ ଯାଆନ୍ତୁ ଚାଲି ମୋ ସୁକ୍ଷ୍ମ ଶରୀରେ,
ସେତକରେ ତୃପ୍ତି ମୋର, ଆନନ୍ଦ ତହିଁରେ।

■

ଝଡ଼

ପ୍ରଭଞ୍ଜନାକୁଳ ଧରା ଶୁଭେ ସାଇଁ ସାଇଁ
ଧୂସରିତ ରବିହୀନ ମେଘାଚ୍ଛନ୍ନ ବ୍ୟୋମ,
ପଲ୍ଲବ ବିହୀନ ଦ୍ରୁମ ଶାଖା ଦୋହୋଲାଇ
କରୁଛନ୍ତି ନୃତ୍ୟ ମତ୍ତ ଦନ୍ତାହସ୍ତୀ ସମ।

କେବେ ପୁଣି ବୃକ୍ଷୁଁ ଶାଖା କଡ଼ମଡ଼ କରି
ଭୂତଳେ ଭୀଷଣ ଶବ୍ଦେ ପଡ଼ନ୍ତି କଚାଡ଼ି,
କୋମଳ ତୋଫା ତୁଷାର ଆକାଶରୁ ଝରି
ପ୍ରଖର ବେଗେ ପବନେ ଯାଉଅଛି ଉଡ଼ି।

ତୁଷାରାଚ୍ଛନ୍ନ ସର୍ବତ୍ର ନ ପଡ଼ଇ ଜଣା
ରାଜପଥ ଚଲାପଥ ସବୁ ଏକାକାର,
ଏକାନ୍ତ ପଥିକ ଭ୍ରମେ ହୋଇ ବାଟବଣା
ହେମାଳ ତୁଷାର ଝଡ଼େ ହୁଏ ଥର ଥର।

ବହୁବିଧ ଲୀଳା ଏ ଯେ ଅଟେ ପ୍ରକୃତିର,
କେବେ ଅବା ମୁଗ୍ଧକର କେବେ ଭୟଙ୍କର।

■

ତୁଷାର ପାତ

କାଉ କଳା କୃଷ୍ଣ ମେଘ ଧୂସର ଅମ୍ବରେ
ବିକଟାଳ ରୂପେ ଦିଶୁଅଛି ଭୟଙ୍କର,
ହେମାଳ ପବନ ବହି ପ୍ରବଳ ବେଗରେ
ଦୋହଲାଏ ପତ୍ରହୀନ ଦ୍ରୁମ ତରୁବର।

ଟୋପା ତୁଷାର କଣିକା ଝର ଝର ଝରି
ଭରି ଦେଉଅଛି ଖରେ ସହର ସରଣୀ,
ଶୁଭ୍ରାତିଶୁଭ୍ର ସର୍ବତ୍ର ଦୁଗ୍ଧ ଫେନ ପରି
ଲାଗେ ଯେହ୍ନେ ଶୁଭ୍ର ବସ୍ତ୍ରା ସମଗ୍ର ଧରଣୀ।

ଚିର ହରିତ ପାଦପେ ପୁଷ୍ପ ପରି ଦିଶେ
ଲାଖି ରହିଥିବା ସଦ୍ୟ ପତିତ ତୁଷାର,
ଯାନ ବାହାନର ଗତି ଥିର ହୋଇ ଆସେ,
ମସୃଣ ପଥେ ପଥିକ ହୁଏ ହରବର।

ତାପମାତ୍ରା ହ୍ରାସ ବଳେ ଜନେ ଥର ଥର,
ଶୀତ ବସ୍ତ୍ର ପରିଧାନ ଶୀତ କରେ ଦୂର।

କପୋତ

ରେ କପୋତ ! ବସି ଉଚ୍ଚ ତରୁବର ଡାଳେ
ତୋ ନିରୀହ ଚାହାଣୀରେ କୁଆଡ଼େ ଅନାଉ ।
ଉଡ଼ି ଆସୁ ବେଗେ ଯେବେ ଦେଖୁ ଶସ୍ୟ ତଳେ
ଟୁକୁ ଟୁକୁ ଖୁଣ୍ଟି ଖାଇ ପୁଣି ଉଡ଼ିଯାଉ ।

ତୈଳଯୁକ୍ତ ମଖମଲି ପଙ୍ଖ ଦିଶେ ତୋର
କି ସୁନ୍ଦର ସୁଚିକ୍କଣ କରେ ଚକ ଚକ,
କେତେବେଳେ ରଙ୍ଗ ଶୁଭ୍ର କେବେ ବା ଧୂସର
ସାରା ଦୁନିଆରେ ତୁହି ଶାନ୍ତିର ପ୍ରତୀକ ।

ସ୍ରଷ୍ଟାଙ୍କ ସୃଷ୍ଟିରେ ସଦା ସର୍ବଦା ସ୍ୱାଧୀନ
ହୋଇ ଜନ୍ମିଅଛୁ ତୁହି ଏହି ଦୁନିଆରେ,
ସୁନୀଳ ଗଗନ ତୋର ସୁଦୀର୍ଘ ଅଙ୍ଗନ
ମୁକ୍ତ ବିହଙ୍ଗ ସମ ଉଡ଼ି ବୁଲୁ ତହିଁରେ ।

ଉଡୁ ଥା ଦେଶେ ଦେଶେ ଏହିପରି କପୋତ,
ଗାଉ ଥା ଚିରକାଳ ପ୍ରୀତି ମୈତ୍ରୀ ସଙ୍ଗୀତ ।

ଷଡ଼ ଋତୁର ସନେଟ୍

ନିଦାଘ

ବିଷମ ଗ୍ରୀଷମ ଆସି ହେଲା ଉପଗତ
ତପତ ତପନ ତାପ ଅନଳ ପରାୟ,
ସଲିଳ ବିହୁନେ ଲାଗେ ଧରଣୀ ତୃଷାର୍ତ୍ତ
ଧୂଳି ଧୂସରିତ ବର୍ଣ୍ଣହୀନ ଶୁଷ୍କମୟ।

ରୁକ୍ଷ ସୌରତାପ ବଳେ ଉଦ୍ୟାନ କାନନ
ବୃକ୍ଷରାଜି ପଡ଼ିରହେ ଅର୍ଦ୍ଧ ମୃତ ହୋଇ,
ସର ସରୋବର ନୀର ହୋଇଯାଏ କ୍ଷୀଣ
ପ୍ରମାଦ ଗଣନ୍ତି ମୀନ ଭେକ ପଙ୍କେ ଥାଇ।

ନିର୍ଜଳା ତଟିନୀ ତପ୍ତ ବାଲୁକା ରାଶିରେ
ଝଲ ମଲ କରି ମରୁ ମରୀଚିକା ଖେଳେ,
ହାଲିଆ ପଥିକ ଥକା ମାରିବା ଆଶାରେ
ଆଶ୍ରୟ ଖୋଜନ୍ତି ଘଞ୍ଚ ତରୁବର ତଳେ।

ସକଳେ ବିକଳ ହୋଇ ଗ୍ରୀଷମ ତାପରେ
ଆଷାଢ଼ର ବାରିଦକୁ ଅନାନ୍ତି ଆତୁରେ।

ବରଷା

ଘୋଟି ଆସିଲାଣି ମେଘ ଆଷାଢ଼ ଅମ୍ବରେ
ଚକ୍ଷୁ ଝଲସାଇ ତହିଁ ତନ୍ମୟୀ ଦାମିନୀ
ନୃତ୍ୟ କରେ ଘୋର ଘଡ଼ ଘଡ଼ି ଶବଦରେ,
ବାରି ଧାରା ତହୁଁ ଝରି ଚୁମଇ ମେଦିନୀ।

ଚଉପାଶ ଜଳ ମଗ୍ନ କଳ କଳ ସ୍ୱନ,
ନିମ୍ନଗା ଧାବଇ ଖରେ ଦେହେ ଭରି ନୀର,
କଦମ୍ବ କେତକୀ ଫୁଲୁଁ ଉନ୍ମତ୍ତ ପବନ
ଭସାଇ ନିଅଇ ବାସ କାହିଁ କେତେ ଦୂର।

ଜଳ ଧରି ଦେହେ ଝର ଶଇଳ ସୋପାନ
ଡେଇଁ ଡେଇଁ ଗାଇ ଯାଏ କୁଳୁ କୁଳୁ ଗୀତି,
କେଦାରେ କେଦାରେ ଶୁଭେ ବିହଙ୍ଗମ ସ୍ୱନ,
ବିରହୀ ଝରାଏ ଲୁହ ଦେଖି ବକ ପଂକ୍ତି।

ଉଚିତ ମାତ୍ରାରେ ଜଳ ସବୁରି ମଙ୍ଗଳ,
ଧନ୍ୟରେ ପ୍ରକୃତି ଧନ୍ୟ ଏ ବରଷାକାଳ।

■

ଶରତ କାଳ

ନୀଳାମ୍ବରେ ଭାସେ ଶୁଭ୍ର ମେଘ ତୁଳା ପରି
ଲାଗଇ ସତେ ବହିତ୍ର ଭାସଇ ସାଗରେ,
କେବେ କାହିଁ ଅଚାନକେ ତହୁଁ ବାରି ଝରି
ଲାଖି ଯାଏ ହୀରା ସମ ଶ୍ୟାମ ଘାସ ପରେ ।

ନୀର ଭରା ନଈ ପଠା ଦୁଇ ଧାରେ ଧାରେ
ସମୀରଣେ ହିଲ୍ଲୋଳିତ ଧୋବ କାଶ ଫୁଲ,
ମୀନ ଧରି ପଙ୍ଖ ଝାଡ଼ି ନୀଳ ଗଗନରେ
ଉଡ଼ିଯାନ୍ତି ଗେଣ୍ଡାଳିଆ ହୋଇ ଦଳ ଦଳ ।

ଶରଦର ସ୍ନିଗ୍ଧ ଜ୍ୟୋତ୍ସ୍ନା ସାମିଆନା ତଳେ
ଚକ୍ଷୁ ମେଲି କଇଁ ଚାହେଁ ସରସୀର ନୀରେ ।
ଇନ୍ଦ୍ରଧନୁ ମୁଖ ଦେଖେ ସ୍ୱଚ୍ଛ ଥିର ଜଳେ
ସପ୍ତ ରଙ୍ଗ ବୁଣି ଦେଇ ବଉଦ ଫାଙ୍କରେ ।

ଝରା ଶେଫାଳୀର ଶୋଭା ଉଦ୍ୟାନେ ପ୍ରଭାତେ
ଲାଗଇ ପୁଷ୍ପାର୍ଘ୍ୟ ଅବା ଦେବୀଙ୍କ ନିମନ୍ତେ ।

ହେମନ୍ତ

ଟିପି ଟିପି ମାଳି ପରି ସକାଳ ଶିଶିର
ହୀରା ସମ ଝଲସଇ ଶ୍ୟାମ ଦୁର୍ବା ପରେ,
ସୁବର୍ଣ୍ଣ ରଙ୍ଗେ ଆହାରେ କେଡ଼େ ମନୋହର
ଦିଶଇ ପାଚିଲା ଧାନ କେଦାରେ କେଦାରେ।

ନିଦାଘ ବରଷା ସହି ପରିଶ୍ରମ ପରେ
ଭରା ଫସଲକୁ ଚାହିଁ ଚାଷୀ ହୁଏ ଖୁସି,
ଅମଳ କରଇ ଶସ୍ୟ ମହା ଆନନ୍ଦରେ
ଅମଳ ସଇଲେ ଘରେ ଥକା ମାରେ ବସି।

ଗୁରୁବାରେ ମହାଲକ୍ଷ୍ମୀ ପୂଜା ଘରେ ଘରେ
ପିଣ୍ଡା ଅଗଣାରେ ଶୋଭେ ଝୋଟି ଆଳପନା,
ଗନ୍ଧା ହଳଦୀର ବାସେ ଚଉଦିଗ ଭରେ
ମଣ୍ଡା କାକରାରେ ହୁଏ ଲକ୍ଷ୍ମୀ ଆରାଧନା।

ଲକ୍ଷ୍ମୀଙ୍କ ଆଶିଷ ଆଜ ସବୁରି ଦୁଆରେ,
ଶିଶିରାନ୍ତେ ବିରାଜିବ ଶୀତ ଧରା ପରେ।

■

ଶୀତ

ବହିଲାଣି ଶିରି ଶିରି ଶୀତଳ ପବନ
ଆସିଗଲା ମାଘ ମାସ ଶୀତ ବାଘ ପରି,
କୁହୁଡ଼ି ଚାଦର ତଳୁ ତରୁଣ ଅରୁଣ
ଉଙ୍କି ମାରୁଛନ୍ତି ଏବେ ଶୀତେ ଡରି ଡରି ।

ଧୀରେ ଧୀରେ ସାନ ହେଲା ରାତି ଠାରୁ ଦିନ
ଶୁଷ୍କ ଧୂଳି ଧୂସରିତ ଦିଶିଲା ଧରଣୀ,
ହାଡ଼ ଗଲା ଥରି ବାଜି କାଲୁଆ ପବନ
ହେମାଳ ଲାଗିଲା ହାତ ଛୁଇଁଲାରୁ ପାଣି ।

ଶୀତେ ବସି ଥୁରୁ ଥୁରୁ ହେଲେ ବୁଢ଼ା ବୁଢ଼ୀ
ସକାଳ ଖରା ଲାଗିଲା ଦେହକୁ ଚନ୍ଦନ,
ଧନୀକ ଲୁଟିଲେ ମଜା ଶୀତ ବସ୍ତ୍ର ଘୋଡ଼ି
ଭାଗ୍ୟକୁ ଆଦରି ଶୀତ ସହିଲେ ନିର୍ଦ୍ଧନ ।

ମାଘ ମାସ ଶୀତ ଅନ୍ତେ ଆସିବ ଫଗୁଣ,
ଦକ୍ଷିଣ ଦିଗୁଁ ବହିବ ମଳୟ ପବନ ।

ବସନ୍ତ

ଏଇ ଯେ ବସନ୍ତାଗମେ ମଳୟ ପରଶେ
ହସଇ ଧରଣୀ, ବନ, ବନାନୀ, ବିପିନ,
ଚଉଦିଗ ମୁଖରିତ ନବୀନ ଉଲ୍ଲାସେ
ଶୁଭେ ଆମ୍ର କୁଞ୍ଜେ କୃଷ୍ଣ କୋକିଳ କୁଜନ।

ନବ କିଶଳୟେ ଦୋଳେ ଦ୍ରୁମ ତରୁଲତା
ସତେ କି ପ୍ରକୃତିରାଣୀ ହସ୍ତେ ଧରି ତୁଳି,
ମଧୁମୟ ବସନ୍ତର ଆବାହନୀ ଗାଥା
ଗାଉ ଗାଉ ଦେଉଅଛି ନାନା ରଙ୍ଗ ଢାଳି।

ପୀତ ବର୍ଣ୍ଣେ କୁସୁମିତ ଶ୍ୟାମଳ ପ୍ରାନ୍ତର
ଶୋଭା ଯା'ର ଅବିକଳ ଚିତ୍ରପଟ ପ୍ରାୟ,
ଉଦ୍ୟାନ, ସରଣୀ ଧାର ପୁଷ୍ପେ ଭରପୁର
ଇନ୍ଦ୍ରଧନୁ ସପ୍ତରଙ୍ଗେ ଦିଶେ ରଙ୍ଗମୟ।

ବସନ୍ତର ଶୋଭା ଯା'ର ନାହିଁ ପଟାନ୍ତର,
ତାର ଆଗମନେ ଜନେ ହୁଅନ୍ତି ବିଭୋର।

ସନ୍ଧ୍ୟାତାରା

କନକ କିରଣ ବୋଳା ବାରୁଣୀ ଗଗନେ
ଚିକିମିକି କରୁଅଛ ଆଗୋ ସନ୍ଧ୍ୟାତାରା,
ରଙ୍ଗୀନ ପଶ୍ଚିମାକାଶେ ଲାଗୁଛ ଯେସନେ
ସ୍ୱର୍ଣ୍ଣାଭ ରାଜ ମୁକୁଟେ ତୁମେ ଏକ ହୀରା ।

ବାତାୟନ ଦେଇ ମୁହିଁ ରହିଅଛି ଚାହିଁ
ଦିନକର କାମ ଅନ୍ତେ ରବି ଯା'ନ୍ତି ବୁଡ଼ି,
ପକ୍ଷୀ ନିଡ଼େ ଫେରୁଛନ୍ତି ଦଳ ଦଳ ହୋଇ
ଅନ୍ଧକାର ଧରା ପରେ ଖରେ ଆସେ ମାଡ଼ି ।

ତୁମକୁ ମୁଁ ଯେବେ ଦେଖେ ପ୍ରିୟ ମୋ ସ୍ମରଣେ
ଆସନ୍ତି ଗୋ, ଯାହା ପାଇଁ ମନ ସଦା ଝୁରେ,
ପ୍ରିୟ ଆଜି କାହିଁ ଗଲେ ଶଙ୍କା ଜାଗେ ମନେ
ବିରହିତ ଅନ୍ତର ମୋ ସନ୍ତାପରେ ମରେ ।

କାନ୍ତ ବିନା ଦୁର୍ବିସହ ମୋ ପାଇଁ ରଜନୀ,
ଚାନ୍ଦ ବିନା ଅନ୍ଧକାରେ ଯେହ୍ନେ କୁମୁଦିନୀ ।

ସ୍ଫଟିକର ଘର

ନିଦ୍ରା ଭାଜିବାରୁ ଦେଖେ ବାତାୟନ ଦେଇ
ଗୁରୁ ଗମ୍ଭୀର ଗର୍ଜନେ ନାଏଗ୍ରା ପ୍ରପାତ,
ଉତ୍ତୁଙ୍ଗ ପ୍ରସ୍ତର ପରୁ ନଦୀଗର୍ଭେ ଡେଇଁ
ଅମ୍ବୁଧି ପ୍ରମାଣେ ଜଳ ଧରି ପ୍ରବାହିତ ।

ଉର୍ଦ୍ଧ୍ୱଗାମୀ ହୋଇ ତହୁଁ ଜଳଅଣୁମାନ
ଧୂମାଭ କୁହେଳି ସୃଷ୍ଟି କରେ ଅବିରତ,
ପଡ଼ି ତହିଁ ନବ ରବି ଉଦୟ କିରଣ
ଇନ୍ଦ୍ରଧନୁ ସପ୍ତରଙ୍ଗ ହୁଏ ବିଚ୍ଛୁରିତ ।

ପ୍ରପାତର ଚଉଦିଗେ ପ୍ରସ୍ତରେ ପ୍ରସ୍ତରେ
ଦୃଶ୍ୟମାନ ହୁଏ ଶୁଭ୍ର ହିମାନୀ ତୁଷାର,
ଲାଗଇ ପ୍ରକୃତି ଯେହ୍ନେ ଯତ୍ନ ସହକାରେ
ତୋଳିଅଛି ଶତ ଶତ ସ୍ଫଟିକର ଘର,

ଆହାରେ ନାଏଗ୍ରା ! ତୋର ଏ ରୂପ ବୈଭବ,
ଯୁଗ ଯୁଗ ଧରି ଦେଖୁ ଥାଆନ୍ତୁ ମାନବ ।

କିଛି କଥା, କିଛି ବ୍ୟଥା

କପୋତ ଓ ବାଜ ପକ୍ଷୀ

ଯମୁନା ତଟସ୍ଥ ସୁରମ୍ୟ ନଗରେ
ଶିବି ନାମ୍ନୀ ମହାରାଜା,
ନଅର ତୋଳାଇ ଦାନ ଧର୍ମ କରି
ସୁଖେ ପାଳୁଥିଲେ ପ୍ରଜା ।

ଦିନୁ ଦିନ ତାଙ୍କ ପ୍ରଜାବତ୍ସଳତା
ପ୍ରଚରିଲା ଚଉଦିଗେ,
ସୁକର୍ମ ସୁଖ୍ୟାତି ମରତରୁ ଲମ୍ଭି
ପହଞ୍ଚିଲା ଯାଇ ସ୍ୱର୍ଗେ ।

ଉଦାରତା ମହାନତାର ପ୍ରତୀକ
ରୂପେ ସେ ହୋଇଲେ ଧନ୍ୟ,
ସବୁରି ମୁଖରେ ସକଳ ପ୍ରାଣରେ
ଯଶ ତାଙ୍କ ହେଲା ଗାନ ।

କେଉଁ ଏକ ଦିନେ ଶିବି ମହାରାଜା
ବସିଥିଲେ ଦରବାରେ,
କପୋତଟି କାହୁଁ ଉଡ଼ି ଉଡ଼ି ଆସି
ବସିଗଲା ତାଙ୍କ କରେ ।

ଭୟାତୁର ହୋଇ ସର୍ବାଙ୍ଗ ତାହାର
ହେଉଥାଏ ପ୍ରକମ୍ପିତ,
ଜଣା ନପଡ଼ିଲା କାହୁଁ ବା କାହିଁକି
ଆସିଅଛି ଏ କପୋତ।

ନିମିଷକେ ପୁଣି ବିଜୁଳି ବେଗରେ
ବାଜ ପକ୍ଷୀଟିଏ ଉଡ଼ି,
ଆସି ପହଞ୍ଚିଲା କପୋତ ପଛରେ
ପଙ୍ଖ ଦୁଇ ଝାଡ଼ି ଝାଡ଼ି।

ବାଜ ପକ୍ଷୀଟିକୁ କପୋତ ଦେଖନ୍ତେ
ଆହୁରି ପାଇଲା ଭୟ,
ରାଜନଙ୍କ ପାଶେ ପଶିଲା ଶରଣ
ନପାଇ କିଛି ଉପାୟ।

କାକୁସ୍ତେ କହିଲା "ରାଜା ! ବାଜ ପକ୍ଷୀ
କବଳୁ ବଞ୍ଚାଅ ମୋତେ,
ତୁମେ ନରଖିଲେ କିଏବା ରକ୍ଷକ
ଅଛି ଆଉ ଏ ଜଗତେ।"

କପୋତେ ଆଉଁସି ସଧୀରେ ରାଜନ
ଶୁଣାଇଲେ ଆଶ୍ୱାସନା,
"ତୋ ଜୀବନ ପାଇଁ ମୋର ପ୍ରାଣ ଯାଉ
ସେପାଇଁ ନାହିଁ ଭାବନା।"

ଏହା ଶୁଣି ବାଜ ପକ୍ଷୀ ହେଲା କ୍ଷୁବ୍ଧ
ହରାଇ ଆହାର ତାର,
ରାଜାଙ୍କୁ ଅନାଇ ଭାବିଲା ମନରେ
ଇଏତ ଅନ୍ୟାୟ ଘୋର।

ତତ୍‌କ୍ଷଣାତ ସିଏ କହିଲା ରାଜାଙ୍କୁ
"ହେ ରାଜନ ବାରେ ଶୁଣ,
କପୋତ ଅଟଇ ଭୋଜନ ମୋହର
ଦିଅ ମୋତେ ଏହି କ୍ଷଣ"।

ସଦମ୍ଭେ ବିନମ୍ରେ ଭାଷିଲେ ରାଜନ
"ଏ ତ ଅସମ୍ଭବ କଥା,
ଶରଣାପନ୍ନ ଯେ କପୋତ ମୋ ପାଶେ
ମୁହିଁ ତାର ରକ୍ଷାକର୍ତ୍ତା।

ରକ୍ଷା କରିବା ହିଁ ପରମ ଧରମ
ପଶଇ ଯିଏ ଶରଣ,
ହୋଇବ ଅଧର୍ମ ତାକୁ ସମର୍ପିଲେ
ବୃଥା ହେବ ମୋର ପ୍ରାଣ।"

ଏହା ଶୁଣି ବାଜ କହିଲା "ହେ ରାଜା,
କ୍ଷୁଧା ଯୋଗୁଁ ମଲେ ମୁହିଁ,
କେଉଁ ଧର୍ମ ତୁମେ ଅର୍ଜିବ ଭାବୁଛ
ମୋ ପାଶୁ ଖାଦ୍ୟ ଛଡ଼ାଇ।

ତେଣୁ କର ବେଗେ ମୋତେ ସମର୍ପଣ
କପୋତ, ଭକ୍ଷଣ ପାଇଁ,
ଜଠରାଗ୍ନି ମୋର ହେବ ନିର୍ବାପିତ
କରିଲେ ଭୋଜନ ଯାଇ।"

କର୍ଣ୍ଣ ପାତି ରାଜା ଶୁଣିଲେ ସମସ୍ତ
ବାଜପକ୍ଷୀ ବାକ୍ୟ ମାନ,
କହିଲେ ଆଣିବେ ଆନ ପ୍ରାଣୀ ମାଂସ
କରିବା ପାଇଁ ଭୋଜନ।

ବାଜ ପକ୍ଷୀ ଶୁଣି ହୋଇଲା ଅରାଜି
ରାଜାଙ୍କର ଆୟୋଜନ,
ଅନ୍ୟ ପ୍ରାଣୀ ମାଂସ ନୁହେଁ ତାର ଖାଦ୍ୟ
ତେଣୁ ନାହିଁ ପ୍ରୟୋଜନ।

ଯଦି ସିଏ ଭକ୍ଷେ କପୋତ ବିକଳ୍ପେ
ଭକ୍ଷିବ ସେ ନର ମାଂସ,
ଦେଇ ପାରିବେ କି କପୋତ ଓଜନେ
ରାଜା ନିଜ ଅଙ୍ଗ ମାଂସ।

ସମ୍ମତି ଜଣାଇ ଆଦେଶିଲେ ରାଜା
ତୁଳାଦଣ୍ଡ ଆଣିବାକୁ,
ହେଲେ ଆଗଭର କପୋତ ଓଜନେ
ନିଜ ମାଂସ କାଟିବାକୁ।

ଏହା ଶୁଣି ରାଜସଭା ଥର ହର
ଥର ହର ରାଜ୍ୟ ବାସୀ,
ଇଏ କି ପରୀକ୍ଷା ପହଞ୍ଚିଲା ଏବେ
ରାଜାଙ୍କ ସମ୍ମୁଖେ ଆସି।

ରାଜାଙ୍କ ଆଦେଶେ ଆସିଲା ନିକିତି
ଆସିଲା ଶାଣିତ ଅସ୍ତ୍ର,
ରାଜନ ଉଦ୍ୟତ କାଟିବାକୁ ମାଂସ
ନିଜ ଅଙ୍ଗୁ ଟେକି ବସ୍ତ୍ର।

ବସିଲା କପୋତ ଗୋଟିଏ ପଟରେ
ଆନ ପଟଟିରେ ମାଂସ,
ନିଜ ଅଙ୍ଗୁ କାଟି ଡଉଲନ୍ତି ରାଜା
(ହେଲେ) ମୁଖ ତାଙ୍କ ହସ ହସ।

ଏ ବିଭସ୍ଥ ଦୃଶ୍ୟ ଦେଖିବା କଠିନ,
ଲାଲ ଶୋଣିତର ଧାରା,
ଝରିଯାଉଥାଏ ରାଜଙ୍କ ଶରୀରୁଁ
ରକ୍ତ ଜବା ସମ ପରା ।

ଯେତେ କାଟିଲେ ବି ନୋହିଲା ସମାନ
କପୋତ ହୁଅଇ ଭାରି,
ଶେଷକୁ ରାଜନ ହେଲେ ଉପବିଷ୍ଟ
ତୁଳା ଦଣ୍ଡେ ଚକାପାରି ।

ଏ ଦୃଶ୍ୟ ଦେଖନ୍ତେ ଚକିତ ଜନତା
ଚକିତ ରାଜମଣ୍ଡଳୀ,
କିବା ଏ ରହସ୍ୟ ଏ ଦାନୀ ପଣକୁ
କେହି ନପାରିଲେ କଳି ।

ନିଜର ଜୀବନ ସମର୍ପିଲେ ରାଜା
ଏହା ଠାରୁ ବଳିଦାନ,
ଅଜଣା ଅଶୁଣା ଥିଲା ଏ ମଣ୍ଡଳେ
ପକ୍ଷୀ ପାଇଁ ଗଲା ପ୍ରାଣ ।

ଏହି କାଳେ ସ୍ୱର୍ଗୁଁ ହୋଇ ପୁଷ୍ପ ବୃଷ୍ଟି
ଦରବାର ଗଲା ଭରି,
କ୍ଷଣିକେ ଉଛୁଳି ପଡ଼ିଲା ନଅର
ବାଜି ଶଙ୍ଖ ଘଣ୍ଟା ଭେରି ।

ବାଜ ପକ୍ଷୀ ତେଜି ନିଜ ଛଦ୍ମବେଶ
ଉଭାହେଲେ ଇନ୍ଦ୍ର ହୋଇ,
ଅଗ୍ନି ରୂପ ନେଇ ଆସିଲା କପୋତ
ଜନତା ରହିଲେ ଚାହିଁ ।

ଛଦ୍ମବେଶେ ବେନି ଦେବ ଆସିଥିଲେ
ସରଗୁ ପରୀକ୍ଷା ପାଇଁ,
ପରୀକ୍ଷାରେ ରାଜା ହୋଇଲେ ଉତ୍ତୀର୍ଣ୍ଣ
ପକ୍ଷୀ ପାଇଁ ପ୍ରାଣ ଦେଇ ।

ପ୍ରୀତ ଭରେ ଅଗ୍ନି ଇନ୍ଦ୍ରଦେବ ଦେଲେ
ରାଜନଙ୍କୁ ସାଧୁବାଦ,
ସରଗେ ଭୁବନେ ତଡ଼ିତ ବେଗରେ
ପ୍ରଚରିଲା ଏ ସମ୍ବାଦ ।

ରାଜାଙ୍କର ରୂପ ସୁନ୍ଦରରୁ ଯାଇ
ହୋଇଲା ସୁନ୍ଦର ତର,
ଦାନ ଧର୍ମେ କର୍ମେ ଶାସିଲେ ପରଜା
କାଟିଲେ ସୁଖେ ସଂସାର ।

କୀଚକ ବଧ

॥ ୧ ॥

(ବିରାଟ ରାଜ ସଭାରେ ପାଣ୍ଡବ)
ରମ୍ୟ ମଣିମୟ ବିରାଟ ନଗରୀ
ହୁଅନ୍ତେ ଦୃଷ୍ଟିଗୋଚର,
ଛଦ୍ମବେଶେ ଯାଇ ପାଣ୍ଡବେ ରାଜାଙ୍କ
ନଅରେ ହେଲେ ହାଜର।

ବ୍ରାହ୍ମଣ ସନ୍ୟାସୀ ବେଶେ ଯୁଧିଷ୍ଠିର
କାଖେ ପଶା ପାଲି ନେଇ,
ସଙ୍ଗୀତ ପୂର୍ବକ ହେଲେ ଉପସ୍ଥିତ
ରାଜାଙ୍କ ସମୀପେ ଯାଇ।

ଭୀମ ସୂପକାର ରୂପେ ପ୍ରବେଶିଲେ
ହସ୍ତେ ଜାଲି ଚଟୁ ଧରି,
ଏମନ୍ତ ରୂପରେ କିଏ ବା ଚିହ୍ନନ୍ତା।
ଯୁ' ନଥିଲା କାହାରି।

ତଥାପି ବିଶାଳ ବଳଶାଳୀ ବପୁ
ପଶୁରାଜ ସିଂହ ଚାଲି,
ଦେଖି ଜନେ ଭାବୁଥିଲେ କିଏ ଇଏ
ଅବିକଳ ଭୀମ ଭଳି।

ନକୁଳ ଘୋଟକ ପାଳକ ହିସାବେ,
ଗୋ ରକ୍ଷକ ସହଦେବ,
ଏମିତି ପୋଷାକେ ଦୁହିଁଙ୍କୁ ଚିହ୍ନିବା
ହେଉଥିଲା ଅସମ୍ଭବ।

ତଥାପି ସୁଢଳ ସୁଠାମ ଶରୀର
ଦେଖି ରାଜବଂଶ ପରି,
ନିଃସନ୍ଦେହରେ ଉଚ୍ଚ ବଂଶ ଜାତ
ସ୍ପଷ୍ଟ ହେଉଥିଲେ ବାରି।

ସର୍ବୋପରି ହେଲେ କୌତୁହଳମୟ
ବେଶ ଥିଲା ଅର୍ଜ୍ଜୁନଙ୍କ,
ନାରୀ ଆଭୂଷଣେ ସୀମନ୍ତେ ସିନ୍ଦୁର
ଦିଶୁଥିଲା ଜକ ଜକ।

ପୋଇଲି ସ୍ୱରୂପେ ଦ୍ରୁପଦ ଦୁହିତା
ନିଜକୁ ଥିଲେ ସଜାଇ,
ରୂପ ଲାବଣ୍ୟକୁ ତିଳେ ହେଲେ କିନ୍ତୁ
ନପାରୁ ଥିଲେ ଲୁଚାଇ।

ବିରାଟ ରାଜାଙ୍କ ସମୀପେ ପାଣ୍ଡବେ
ଆତୁର କାତର ହୋଇ,
ନିବେଦିଲେ ରାଜ ଦରବାରେ ବର୍ଷେ
ରାଜା ସେବା କାର୍ଯ୍ୟ ପାଇଁ।

ଦେଖିଲେ ରାଜନ ରାଜାଙ୍କ ଲକ୍ଷଣ
ରହିଛି ସଭିଙ୍କ ଠାରେ,
ରାଜସେବା ପାଇଁ କିମ୍ପାଇଁ ଇଚ୍ଛୁକ
ସନ୍ଦେହ ହେଲା ମନରେ।

ହେବକି ବିଷମ ନିଭାଇଲେ ରାଜ
କାର୍ଯ୍ୟ ଏମାନଙ୍କୁ ନେଇ,
ପୁଚ୍ଛିଲେ ପାଣ୍ଡବେ ପ୍ରଶ୍ନ ବାରମ୍ବାର
ଆଶଙ୍କା ମୋଚନ ପାଇଁ।

ଏହା ଦେଖି ପାଣ୍ଡୁ ପୁତ୍ରେ ନିବେଦିଲେ
ହୋଇ କାକୁତି ମିନତି,
ତାହା ଦେଖି ରାଜା ଦୟା ପରବଶେ
ଶେଷରେ ଦେଲେ ନିଯୁକ୍ତି।

ରାଜ ସଭା ମଧ୍ୟେ ଯୁଧିଷ୍ଠିର କଙ୍କ
ନାମେ ହେଲେ ପରିଚିତ,
ରାଜନଙ୍କ ମନୋରଞ୍ଜନ ସକାଶେ
ପଶାଖେଳେ ହେଲେ ରତ।

ବିଜ୍ଞତା ମଧୁର ବ୍ୟବହାର ବଳେ
ସଭିଏଁ ହୋଇଲେ ପ୍ରିୟ,
ସ୍ୱଳ୍ପ ଦିନ ମଧ୍ୟେ ହୋଇଲେ ବିଶ୍ୱସ୍ତ
ଜିଣି ରାଜାଙ୍କ ହୃଦୟ।

ଭୀମସେନ ମୁଖ୍ୟ ସୂପକାର ଭାବେ
ରନ୍ଧନ ଶାଳାରେ ରହି,
ସୁସ୍ୱାଦୁ ବ୍ୟଞ୍ଜନ ରନ୍ଧନ ପୂର୍ବକ
ପ୍ରାସାଦେ ଦେଲେ ଯୋଗାଇ।

ଖାଇ ଖୁଆଇଲେ ସୁସ୍ୱାଦୁ ଭୋଜନ
ଜନ ମନ ନେଲେ କିଣି,
ଆହ୍ଲାଦିଲେ ରାଜ ସଭାସଦ ବର୍ଗେ
ଦୂରାଗତ ମଲ୍ଲେ ଜିଣି।

ରଙ୍ଗସ୍ଥଳେ ବ୍ୟାଘ୍ର ସିଂହ ସାଥେ ଲଢ଼ି
ଖରେ ହେଲେ ପ୍ରିୟ ପାତ୍ର,
ବିତାଇଲେ ଦିନ ଅଳପ ଦିନରେ
ଖ୍ୟାତି ଅରଜି ସର୍ବତ୍ର।

ବୃହନ୍ନଳା ନାମେ ହୋଇ ପରିଚିତ
ଧନଞ୍ଜୟ ଅନ୍ତଃପୁରେ,
ଶିକ୍ଷାଦେଲେ ପୁରନାରୀ, ଉତ୍ତରାଙ୍କୁ
ସଙ୍ଗୀତ ନୃତ୍ୟ ବିଦ୍ୟାରେ।

ନକୁଳ ଘୋଟକ ପାଳନେ କରିଲେ
ଦକ୍ଷତା ପରିପ୍ରକାଶ,
ଗାଭି ସେବା କରି ସହଦେବ କଲେ
ସଭିଙ୍କ ମନ ସନ୍ତୋଷ।

ଦ୍ରୁପଦ ନନ୍ଦିନୀ ଦ୍ରୌପଦୀ, ସୈରିନ୍ଧ୍ରୀ
ନାମେ ରହି ଅନ୍ତଃପୁରେ,
ରାଣୀ ସୁଦେଷ୍ଣାଙ୍କ କାର୍ଯ୍ୟ ନିଭାଇଲେ
ପରିଚାରିକା ଭାବରେ।

ଦାସୀଙ୍କ ଗହଣେ ରାଜ ରାଣୀ ହୋଇ
ବେଳ ବିତାଇବା କଥା,
କିନ୍ତୁ ଭାଗ୍ୟବଶେ ଆଜି ସେ ପୋଇଲି
ଭାବି ହୃଦେ ଆସେ ବ୍ୟଥା।

ଏହି ପରି ନାନା କାର୍ଯ୍ୟେ ରହି ରତ
ପାଣ୍ଡବେ ଅଜ୍ଞାତ ବାସ,
କାଟିଲେ, ବିରାଟ ରାଜାଙ୍କ ନଅରେ
ଧରି ନାନା ଛଦ୍ମବେଶ।

॥ ୨ ॥

(କୀଚକର ସୈରିନ୍ଧ୍ରୀଙ୍କୁ ପ୍ରଥମ ଦର୍ଶନ ଓ ପ୍ରେମ ନିବେଦନ)

ବିରାଟ ନଗରେ କୀଚକ ନାମରେ
ସେନାପତି ମହାବଳୀ,
ଭୀମ ବଳରାମ ଛଡ଼ା ମଲ୍ଲ ଯୁଦ୍ଧେ
ନପାରିବେ କେହି ବଳି।

କୀଚକର ବଳ କାହାକୁ ଅଜଣା
ଭୟଭୀତ ହୋଇ ଜନେ,
ବିକଳେ ଧାବନ୍ତି କୀଚକର ନାମ
ଶ୍ରବଣ ମାତ୍ରକେ କର୍ଣ୍ଣେ।

ତା'ର ବାହୁବଳେ ମତ୍ସ୍ୟ ରାଇଜରେ
ଶାସିତ ସମସ୍ତ ପ୍ରଜା,
କିମ୍ବଦନ୍ତୀ ତେଣୁ "କୀଚକର ବାହୁ
ବଳରେ ବିରାଟ ରଜା"।

ମତ୍ସ୍ୟ ରାଇଜକୁ ଆନ ଦେଶମାନ
କରିବାକୁ ଆକ୍ରମଣ,
ଭୟ କରୁଥାନ୍ତି କୀଚକ ଥିବାରୁ
ସେନାପତି ବିଚକ୍ଷଣ।

କେବଳ ପ୍ରତାପୀ ନୁହଁଇ କୀଚକ
ସୁଦେଷ୍ଣାଙ୍କ ସିଏ ଭ୍ରାତା,
ସେ ପାଇଁ ତାହାର ପ୍ରତିପତ୍ତି ସାଥେ
ଥିଲା ଅମାପ କ୍ଷମତା।

କ୍ଷମତା ବଳରେ ଯାହା ଇଚ୍ଛା ତାହା
କରିପାରୁଥିଲା ସିଏ,
ସର୍ବେ ଥର ହର, କୀଚକ ବିରୁଦ୍ଧେ
ମୁହଁ ଖୋଲିବ ବା କିଏ।

କେଉଁ ଏକ ଦିନେ ପରିଚାରିକାଙ୍କ
ଗହଣରେ ଥିଲେ ରାଣୀ,
ପ୍ରବେଶିଲା ସେଇ ସମୟେ କୀଚକ
ଭେଟିବା ପାଇଁ ଭଗିନୀ।

ଦେଖିଲା ରୂପସୀ ପରିଚାରିକାକୁ
ସୈରିନ୍ଧ୍ରୀ ଯାହାର ନାମ,
ରହିଗଲା କ୍ଷଣେ ଅପଲକ ନେତ୍ରେ
ରୂପ ଯାର ଅନୁପମ।

ନୀଳ ସରସିଜ ସମ ଦେହ କାନ୍ତି
ସୁନୀଳ ଉର୍ମିଳ କେଶ,
ସୁଗୋଲ ସୌଷ୍ଠବ କ୍ଷୀଣ କଟି ଅଙ୍ଗ
ସୁରମ୍ୟ ସୁକାନ୍ତି ବେଶ।

ପୂର୍ଣ୍ଣ ଯୌବନରେ ଅଙ୍ଗ ଢଳ ଢଳ
ମନୋହାରୀ ବକ୍ଷ ଦୁଇ,
ସୁନୟନା ମୃଗ ନୟନାକୁ ଦେଖି
କୀଚକ ରହିଲା ଚାହିଁ।

କାମନା କୁସୁମ ମରମେ ଫୁଟାଇ
ଚିନ୍ତା କଲା ମନେ ମନେ,
ଖୋଜିଲା ଉପାୟ କେଉଁ ପରକାରେ
ଲଭିବାକୁ ତାକୁ ଦିନେ।

ସୈରିନ୍ଧ୍ରୀ ତ ଛାର ପୋଇଲି ଗୋଟିଏ
ସ୍ୱୟଂ ସିଏ ସେନାପତି,
ସ୍ଥିର କରିନେଲା ପ୍ରେମ ଭିକ୍ଷା ତାର
ନିଶ୍ଚେ ହେବ ଫଳବତୀ।

ସେଇ ଆଶା ବହି କଲା ନିମନ୍ତ୍ରଣ
ସୈରିନ୍ଧ୍ରୀକୁ ନିଜ ବାସେ,
ପୁଷ୍ପମାଳ ପିନ୍ଧି ଅନେଇ ରହିଲା
ସୈରିନ୍ଧ୍ରୀ ମିଳନ ଆଶେ।

ଅନିଚ୍ଛା ପୂର୍ବକ ସୈରିନ୍ଧ୍ରୀ ଭେଟିଲେ
କୀଚକକୁ ତାର ବାସେ,
ଦର୍ଶନ ମାତ୍ରକେ କାମାନ୍ଧ କୀଚକ
ଭାଷିଲା ମନ ଉଲ୍ଲାସେ।

"ହେ ମାନିନୀ ତୁମେ ଏମନ୍ତ ଲାବଣ୍ୟ
ରୂପର ଅଧିକାରିଣୀ,
ଅନ୍ତଃପୁରେ ଦାସୀ ହୋଇ ଖଟ କିଆଁ
ଜମା ନ ପାରଇ ଜାଣି।

ତୁମେ ଯଦି ହୁଅ ମୋ ଅଙ୍କଶାୟିନୀ
ମଣି, ମୁକ୍ତା, ରତ୍ନ ଆଣି,
ଠୁଳ କରିଦେବି ତୁମ ପଦ ତଳେ
ତୁମେ କରି ପାଟରାଣୀ।

ସତ ସତ ଦାସୀ ଦିବସ ରଜନୀ
ଖଟିବେ ତୁମରି ପାଶେ,
ମୋ ସଙ୍ଗିନୀ ହୋଇ କଟାଇବ ବେଳ
ଐଶ୍ୱର୍ଯ୍ୟ ଭୋଗ ବିଳାସେ।"

ଦ୍ରୌପଦୀ କହିଲେ "ମତ୍ସ୍ୟ ସେନାପତି !
ତୁମେ ଉଚ୍ଚକୂଳ ଜାତ,
ମୁହିଁ ଛାର ଦାସୀ ମୋ ପ୍ରତି ଆସକ୍ତ
ହେବାଟା ହିଁ ଅନୁଚିତ।

ବିବାହିତା ମୁହିଁ, ପର ନାରୀ ପ୍ରତି
ଅଭିଳାଷ ନୀଚ କର୍ମ,
ନୁହେଁ ଶୋଭନୀୟ ନୁହେଁ କୁଳାଚାର
ନୁହେଁ ନିଶ୍ଚେ ଆର୍ଯ୍ୟ ଧର୍ମ।

ଆଉ ଶୁଣ କହେ, ଗନ୍ଧର୍ବ ଅଟନ୍ତି
ମୋର ବିବାହିତ ପତି,
କେହି ଯଦି କେବେ ସ୍ପର୍ଶ କରେ ମୋତେ
ନିଶ୍ଚେ ହୋଇବ ଦୁର୍ଗତି"।

ଏହି ବାକ୍ୟ ବାଣ କୀଚକେ ନିକ୍ଷେପି
ସୈରିନ୍ଧ୍ରୀ କଲେ ପ୍ରସ୍ଥାନ,
ପରାଜିତ ହୋଇ ମତ୍ତଗଜ ସମ
କୀଚକ କଲା ଗର୍ଜନ।

ହୁତୁ ହୁତୁ ହୋଇ କ୍ରୋଧାନଳେ ଜଳି
ପ୍ରତ୍ୟାଖ୍ୟାନ ପ୍ରତିଶୋଧ,
ଅଚିରେ ନେବାକୁ କର ମୁଷ୍ଟି ଦ୍ୱାରା
ହୋଇଲା ପ୍ରତିଜ୍ଞା ବଦ୍ଧ।

॥ ୩ ॥

(କୀଚକ ଓ ସୁଦେଷ୍ଣାଙ୍କର ଷଡ଼ଯନ୍ତ୍ର, କୀଚକ ଦ୍ୱାରା ସୈରିନ୍ଧ୍ରୀ ରାଜସଭାରେ ଅପଦସ୍ଥ)

ରାଜ ଭୟ ଅବା ଧର୍ମ ଭୟ ତିଳେ
କୀଚକ ପାଶେ ନ ଥିଲା,
ସିଏ ଯେଉଁ ଯୋଦ୍ଧା କିମ୍ପାଇଁ ଡରନ୍ତା
ଗନ୍ଧର୍ବ ମାନଙ୍କୁ ଭଲା ।

ନିର୍ଲ୍ଲଜ ଭାବରେ ସୁଦେଷ୍ଣାଙ୍କ ପାଶେ
କଲା ପ୍ରସ୍ତାବ ଆଗତ,
ସୈରିନ୍ଧ୍ରୀଙ୍କୁ କେଉଁ ଉପାୟେ ପାଇବ
ଲୋଡ଼ିଲା ଭଗିନୀ ମତ ।

କହିଲା "ଭଉଣୀ, ତୁମ ଦାସୀ ମୋର
ହୃଦ କରିଅଛି ଚୋରି,
ଦିବସ ରଜନୀ ତାର କଥା ଭାବି
ମନ ହୁଏ ମୋର ଘାରି ।

ନ ରୁହଇ ମନ ଆୟତ୍ତରେ ମୋର
ସବୁ ଲାଗେ ଫିକା, ପିତା,
କିପରି ଲଭିବି ସୈରିନ୍ଧ୍ରୀ ତୁମର
ବତାଅ ଗୋ ତାର ପନ୍ଥା ।

ବିରାଟ ମହିଷୀ ସୁଦେଷ୍ଣା ଶୁଣନ୍ତେ
କୀଚକର ନିବେଦନ,
ନାନା ଉପଦେଶେ ବିବିଧ ପ୍ରକାରେ
କରିଲେ ତାକୁ ବାରଣ ।

କାହିଁଥିରେ ହେଲେ ଫଳ ନ ଫଳିଲା
ସମସ୍ତ ହୋଇଲା ବୃଥା,
ଭ୍ରାତା ପରା ସିଏ କିପରି ହୁଅନ୍ତା
ପ୍ରସ୍ତାବ ତାର ଅନ୍ୟଥା ।

ଶେଷରେ ସୁଦେଷ୍ଣା ହୋଇଗଲେ ରାଜି
କୀଚକର ପ୍ରସ୍ତାବରେ,
ରକ୍ତ ସଂପର୍କତ ନୁହଁଇ ସହଜ
ସହଜେ ଏଡ଼ି ଦେବାରେ ।

କେଉଁ ଉପାୟରେ ସୈରିନ୍ଧ୍ରୀ ହୋଇବ
କୀଚକ ପ୍ରାଣ ସଙ୍ଗିନୀ,
ଭ୍ରାତା ଓ ଭଗିନୀ କଲେ ଷଡ଼ଯନ୍ତ୍ର
ବସି ଦିବସ ରଜନୀ ।

ଯୋଜନାନୁଯାୟୀ ଗୃହେ ଆଡ଼ମ୍ବରେ
ଉତ୍ସବର ଆୟୋଜନ,
କରିଲା କୀଚକ ଆଣି ବହୁବିଧ
ପାନୀୟ ସ୍ୱାଦୁ ଭୋଜନ ।

ସୁଦେଷ୍ଣା କହିଲେ ସ୍ୱର୍ଣ୍ଣ ପାତ୍ର ଦେଇ
ସୈରିନ୍ଧ୍ରୀଙ୍କୁ ଡାକି ପାଶେ,
"ତୃଷାର୍ତ୍ତ ମୁଁ, ଆଣ କୀଚକ ବାସରୁ
ପାନୀୟ, ପାନ ସକାଶେ ।"

ସୈରିନ୍ଧ୍ରୀ ଜାଣନ୍ତି କୀଚକ ମଦ୍ୟପ
ସଂଯମତା ନାହିଁ ତାର,
ସେ ପାଇଁ ପ୍ରଥମେ ଅମଙ୍ଗ ହୋଇଲେ
ଯିବାକୁ କୀଚକ ଘର ।

ସୁଦେଷ୍ଣା କୌଣସି କଥା ଶୁଣିବାକୁ
ନଥିଲେ ଜମା ପ୍ରସ୍ତୁତ,
ବାଧ୍ୟ ବାଧକରେ କୀଚକ ଗୃହକୁ
ଯିବାକୁ ହେଲେ ଉଦ୍ୟତ।

ଜାଣିଲେ ସୈରିନ୍ଧ୍ରୀ ଏତ ଷଡ଼ଯନ୍ତ୍ର
ପାନୀୟ ଏକ ଛଳନା,
ଦାସୀ ହୋଇ ତେଣୁ କିପରି କରନ୍ତେ
ଆଦେଶ ଅବମାନନା।

ତ୍ରସ୍ତା ମୃଗ ପରି ଭୟେ ଥରି ଥରି
ସାକ୍ଷୀ ରଖି ଈଶ୍ୱରଙ୍କୁ,
ଗମିଲେ ସୈରିନ୍ଧ୍ରୀ ସ୍ୱର୍ଣ୍ଣ ପାତ୍ର ହସ୍ତେ
ଧରି କୀଚକ ଗୃହକୁ।

ଚାହିଁ ରହିଥିଲା ଏପରି ସୁଯୋଗ
କୀଚକ ଛଞ୍ଚାଣ ପରି,
ସୈରିନ୍ଧ୍ରୀଙ୍କୁ ଦେଖି ଆସିଲା ଦଉଡ଼ି
ବେଗେ ଅଟ୍ଟହାସ୍ୟ କରି।

ନିର୍ଲ୍ଲଜ ଭାବରେ ଧରିଲା ଜାବୁଡ଼ି
ସୁବଳିଷ୍ଠ ବାହୁବଳେ,
ଛାଏଁ ସ୍ୱର୍ଣ୍ଣପାତ୍ର ହସ୍ତରୁ ମୁକୁଳି
ପଡ଼ିଲା ଯାଇ ଭୂ ତଳେ।

ଚୁମ୍ବନ ଦେବାକୁ ହେବାରୁ ଉଦ୍ୟତ
ସୈରିନ୍ଧ୍ରୀଙ୍କୁ ଚିବୁକରେ,
ଶତ ସିଂହ ବଳ କାହୁଁ ତାଙ୍କ ଅଙ୍ଗେ
ସଞ୍ଚରି ଉଠିଲା ଖରେ।

ଅର୍ଦ୍ଧବେଶାବୃତା ମୁକ୍ତ କେଶା ହୋଇ
ଭୀଷଣ ଏକ ଧକ୍କାରେ,
ବୃକ୍ଷ ଗଣ୍ଡି ସମ ମଦ୍ୟପ କୀଚକେ
ନିକ୍ଷେପିଲେ ଭୂମି ପରେ।

ଘୃଣା ମିଶ୍ର କ୍ରୋଧେ ହୋଇ ଜର୍ଜରିତା
ଶୁଣାଇଲେ ଚେତାବନୀ,
"ରେ ମୂର୍ଖ, ରେ ନୀଚ, ଶୁଣ କର୍ଣ୍ଣ ଡେରି
ମୃତ୍ୟୁ ତୋର ଆସିଲାଣି।"

କମ୍ପିତ କଣ୍ଠରୁ ଲାଗୁଥିଲା ଯେହ୍ନେ
ଅଗ୍ନି ହୁଅଇ ନିର୍ଗତ,
ବିଭିଷିକା ରଚି ଅଚିରେ ଜାଳିବ
ସରଗ ଠାରୁ ମରତ।

ଭୂ ପତିତ ହୋଇ କ୍ଷତ ବ୍ୟାଘ୍ର ପରି
କୀଚକ କଲା ଚିତ୍କାର,
ତଡ଼ିତ ବେଗରେ ନିମିଷେ ସୈରିନ୍ଧ୍ରୀ
କକ୍ଷରୁ ହେଲେ ବାହାର।

ଆଗ ପଛ ଚାହିଁ ଭୟଭୀତା ହୋଇ
ସୈରିନ୍ଧ୍ରୀ ଧାବନ୍ତି ଆଗେ,
କୀଚକ ନିଜକୁ ଆୟତ୍ତକୁ ଆଣି
ଧାଇଁଲା ପ୍ରଖର ବେଗେ।

ଲାଗୁଥାଏ ଯେହ୍ନେ ଛଞ୍ଚାଣ ଗୋଡ଼ାଉ
ଅଛି ନିରୀହ କପୋତ,
ଭକ୍ଷଣ ଉତ୍ତାରୁ କ୍ଷଣିକେ ହୋଇବ
ଜଠରାଗ୍ନି ନିର୍ବାପିତ।

ପହଞ୍ଚିଲେ ଶେଷେ ଦଉଡ଼ି ପାଞ୍ଚାଳୀ
ବିରାଟଙ୍କ ରାଜ ସଭା,
ତାଙ୍କ ପଛେ ପଛେ କୀଚକ ଗୋଡ଼ାଇ
ସଭାରେ ହୋଇଲା ଉଭା ।

ପାଞ୍ଚାଳୀଙ୍କ କେଶ ଆକର୍ଷଣ କରି
ଅଙ୍ଗେ କଲା ପଦାଘାତ,
ସର୍ବ ଶକ୍ତିମାନ କୀଚକ ଭୟରେ
ସର୍ବେ କଲେ ମଥାନତ ।

ସ୍ୱୟଂ ବିରାଟ ରାଜା ଦେଖି ଶୁଣି
ରହିଲେ ନୀରବ ମୌନ,
ସୁଦେଷ୍ଣା କେବଳ ଦେଖାଇ ବସିଲେ
ସହାନୁଭୂତି ସାମାନ୍ୟ ।

ତଥାପି ପାଞ୍ଚାଳୀ ରୋଦନ ପୂର୍ବକ
ପ୍ରକାଶିଲେ ନିଜ କ୍ରୋଧ,
କହିଲେ ଗନ୍ଧର୍ବ ପତିମାନେ ନିଶ୍ଚେ
ନେବେ ଯାର ପ୍ରତିଶୋଧ ।

ପ୍ରତିଶୋଧ ଚିନ୍ତା ଅଶାନ୍ତ ମନକୁ
କରିବାରୁ ଆନ୍ଦୋଳିତ,
ଜଳ ଅନ୍ନ ତ୍ୟାଗୀ ଦିବସ ରଜନୀ
ପାଞ୍ଚାଳୀ ହେଲେ ଚିନ୍ତିତ ।

ଏବେ ପ୍ରତିକୂଳ ପତିଙ୍କର ସ୍ଥିତି
ପରାନ୍ନଭୋଜୀ ସେମାନେ,
ଯଦିଓ କ୍ଷମତା ଜୟ କରିବାକୁ
ସସାଗରା ଧରା କ୍ଷଣେ ।

ତଥାପି ଶେଷରେ ମନେ କଲେ ସ୍ଥିର
ଭୀମେ ଜଣାଇବା ପାଇଁ,
ଭୀମ ହିଁ କେବଳ ନେବେ ପ୍ରତିଶୋଧ
କୀଚକର ପ୍ରାଣ ନେଇ।

॥ ୪ ॥
(ଦ୍ରୌପଦୀଙ୍କର ଭୀମଙ୍କ ସମ୍ମୁଖେ କୀଚକ ଔଦ୍ଧତ୍ୟର
ପରିପ୍ରକାଶ ଓ ଭୀମଙ୍କ ପ୍ରତିଜ୍ଞା ତାର ପ୍ରତିଶୋଧ ନେବାକୁ)

କ୍ଷିପ୍ର ପଦପାତେ ଚାଲିଲେ ସୈରିନ୍ଧ୍ରୀ
ନିଳୟ ଅଳିନ୍ଦ ଡେଇଁ,
ଦେଖିଲେ କି କେହି, ଭୟଭୀତା ହୋଇ
ଏପଟ ସେପଟ ଚାହିଁ।

ଭେଟିବେ ସୈରିନ୍ଧ୍ରୀ ରାଜ ସୂପକାରେ
ନିର୍ଜନ ବାସଗୃହରେ,
ଜଣାଇବେ ତାଙ୍କୁ କୀଚକ ଔଦ୍ଧତ୍ୟ
ସମସ୍ତଙ୍କ ଅଗୋଚରେ।

ପହଞ୍ଚନ୍ତି ଯେବେ ଭୀମସେନ କକ୍ଷେ
ପଡ଼ିଥାନ୍ତି ଭୀମ ଶୋଇ,
ଦୁଆର ଫିଟାଇ କାନ୍ଦି ଉଠିଥିଲେ
ଯାଜ୍ଞସେନୀ କଇଁ କଇଁ।

କ୍ରନ୍ଦନ ଧ୍ୱନିରେ ଜାଗିଯାଇ ଭୀମ
ଦେଖିଲେ ତାଙ୍କ ସମ୍ମୁଖେ,
କରନ୍ତି ରୋଦନ ଦ୍ରୁପଦ ନନ୍ଦିନୀ
ବଦନ ଲୁଚାଇ ଦୁଃଖେ।

ନିଶ୍ଚୟ ବିପନ୍ନ ଅବସ୍ଥାରେ ପଡ଼ି
ଆସିଛନ୍ତି ଏତ ରାତ୍ରେ,
ଶଙ୍କାକୁଳ ହେଲା ଭୀମଙ୍କ ହୃଦୟ
କ୍ରନ୍ଦନ ଶୁଣିବା ମାତ୍ରେ।

"ପାଞ୍ଚାଳୀ ପାଞ୍ଚାଳୀ" ବୋଲି ରଡ଼ି ଛାଡ଼ି
ତତ୍‌କ୍ଷଣାତ୍ ଉଠି ବେଗେ,
ଅସମୟେ ରାତ୍ରେ ଆସିବା କାରଣ
ପଚାରିଲେ ଉଦ୍‌ବେଗେ।

ବାଷ୍ପାକୁଳ କଣ୍ଠେ ଭାଷିଲେ ଦ୍ରୌପଦୀ
ଭୀମଙ୍କ ମୁଖକୁ ଚାହିଁ,
"ଦୁଃଖ ସହିବାର ସୀମା ଯଉଁ ଥାଏ
ମୋର ସୀମା ଆଉ ନାହିଁ।

ଦ୍ୟୁତକ୍ରୀଡ଼ା ପାଇଁ ରାଜା ଯୁଧିଷ୍ଠିର
ଭୋଗୁଛନ୍ତି ଦୁଃଖ ଏବେ,
ତାଙ୍କରି ସକାଶେ ମୁଁ ରାଜ ନନ୍ଦିନୀ
ଖଟଇ ପୋଇଲି ଭାବେ।"

ଅସହାୟ ମଣି ପଚାରିଲେ ଭୀମ
ଦେଖାଇ ଅଧୈର୍ଯ୍ୟ ଭାବ,
"କୁହ ଗୋ ପାଞ୍ଚାଳୀ, କୁହ ଗୋ ସଅଳ
କିମ୍ପାଇଁ ତୁମର କ୍ଷୋଭ।"

କାନ୍ଦକାନ୍ଦ ହୋଇ କହିଲେ ପାଞ୍ଚାଳୀ
"ପଞ୍ଚ ପତି ପତ୍ନୀ ମୁହିଁ,
ଏ ମହୀ ମଣ୍ଡଳେ ତାଙ୍କ ସମ ବୀର
ଦେଖିବାକୁ ମିଳେ ନାହିଁ।

ତଥାପି କିଆଁ ମୁଁ ଭୋଗଇ ଲାଞ୍ଛନା,
ନୁହେଁ ମୁହିଁ ନିରାପଦ,
ବାରମ୍ବାର ହୁଏ ନ୍ୟୂନ, ଅପଦସ୍ଥ
କିବା ମୋର ଅପରାଧ।

ଅଧୈର୍ଯ୍ୟ ପୂର୍ବକ ପୁଣି ପଚାରିଲେ
ଭୀମ, "ପାଞ୍ଚାଳୀ ଗୋ କୁହ,
ଆସିଅଛ କିଂପା ? ତୁମ ଦୁଃଖ ଆଉ
କରି ନପାରଇ ସହ୍ୟ।"

"କିପରି ବର୍ଣ୍ଣିବି", କହିଲେ ସୈରିନ୍ଧ୍ରୀ,
"ମଦ୍ୟପ, ନୀଚ କୀଚକ,
ମୋର କେଶ ଧରି ସଭା ଭିତରକୁ
ଆଣିଲା ବଳ ପୂର୍ବକ।

କିବା ମୋର ଦୋଷ ଏତେ ମନ୍ଦ ଭାଗ୍ୟ
ହୋଇପାରେ କିବା ମୋର ?
ବୀର ପତି ଥାଉ ଥାଉ ହୀନିମାନ
କିଂପା ହୁଏ ବାରମ୍ବାର।"

ଏତକ ଭୀମଙ୍କୁ ଶୁଣାଇବା ପରେ
ବିକଳେ କଲେ ରୋଦନ,
ଦ୍ରୌପଦୀଙ୍କ ଦୁଃଖେ ସମ ଦୁଃଖୀ ହୋଇ
ଶୁଣିଲେ କୁନ୍ତୀନନ୍ଦନ।

"ପାଞ୍ଚାଳୀ.., ପାଞ୍ଚାଳୀ.." କରିଲେ ଚିତ୍କାର
ଥରହର କରି କକ୍ଷ,
"ଧିକ୍ ମୋ ଜୀବନ" କହି ଗରଜିଲେ
ହସ୍ତ ଦ୍ୱାରା ପିଟି ବକ୍ଷ।

ଦ୍ରୌପଦୀଙ୍କୁ ଧରି ଆଲିଙ୍ଗନ କରି
କାନ୍ଦିଲେ ଶିଶୁଙ୍କ ଭଳି,
କୀଚକ କଥାକୁ ଭାବି ଦେଇ ପୁଣି
କ୍ରୋଧେ ଯାଉଥାନ୍ତି ଜଳି।

କିଛି କ୍ଷଣ ଅନ୍ତେ ଦ୍ରୌପଦୀଙ୍କ ନେତ୍ରୁ
ସାଦରେ ପୋଛିଲେ ଲୁହ,
ତାପରେ ପୋଛିଲେ ସ୍ୱନେତ୍ରୁ ଲୋତକ
ସମ୍ଭାଳି ନିଜର କୋହ।

ଦୁଇ କରେ ଧରି ଦ୍ରୌପଦୀଙ୍କ ମୁଖ
ଅନାଇ ରହିଲେ କ୍ଷଣେ,
କରିଲେ ପ୍ରତିଜ୍ଞା " ପାଷଣ୍ଡ କୀଚକ
ରହିବ ନାହିଁ ଜୀବନେ।"

ନିଜକୁ ସଂଯତ କରିନେଇ ଭୀମ
ପରାମର୍ଶ ଦେଲେ ଧୀରେ,
"କାଲି ଯାଇ କୁହ କୀଚକକୁ ଭେଟି,
ରାଜି ତୁମେ ତା' ସର୍ତ୍ତରେ।

ପ୍ରଣୟ ନିମନ୍ତେ ସଜବାଜ ହୋଇ
ଆସୁ ସେ ରଙ୍ଗଶାଳାକୁ,
ତୁମ ବଦଳରେ ତୁମ ଶାଢ଼ୀ ପିନ୍ଧି
ଜଗି ବସିବି ମୁଁ ତାକୁ।

ତା' ପରର କାର୍ଯ୍ୟ ନ୍ୟସ୍ତ କରି ମୋତେ
ଏବେ ଫେରିଯାଅ ଗୃହ,
କାନ୍ଦନି ଗୋ ଆଉ, କାନ୍ଦନା ପାଞ୍ଚାଳୀ
ଝରାଅନା ଆଉ ଲୁହ।"

ଆଶ୍ୱାସନା ପାଇ ଫେରିଲେ ସୈରିନ୍ଧ୍ରୀ
ରାତାରାତି ଅନ୍ତଃପୁରେ,
ଶୋଇ ରହିଥିଲେ ପୁରବାସୀ ଗଣ
ନୀରବେ ସୁଖ ନିଦ୍ରାରେ।

ମତ୍ସ୍ୟ ରାଜବାଟୀ ଶୋଇ ରହିଥିଲା
ତମସ ଭରା ନିଶାରେ,
ହୀରକ ପରାୟ ଚିକି ମିକି ତାରା
ଦିଶୁଥିଲେ ଗଗନରେ।

॥ ୪ ॥
(ଦ୍ରୌପଦୀଙ୍କର କୀଚକକୁ ପ୍ରଲୋଭନ)

ତହିଁ ପର ଦିନ ପ୍ରଭାତେ କୀଚକ
ସୈରିନ୍ଧ୍ରୀଙ୍କ ପାଶେ ଆସି,
ପୁଣି ଆରମ୍ଭିଲା ପ୍ରେମ ନିବେଦନ
ତାଚ୍ଛଲ୍ୟ ପୂର୍ବକ ହସି।

କହିଲା " ସୈରିନ୍ଧ୍ରୀ ! ଦେଖିଲ ତ କାଲି
ବିରାଟ ରାଜ ସଭାରେ,
ତୁମ କେଶ ଧରି ନିକ୍ଷେପିଲି ତୁମେ
କିପରି ଭୂଇଁ ଉପରେ।

କେହି ତ ନଥିଲେ ସାହା ହେବା ପାଇଁ,
କହଇ ତୁମକୁ ପୁଣି,
ସର୍ବ ରାଜ ସୁଖ ଆଳସ୍ୟେ କରିବ
ହୁଅ ମୋ ପ୍ରାଣ ସଙ୍ଗିନୀ।

ମତ୍ସ୍ୟ ରାଇଜରେ ସଭିଏଁ ଜାଣନ୍ତି
ବିରାଟ ନାମକୁ ରଜା,
କୀଚକର ବାହୁ ବଳରେ ଶାସିତ
ସମସ୍ତ ରାଇଜ ପ୍ରଜା।"

"ସ୍ମିତ ହାସ୍ୟ ହସି କହିଲେ ଦ୍ରୌପଦୀ,
ମତ୍ସ୍ୟ ସେନାପତି ଶୁଣ,
ଏତେ ଦିନ ପରେ ସ୍ୱୀକାର କରୁଛି
ତୁମ ପ୍ରେମ ନିବେଦନ।

ହେଲେ ଦିଅ ମୋତେ ଏଇ ପ୍ରତିଶ୍ରୁତି
ଆମ ପ୍ରଣୟକୁ କେହି,
ନପାରିବେ ଜାଣି ଆତ୍ମୀୟ ସ୍ୱଜନ
ଏପରି କି ତୁମ ଭାଇ।

ନିର୍ଜନ ସ୍ଥାନରେ କରିବି ଏକାକୀ
ତୁମକୁ ମୁହିଁ ସାକ୍ଷାତ,
ନ କରିବ କିନ୍ତୁ ଏ ସ୍ଥାନ ପ୍ରକାଶ
ହୁଅ ତୁମେ ସହମତ।"

କୀଚକ ମୁହୂର୍ତ୍ତେ ବିଳମ୍ବ ନକରି
ଅତି ଗଦ ଗଦ ହୋଇ,
କରିଲା ପ୍ରତିଜ୍ଞା "ହେଲି ସହମତ
ପ୍ରକାଶ ହୋଇବ ନାହିଁ।"

ପର ମୁହୂର୍ତ୍ତରେ କହିଲେ ଦ୍ରୌପଦୀ
"ନିର୍ଜ୍ଜନ ରଙ୍ଗଶାଳାକୁ,
ଆସ ସଞ୍ଜବେଳେ ଏକାକିନୀ ମୁହିଁ
ଭେଟିବି ସେଠି ତୁମକୁ।

ତୁମ ସାଥେ ହେବ ଅବାଧ ମିଳନ
ପ୍ରଣୟ ପ୍ରଣୟୀ ହୋଇ,
ଅଭିସାରିକାର ମନ ନେଇ ଏବେ
ରହିଲି ମୁଁ ପଥ ଚାହିଁ।"

॥ ୬ ॥
(ଛଦ୍ମବେଶରେ ଭୀମଙ୍କର କୀଚକ ସହିତ ଭେଟ
ଓ ତୁମୁଳ ଯୁଦ୍ଧ, ଶେଷରେ କୀଚକର ମୃତ୍ୟୁ)

ଆନନ୍ଦର ଉସ ଗଗନ ଛୁଇଁଲା
କୀଚକ ଶୁଣିଲା ଯେବେ,
ଏମନ୍ତ ବଚନ ସୈରିନ୍ଧ୍ରୀ ମୁଖରୁ
ଶୁଣି ନଥିଲା ସେ କେବେ।

ସେଇ ବେଳୁଁ ସିଏ ଗୁଣୁ ଗୁଣୁ କରି
ଆନନ୍ଦେ ଗାଇଲା ଗୀତ,
ବସନ, ଚନ୍ଦନ, କୁସୁମ ମାଳାରେ
ନିଜକୁ କଲା ମଣ୍ଡିତ।

ଅପେକ୍ଷି ରହିଲା ଦିନ ଅବସାନେ
ସଂଧ୍ୟାଦେବୀ ଆଗମନ,
ପ୍ରତ୍ୟେକ ମୁହୂର୍ତ୍ତ ଦୀର୍ଘ ଲାଗି ତାର
ମନ ହେଲା ଆଲୋଡ଼ନ।

ଶେଷରେ ଆସିଲା ଅପେକ୍ଷିତ ରାତ୍ର
ରଙ୍ଗଶାଳେ ଧୀରେ ନଇଁ,
କୀଚକ ସଙ୍କେତ ସ୍ଥଳକୁ ଚାଲିଲା
କାମାସକ୍ତ ମନ ନେଇ।

ରଙ୍ଗଶାଳା ଥିଲା ଅନ୍ଧକାରାଚ୍ଛନ୍ନ
ନିର୍ଜନ ନୀରବ ପୂର୍ଣ୍ଣ,
ଶୁଭୁଥିଲା ଖାଲି ମଝିରେ ମଝିରେ
ରାତ୍ରୀଚର ପକ୍ଷୀ ସ୍ୱନ।

ଅନୁମାନ କରି କୀଚକ ଚାଲିଛି
ସେହି ଘନ ଅନ୍ଧକାରେ,
କାମାନ୍ଧ ମନ ତା ହୁଅଇ ଉଚ୍ଛନ୍ନ
ସୈରିନ୍ଧ୍ରୀଙ୍କୁ ପାଇବାରେ।

ସୁନ୍ଦରୀ ସୈରିନ୍ଧ୍ରୀ ସୁଶ୍ରୀ, ତନ୍ୱୀ ତାର
ସୁକୋମଳ ଶରୀରକୁ,
ଆକୁଳ ହୁଅନ୍ତି କୀଚକ ଅଙ୍ଗୁଳି
ମନଭରି ଛୁଇଁବାକୁ।

ଡାକିଲା ପ୍ରେମରେ "ସୈରିନ୍ଧ୍ରୀ କେଉଁଠି
ଅଛ ତୁମେ ବାରେ କୁହ,"
ପଲଙ୍କ ଆଡ଼କୁ ହେଲା ଅଗ୍ରସର
ଛୁଇଁବାକୁ ତାଙ୍କ ଦେହ।

ଛଦ୍ମବେଶେ ଆସି ଭୀମସେନ ଲୁଚି
ଶୋଇଥିଲେ ପଲଙ୍କରେ,
ଦେହେ ପରିଧାନ ସୈରିନ୍ଧ୍ରୀ ବସନ
ଯଥା ଭ୍ରମ ସୃଷ୍ଟି କରେ।

ଯେମିତି ପଲଙ୍କ ଶାୟିତ ଭୀମଙ୍କ
ଶରୀରେ ଲାଗିଛି ହସ୍ତ,
କାହୁଁ ବଜ୍ରମୁଷ୍ଟି ଆସି କୀଚକର
ମୁଖକୁ କଲା ଆଘାତ।

ସହସା ପଲଙ୍କୁ ଉଠି ଭୀମସେନ
ଲମ୍ଫ ପ୍ରଦାନ କରି,
ଆଉ ଏକ ମୁଷ୍ଟି ବକ୍ଷେ ଥୋଇଲେ
ନିମିଷକେ ବଜ୍ର ପରି ।

ସେଇ ମୁଷ୍ଟି ବଳେ କୀଚକ ହୋଇଲା
ସଅଳ ଭୂତଳଶାୟୀ,
ପ୍ରଚଣ୍ଡ ପୀଡ଼ାରେ ଅଚିରେ ତାହାର
ମୋହ ଗଲା ଦୂର ହୋଇ ।

ଭାବିଲା ଇଏତ ନୁହଁଇ ସୈରିନ୍ଧ୍ରୀ
ନିଶ୍ଚେ ବଳଶାଳୀ ବ୍ୟକ୍ତି,
ବଞ୍ଚିବାକୁ ହେଲେ ବଳ ଖର୍ଚ୍ଚ କରି
ପାଇବାକୁ ହେବ ମୁକ୍ତି ।

ଶାରିରୀକ ବଳେ ଯୁଦ୍ଧ କଉଶଳେ
କୀଚକ ବି ଊଣା ନୁହଁ,
ତେଣୁ ଦୁଇଙ୍କର ମୁଷ୍ଟି ମଲ୍ଲ ଯୁଦ୍ଧ
ହେଲା ଅତି ଭୟାବହ ।

ଗର୍ଜନେ ତର୍ଜନେ ଲାଗୁଥିଲା ଯେହ୍ନେ
ଦୁଇ ମତ୍ତ ଦନ୍ତା ହସ୍ତୀ,
ଲାଗିଛନ୍ତି ଯୁଦ୍ଧ ପରସ୍ପର ମଧ୍ୟେ
ପରଖି ନବାକୁ ଶକ୍ତି ।

ଭୀମସେନ ଶେଷେ କୀଚକର ବକ୍ଷେ
କଲେ ପ୍ରଚଣ୍ଡ ପ୍ରହାର,
ଶୁନ୍ୟରେ ବୁଲାଇ କଚାଡ଼ିଲେ ପୁଣି
ଭୂଇଁ ପରେ ବାରମ୍ବାର ।

କୀଚକର ପ୍ରାଣବାୟୁ ଉଡ଼ିଗଲା
ଭଗ୍ନ ଭେରୀ ଶବ୍ଦ କରି,
ବାହୁ ଦୁଇ ମଧ୍ୟେ ଶିର ରଖି ଭୀମ
କରିଲେ ପିଣ୍ଡୁଳା ପରି ।

ଏ ସମ୍ବାଦ ନେଇ ଦ୍ରୌପଦୀଙ୍କୁ ଦେଇ
ଭଲ ରୂପେ ସ୍ନାନ କରି,
ଦେହେ ଲେପି ହୋଇ ଚନ୍ଦନ ଅଗୁରୁ
ରୋଷଶାଳା ଗଲେ ଫେରି ।

କୀଚକ ପାଇଲା ଉପଯୁକ୍ତ ଶାସ୍ତି
ସେ ପାଇଁ ହୋଇଲେ ଖୁସି,
ସୁଖେ ନିଦ୍ରାଗଲେ ନିଦ୍ରାଦେବୀ କୋଳେ
ପାଣ୍ଡବ ସୁଖ ମନାସୀ ।

ବିରାଟ ରାଜାଙ୍କ ସେନାପତି ହୋଇ
କ୍ଷମତା, ବଳ, ଦର୍ପରେ,
ପାପିଷ୍ଠ କୀଚକ ହରାଇଲା ପ୍ରାଣ
ଶେଷେ ଭୀମଙ୍କ ହସ୍ତରେ ।

ପାଞ୍ଚାଳୀଙ୍କ ମନୁ ପ୍ରତିଶୋଧ ଅଗ୍ନି
ଭୀମ କରି ନିର୍ବାପିତ,
ବିରାଟ ନଗରେ ଆଉ କେତେ ମାସ
କରିଲେ ଅତିବାହିତ ।

ଗାଲିଚା ବୁଣିବା ଝିଅ

ମାଜାର୍ ସହର, ଶୀତଳ ସକାଳ କଅଁଳ ଖରା
ବୁଣି ଯାଇଥାଏ ଧବଳ ତୁଷାରେ ସରଣୀ ସାରା।
ଚିକି ମିକି ଚିକି ହିରା ନିଳା ମୋତି ମାଣିକ୍ୟ ପରି
ଶୋଭା ପାଉଥାଏ, ସୂରୁଜ କିରଣ ତହିଁରେ ପଡ଼ି।
ଯେବେ ଦେଖୁଥିଲି ବାହାରର ଦୃଶ୍ୟ ଝରକା ଦେଇ,
ତେବେ ମୁଁ ଶୁଣିଲି ଖଟ ଖଟ ଶବ୍ଦ ଆସୁଛି କାହିଁ।

ନିରବରେ କାନ ପାରିଲି ମୁହିଁ,
କେଉଁଠୁ କାହିଁକି ଆସୁଛି ଶବଦ, ଜାଣିବା ପାଇଁ।

ପଚାରି ଜାଣିଲି ମାଜାର୍ ସହର ବାହାରୁ ଆସି,
ତୁର୍କମାନ କେତେ କରୁଛନ୍ତି ବାସ ହୋଇ ପଡ଼ୋଶୀ।
ଦିନରେ ସେମାନେ କରନ୍ତି ବୟନ ଗାଲିଚା ମାନ,
ନିର୍ଝରଇ ତହୁଁ ଖଟ ଖଟ ଶବ୍ଦ କ୍ଷଣକୁ କ୍ଷଣ।
ତୁର୍କମାନଙ୍କର ବେଉସା ହେଉଛି ଗାଲିଚା ବୁଣା,
ଗାଲିଚା ବିକିରି କରି ସେ ଭରନ୍ତି ପେଟ ପାଟଣା।

ଇଚ୍ଛା ହେଲା ଦିନେ ସେଠାକୁ ଯାଇ,
କିପରି ଗାଲିଚା ବୟନ ପ୍ରଣାଳୀ, ଜାଣିବା ପାଇଁ।

ପହଞ୍ଚିଲି ମୁହିଁ ଚାଲିଥାଏ ଯହିଁ ଗାଲିଚା ବୁଣା,
ତନ୍ତେ ଛନ୍ଦି ସୂତା ଏପଟ ସେପଟ ହୁଅଇ ଟଣା।
କିଶୋର କିଶୋରୀ ପୁରୁଷ ମହିଳା ବୟନେ ରତ,
ନାନା ପରକାରେ ରଙ୍ଗୀନ ସୂତାରେ ଚାଲିଛି ତନ୍ତ।
ଝମ ଝମ ଶୁଭେ ମହିଳା ମାନଙ୍କ ପିନ୍ଧା ଗହଣା,
ହାତେ ଖଡୁ, ବଳା, କାନେ କାନଫୁଲ, ନାକରେ ଚଣା।

ଦୂରରେ ଦେଖିଲି ତରୁଣୀ ଜଣେ,
ନୀରବେ ତନ୍ତରେ ଏକାକିନୀ ବସି ଗାଲିଚା ବୁଣେ।

ରୂପରେ ରୂପସୀ, ରୂପସୀ ତ ନୁହଁ ସରଗ ତରା,
ଡଉଲ ଡାଉଲ ଗୌର ଅଙ୍ଗ ତାର ମନ ବିଭୋରା।
ଫିକା ନୀଳ ମୃଗ ନୟନରେ ଅଙ୍କା କଜଳ ଗାର,
ମୁହଁକୁ ମାନୁଛି ଜବା ଫୁଲ ଓଠ ଅତି ସୁନ୍ଦର।
ଅଯତନ ଘନ କୃଷ୍ଣ କେଶ ଢାଙ୍କି ଅଛି ବଦନ,
ଲାଗଇ ଯେପରି ନାହିଁ ସେଥିପାଇଁ ଝିଅର ଧ୍ୟାନ।

ଯାହା ବି ଗାଲିଚା ବୁଣଇ ସିଏ,
ତହୁଁ ବେଶି କରି ତା' ରୂପ ଆଲୁଅ ଛିଞ୍ଚାଡୁ ଥାଏ।

ଦେହେ ତା ରହିଛି ନାନା କିସମର ଗହଣା ଭରି,
ଝୁମୁ ଝୁମୁ ଝାଇଁ କରଇ ଶବଦ ଝୁମୁକା ପରି।
ଦେହରେ ପିନ୍ଧିଛି ଫୁଲୁକା ଘାଗରା, ରଙ୍ଗ ତା ନେଳି,
ଯଉବନ ତହୁଁ ଉବୁକି ଉବୁକି ପଡ଼େ ଉଛୁଳି।
ବିହି ଗଢ଼ିଅଛି କେଡ଼େ ଯତନେ,
ଦେଖିଲାରୁ ତାକୁ ଆଖି ମୋର ଲାଖି ରହିଲା କ୍ଷଣେ।

ଯାଇ ତାର ପାଶ ଦେଖିଲି ଯେବେ ମୁଁ ବୟନ କଳା,
ଲାଜକୁଳୀ ପରି ସରମେ ଝାଉଁଳି ପଡିଲା ବାଳା।

ତାର ଗୋରା ହାତେ, ଅଙ୍ଗୁଳି ଚମ୍ପକ କଳିକା ପରି,
ବାନ୍ଧୁଥାଏ ଗଣ୍ଠି ସଅଳ ସଅଳ ସୂତାକୁ ଧରି।
ମୁହଁ ଟେକି ବାରେ ସରମେ ତରୁଣୀ ଦେଲାରୁ ହସି,
ଲାଗିଲା ଯେମିତି ଭୁଇଁରେ ପଡିଲା ମୁକୁତା ଖସି।

କଥା ହେବା ପାଇଁ କଲି ପ୍ରୟାସ,
ନମ୍ର ଭରେ ଧୀରେ କହିଲି "ସଲାମ" ଯାଇ ତା ପାଶ।

ପ୍ରତ୍ୟୁତ୍ତର କିଛି ନକରି କେବଳ ଦେଲା ସେ ହସି,
ପୁଣି ଆଉ ଥରେ କହିଲି " ସଲାମ" ପାଶକୁ ଆସି।
ବଚନ ନକହି କଣେଇ କେବଳ ଦେଲା ସେ ଚାହିଁ,
ଲାଗିଗଲା ପୁଣି ଗାଲିଚା ବୁଣାରେ ଗଣ୍ଠି ପକାଇ।
ତାର ବୁଣା ଦେଖି ଭାବିଲି ଶିଖିବି ତା ଠାରୁ ମୁହିଁ
ଦୁଇ କାଠି ନେଇ ପକାଇଲି ଗଣ୍ଠି ତା ଆଗେ ଯାଇ।

ଦେଖାଇଲି ଯେବେ ଗଣ୍ଠି ମୋହର,
ମୋ ହାତରୁ ନେଇ ଖୋଲିଦେଲା ସିଏ ଗଣ୍ଠି ସଅଳ।

ପୁଛିଲି ତାହାକୁ କି ପାଇଁ ଖୋଲିଲା ଗଣ୍ଠି ମୋହର।
ନିରବେ କେବଳ ଚାହିଁଲା, ନଦେଇ ସିଏ ଉତ୍ତର।
ଯେତେ ବାର ମୁହିଁ ପକାଇଲି ଗଣ୍ଠି ଖୋଲିଲା ସିଏ,
ବଚନ ନକହି ମୁହଁକୁ କେବଳ ଅନଉ ଥାଏ।
ବିରକ୍ତିର ଭାବ ଜାଗିଲା ମନରେ ଏପରି ଦେଖି,
ନ ଦେଲେ ଉତ୍ତର ବୟନ କିପରି ପାରିବି ଶିଖି।

କଳି ପାରି ମୋର ମନର କଥା,
କହିଲାନି କିଛି ବୁଣିଲା ଝିଅଟି ନୁଆଁଇ ମଥା।

ସକଳ ପ୍ରଚେଷ୍ଟା ହେବାରୁ ବିଫଳ ଭାବିଲି ମନେ,
ପଦୁଟିଏ କଥା କହେ ନାହିଁ ଝିଅ କେଉଁ କାରଣେ।
ମୋର ଅପରାଧ କେଉଁଠାରେ ଭଲା ଖୋଜିଲି ବସି,
ତିକ୍ତ ମନୋଭାବ ହୋଇଲା ଉଦ୍ରେକ ନିରାଶେ ଭାସି।

ଲାଗିଲା ଯେପରି ଇଏ ତରୁଣୀ,
ଗର୍ବ ଅହଂକାରେ ଗଣ୍ଠି ଖୋଲି ଦେଇ କଥା କହେନି।

ଦେଖିଲି ଅଦୂରେ ପ୍ରୌଢ଼ା କେହି ଜଣେ ତନ୍ତରେ ବସି,
ବୁଣନ୍ତି ଗାଲିଚା, ମୋତେ ଦେଖିଲାରୁ ଚାହିଁଲେ ହସି।
ପୁଚ୍ଛିଲି "କି ପାଇଁ, କିଏ ଏ ତରୁଣୀ କହେନି କଥା,
କିବା ମୋର ଦୋଷ। ତାର ମନେ ମୁଁ ତ ଦେଇନି ବ୍ୟଥା।"
ମୋତେ ଅସହାୟ ହେବା ଦେଖି ପ୍ରୌଢ଼ା କହିଲେ ଧୀରେ,
"ଶୁଣ ମୋ ବଚନ, ତୋର କିଛି ଦୋଷ ନାହିଁ ବାବୁରେ।

ଅତି ଅଲିଅଳି ସିଏ ମୋ କନ୍ୟା,
ଯେଦିନୁ ପାଇଛି ସେ ଦିନୁ ମଣିଛି ନିଜକୁ ଧନ୍ୟା।

ହେଲେ ସେ ଜନମୁ ଅଟଇ ବଧିର, ଅଟଇ ମୁକ,
କାହୁଁ ବା ଶିଖିବ ବଚନ ବାବୁରେ, ଖୋଲିବ ମୁଖ।"
ଶ୍ରବଣ ମାତ୍ରକେ ଏଇ ପଦ କଥା ପ୍ରୌଢ଼ା ମୁଖରୁ,
ଲାଗିଲା ଯେପରି ଭୂଇଁ ଦବିଗଲା ପାଦ ତଳରୁ।
ମନରେ ଭାବିଲି, "କି ପାଇଁ ବିଧାତା ଏଡ଼େ ନିଠୁର,
ଏତେ ରୂପ ଦେଇ ଝିଅକୁ କରିଲା ମୁକ ବଧିର।

ଦହି ହେଲା ମନ, ହେଲା ଉଚ୍ଛନ୍ନ,
କିଆଁ ମୁଁ ଭାବିଲି ସିଏ ଅହଂକାରୀ, କାନ୍ଦିଲା ପ୍ରାଣ।

ନିରବେ ବିଷାଦେ ବସିଗଲି ଦଣ୍ଡେ ହୋଇ ମୁଁ ସ୍ଥିର,
ଆଢୁଆଳ କରି ଚାହିଁଲି ବାଳାକୁ ହୋଇ ଅଥିର।
ଇଚ୍ଛା ହେଉଥିଲା କୁଣ୍ଢାଇ ପକାନ୍ତି ପାଖକୁ ଯାଇ,
କରନ୍ତି ବିନତି, କ୍ଷମା କରିବାକୁ ମୋ ଦୋଷ ପାଇଁ।
କହିଲାନି ମନ ରହିବାକୁ ସେଠି ମୁହୂର୍ତ୍ତ ଏକ,
ଘର ଫେରି ଖାଲି ଭାବିଲି ତା କଥା ରାତିକ ଯାକ।

ତହିଁ ପରଦିନ ତା ପାଖେ ଯାଇ,
ପହଞ୍ଚିଲି ପୁଣି ଗାଲିଚା ବୟନ ଶିଖିବା ପାଇଁ।

ଆଗ ଦିନ ପରି ମୋତେ ଦେଖିଲାରୁ ଦେଲା ସେ ହସି,
ଯାହା ସେ ବୁଣିଲା ମନଧ୍ୟାନ ଦେଇ ତା ପାଖେ ବସି।
ଶିଖି ଚାଲିଲି ମୁଁ ଏକ ପରେ ଏକ ନୂଆ ଶଇଳି,
ବୁଣିଲି ସୁନ୍ଦର ଗାଲିଚା ତା ସାଥେ ଭଳି କି ଭଳି।
ଗୁରୁ ବୋଲି ତାକୁ ସେଇଦିନ ଠାରୁ ମାନିଲି ମୁହିଁ,
ବୁଝିଗଲି ତାର ମନ କଥା ତକ ମୁହଁକୁ ଚାହିଁ।

ଆଖିରେ ଦୁହିଁଙ୍କ ଆଖି ମିଳାଇ,
ଜାଣି ଯିବା ପରେ ମନରେ ଅବୁଝା ରହିଲା ନାହିଁ।

ଏମିତି ବିତିଲା ଦିବସ ରଜନୀ ବିତିଲା ମାସ,
ବସବାସ ମୋର ମାଜାର୍ ସହରୁ ହୋଇଲା ଶେଷ।
ତେଣୁ ଗଲି ଦିନେ ବିଦାୟ ନେବାକୁ ଗୁରୁଙ୍କ ପାଶ,
ଅବନତ ହୋଇ ନରମ ହାତକୁ କରି ପରଶ।
ଆଙ୍କି ଦେଇ ଚୁମା ନମ୍ର ସହକାରେ ରହିଲି ଚାହିଁ,
ଅଜାଣତେ ଗଲା ଦୁଇ ନୟନରୁ ଲୋତକ ବହି।

ହସ ବଦଳରେ ନୟନେ ତାଙ୍କ,
ଦେଖିଲି ଲୋତକେ ଭରି ଯାଇଥିଲା ଦିଓଟି ଯାକ।

କରିଲେ ଆଶିଷ ମୋର ମଥା ଛୁଇଁ ଚୁମ୍ବନ ଦେଇ,
ତାପରେ ବିଦାୟ ନେଇଥିଲି ମୁହିଁ ହାତ ହଲାଇ।
କିଛି ଦିନ ଅନ୍ତେ ବସାଇ ନିଜର ବୟନ ତନ୍ତ,
କରିଲି ବେଉସା, ଗାଲିଚା ତହିଁରେ ବୁଣି ବହୁତ।
ବିତିଲା ଏମନ୍ତେ ଅନେକ ବରଷ, ଜାଣେନି ସିଏ,
କେଉଁଠି କିପରି ରହନ୍ତି ଭାବିଲେ ହୃଦୟ ଦହେ।

ବିନା ବଚନରେ ଆଖିରେ ଆଖିରେ ଯେତକ କଥା,
ମନେ ପଡ଼ିଗଲେ ଏବେ ବି ହୃଦୟେ ଦିଅଇ ବ୍ୟଥା।

ଓମାର୍ କାଇସଙ୍କ "ଏ ଫୋର୍ଟ ଅଫ୍ ନାଇନ ଟାୱାରସ" ବହିର
ଏକ ଅଧ୍ୟାୟରେ ଥିବା ଲେଖା ଉପରେ ଆଧାରିତ।

ସାହିତ୍ୟ ପତ୍ରିକା "ସାହିତ୍ୟ ଚର୍ଚ୍ଚା" ରେ ପ୍ରକାଶିତ

ଦ୍ରୌପଦୀ

କପଟୀ ଶକୁନି ଦ୍ୟୁତ କ୍ରୀଡ଼ା ଡାକ
ଏଡ଼ାଇ ନପାରି ରାଜା ଯୁଧିଷ୍ଠିର,
ଛନ୍ଦି ହୋଇଗଲେ ଶକୁନି ଜାଲରେ
କୁହୁକ ପଶାରେ ହାରି ବହୁ ବାର।

ଏକ ପରେ ଏକ ପଣ ରଖି ଶେଷେ
ହରାଇ ବସିଲେ ସମସ୍ତ ସମ୍ପତ୍ତି,
ଏପରିକି ନିଜ ଭ୍ରାତା, କୁଳବଧୂ
ପଣ ହୋଇବାରୁ ନ ପାଇଲେ ମୁକ୍ତି।

ଯେବେ ଯୁଧିଷ୍ଠିର ହରାଇ ବସିଲେ
କୁଞ୍ଚିତ କୁନ୍ତଳା ଦ୍ରୁପଦନନ୍ଦିନୀ,
ଉଲ୍ଲସିତ ହୋଇ ଚିତ୍କାର ପୂର୍ବକ
ହର୍ଷ ଧ୍ୱନି କଲେ କର୍ଣ୍ଣ ଓ ଶକୁନି।

"ଯାଆ ଯାଆ ଦୁଃଶା ଭିଡ଼ିଆଣ ଯାଇ
ପାଞ୍ଚାଳ ନନ୍ଦିନୀ ଦ୍ରୌପଦୀଙ୍କୁ ଏବେ,
ଦାସୀ ହୋଇ ସିଏ କୌରବଙ୍କ ପାଶେ
ଦିବା ରାତ୍ର ଗୃହ ମାର୍ଜନା କରିବେ।"

ଏମନ୍ତ ଚିତ୍କାରେ ଯେବେ ଦୁର୍ଯ୍ୟୋଧନ
ଆଦେଶିଲା ଦୁଃଶାସନଙ୍କୁ ସଅଳ,
ଚଉଦିଗୁଁ ଖାଲି ଶୁଭିଲା ଧିକ୍କାର
ସଭାସଦ ବର୍ଗେ କଲେ କୋଳାହଳ।

ଖଳ ଦୁର୍ଯ୍ୟୋଧନ ଆଦେଶିବା ମାତ୍ରେ
ଦୁଃଶାସନ ଭିଡ଼ି ପାଞ୍ଚାଳୀଙ୍କ କେଶ,
ଘେନିଗଲା ଖରେ କୁରୁ ସଭା ସ୍ଥଳେ
ତାଚ୍ଛଲ୍ୟ ପୂର୍ବକ କରି ଅଟ୍ଟହାସ୍ୟ।

ଏକ ବସ୍ତ୍ରାବୃତା ରଜଃସ୍ୱଳା କୃଷ୍ଣା
ଦୁଶାଃସନ ହସ୍ତେ ଅସହାୟା ହୋଇ,
ଟାଣି ହୋଇ କରି ରୋଦନ ପୂର୍ବକ
ରାଜ ଦରବାରେ ପହଞ୍ଚିଲେ ଯାଇ।

ଏ କରୁଣ ଦୃଶ୍ୟ ଦର୍ଶନ କରନ୍ତେ
ଲଜ୍ୟା ଭରେ ସର୍ବେ କଲେ ମଥା ନତ,
ହେଲେ ଦୁର୍ଯ୍ୟୋଧନ ସମ୍ମୁଖରେ କେହି
କହିଲେନି ପଦେ, ହୋଇ ଭୟଭୀତ।

ଉଚ୍ଚ ସ୍ୱରେ "ଦାସୀ" କହି ଦୁଃଶାସନ
ଦ୍ରୌପଦୀଙ୍କୁ ଯେବେ କଲା ସମ୍ବୋଧନ,
କର୍ଣ୍ଣ ଓ ଶକୁନୀ ଅଟ୍ଟହାସ୍ୟ କରି
ଦୁଃଶାସନ ସାଥେ କଲେ ଯୋଗଦାନ।

ଲଜ୍ଜା ବିଜଡ଼ିତା ଦ୍ରୁପଦନନ୍ଦିନୀ
ସୁକୋମଳ ଦେହ ଥର ଥର ହୋଇ,
ଥରି ଯାଉଥିଲା ସତେକି ଯେସନେ
ରମ୍ଭାପତ୍ର ଝଡ଼ ବତାସେ ଥରଇ।

ଝର ଝର ଅଶ୍ରୁ ଝରି ଯାଉଥିଲା
ଅଶ୍ରୁ ଭରା ତାଙ୍କ ନୟନ ଯୁଗଳ,
ଲାଗୁଥିଲା ଯେହ୍ନେ ଭାଦ୍ରବ ଜାହ୍ନବୀ
ପ୍ଳାବିତ ହୁଅଇ ଲଘି ଦୁଇ କୂଳ।

ଘୋର ଅପମାନ ନିଭାଉଥିଲେ ବି
ନିଜକୁ ସଞ୍ଜତ କରିନେବା ପରେ,
ପୁଛିଲେ ପାଞ୍ଚାଳୀ ସଭାସଦ୍ ବର୍ଗେ
ପ୍ରଶ୍ନ ପରେ ପ୍ରଶ୍ନ କମ୍ପିତ କଣ୍ଠରେ।

ତାଙ୍କ ପ୍ରଶ୍ନ ବାଣେ କୁରୁସଭା ସ୍ଥଳ
କ୍ଷଣିକେ ହୋଇଲା ନିରବ ନିସ୍ତବ୍ଧ,
ସତେକି ଯେପରି ତୀକ୍ଷ୍ଣ ପ୍ରଶ୍ନ ମାନ
ସମସ୍ତଙ୍କୁ କରୁଥିଲା ଶର ବିଦ୍ଧ।

ଲାଗୁଥିଲା ଯେହ୍ନେ ମୁଖରୁ ତାଙ୍କର
ହେଉଅଛି ତପ୍ତ ଲାଭା ଉଦ୍ଗିରଣ,
ଯାହାର ସ୍ଫୁଲିଙ୍ଗ ନିମିଷେ ଭୂଧର
ଭସ୍ମ କରିବାରେ ହୋଇବ କାରଣ।

"ହେ ଗଙ୍ଗାପୁତ୍ର! ଦେବେ କି ଉତ୍ତର
କି ପାଇଁ ଭୋଗଇ ଆଜି ମୁଁ କଷଣ?
କିବା ମୋର ଦୋଷ? କିବା ମୋର ପାପ?
ସଭାସ୍ଥଳେ ମୁହିଁ ହୁଏ ହୀନିମାନ।

ଧର୍ମ ଅଧର୍ମର ରୀତି ନୀତି ଗତି
ଆପଣତ ବିଜ୍ଞ ଥିବ ସବୁ ଜଣା,
ନାରୀ ନିର୍ଯ୍ୟାତନା, ନାରୀ ଉତ୍ପୀଡ଼ନ
କେଉଁ ଧର୍ମଗ୍ରନ୍ଥେ ଧର୍ମ ବୋଲି ଗଣା?

ହେ ଦ୍ରୋଣାଚାର୍ଯ୍ୟ ! ଆପଣ ତ ଗୁରୁ
ଆପଣଙ୍କ ଶିକ୍ଷା ଭୁବନ ବିଦିତ,
କୁରୁସଭା ସ୍ଥଳେ ଆଜି ମୁହିଁ ନାରୀ
କେଉଁ ଅପରାଧେ ହୁଅଇ ଲାଞ୍ଛିତ ?

କହିବେକି ମୋତେ ହେ କୁରୁରାଜ !
ଆପଣଙ୍କ ପୁତ୍ର ମାନଙ୍କ ହସ୍ତରେ,
କୁରୁ କୁଳବଧୂ କିଆଁ ନିର୍ଯ୍ୟାତିତା
ସଭାସଦ ବର୍ଗ ମାନଙ୍କ ଆଗରେ ?

ଆପଣତ ସବୁ ବୀର, ସୁର ନର
ନ ପାରଇ ବୁଝି କିଂପା ନିଷ୍କରୁଣ ?
ଅନ୍ୟାୟ ଆଗରେ ମଥା ନତ କରି,
କି ପାଇଁ ସ୍ଥବିର, କି ପାଇଁ ମଉନ ?"

ଜଣ ଜଣ କରି ସର୍ବ ଗୁରୁଜନେ
ପ୍ରଶ୍ନ ପଚାରିବା ଅନ୍ତେ ଯାଜ୍ଞସେନୀ,
ଉଦ୍ଗାରିଲେ କ୍ଷଣେ ହଳାହଳ ବିଷ
ପଞ୍ଚ ପାଣ୍ଡୁପୁତ୍ରେ କହି କ୍ରୁର ବାଣୀ ।

"ହେ ପଞ୍ଚ ପତି ! ସରାଗରା ଧରା
ଜିଣିବାକୁ ଅଛି ତୁମର କ୍ଷମତା,
ହେଲେ ଆଜି କୁହ କିଆଁ ବସିଅଛ
କାପୁରୁଷ ପରି ନତ କରି ମଥା ।

ହେ ଧନଞ୍ଜୟ ମଧ୍ୟମ ପାଣ୍ଡବ !
କାହିଁ ଗଲା ତୁମ ଗାଣ୍ଡୀବ ଟଙ୍କାର ?
ପବନ କୁମର ଆହେ ଭୀମସେନ !
କାହିଁଗଲା ତୁମ ଗଦାର ପ୍ରହାର ?"

ପାଞ୍ଚାଳୀ ପ୍ରଶ୍ନର ଉତ୍ତର ତ ଛାଡ଼
ସଭିଏଁ ରହିଲେ, ନତ ମଥା ହୋଇ,
କୃଷ୍ଣାଙ୍କୁ ଉଲ୍ଲଗ୍ନ କରିବାକୁ ଦୁଃଶା
ହୋଇଲା ଉଦ୍ୟତ ସେ ସୁଯୋଗ ନେଇ।

ଭିଡ଼ି ଧରି ନିଜ ବସ୍ତ୍ର ନିଜେ କୃଷ୍ଣା
ରହିଲେ ଅନାଇ ବିକଳ ନଜରେ,
ଏତେ ବୀର ଥାଉଁ ଥାଉଁ ଯଦି କାହୁଁ
କିଞ୍ଚିତ ସାହାଯ୍ୟ ମିଳିଯାଇ ପାରେ।

କିଛି କ୍ଷଣ ଅନ୍ତେ ଶେଷକୁ ତାଙ୍କର
କ୍ଷୀଣ ଆଶାତକ ହେବାରୁ ନିଶ୍ଚିହ୍ନ,
ଅଙ୍ଗ ବସ୍ତ୍ର ଛାଡ଼ି ବେନି କର ଯୋଡ଼ି
ଊର୍ଦ୍ଧମୁଖୀ ହୋଇ ହେଲେ ଧ୍ୟାନମଗ୍ନ।

ନିଜକୁ ସଂପୂର୍ଣ୍ଣ ସମର୍ପି ସ୍ମରିଲେ
“ହେ ସଖା କୃଷ୍ଣ, ଦେବକୀ ନନ୍ଦନ!
କି ଅବା ରହିଛି ତୁମକୁ ଅଛପା
ଦୁରାତ୍ମାଙ୍କ ହାତେ ହୁଏ ମୁଁ ଉଲଗ୍ନ।

ଆହେ ଜନାର୍ଦ୍ଦନ ମୁରଲୀମୋହନ!
ଦୁଃଖ ନାଶନ, ବଇରି ଗଞ୍ଜନ,
ଅସହାୟା ମୁହିଁ ଏପରି ଲଜ୍ଜାରୁ
ରକ୍ଷାକର ବାରେ, ପଶିଲି ଶରଣ।

ଏମନ୍ତ ବୋଲନ୍ତେ ଦ୍ରୁପଦ ନନ୍ଦିନୀ
ଚାହୁଁ ଚାହୁଁ କାହୁଁ ଆସି ବସ୍ତ୍ରମାନ,
ଧରଣୀରୁ ଯାଇ ଛୁଇଁଲା ଅମ୍ବର
ନ ପାରିଲା ଭିଡ଼ି ଆଉ ଦୁଃଶାସନ।

ଧର୍ମ ସତୀତ୍ୱର ଏପରି ମହିମା
ଦେଖି ସଭାଜନେ ହେଲେ ଆଚମ୍ବିତ,
ଶେଷେ ଯାଜ୍ଞସେନୀ ସଖା କୃଷ୍ଣ ବଳେ
ବଞ୍ଚାଇ ପାରିଲେ ନିଜର ମହତ।

ଏବେ ବି ପାଞ୍ଚାଳୀ ଦିନ ପ୍ରତିଦିନ
ପୁରୁଷଙ୍କ ହାତେ ହୁଅନ୍ତି ଧର୍ଷିତା,
ଦେଖିବାକୁ ମିଳେ ସମାଜ ମଧ୍ୟରେ
ପୁଂ ପ୍ରତିପତ୍ତି କ୍ରୁର ନୃଶଂସତା।

ଆଜି ବି ସମାଜେ ଅଛନ୍ତି ଶକୁନି
କର୍ଣ୍ଣ ଦୁଃଶାସନ ଦର୍ପି ଦୁର୍ଯ୍ୟୋଧନ,
ନାହାନ୍ତି କେବଳ ମାନ ରଖିବାକୁ
ଚକ୍ରୀ ଚକ୍ରଧାରୀ ସେ ମଧୁସୂଦନ।

ସେ ପାଇଁ ନାରୀକୁ ଦୁର୍ବୃର୍ତ୍ତ କବଳୁ
ବଞ୍ଚିବାକୁ ହେଲେ ଆଜି ଦୁନିଆରେ,
କେବଳ ନୁହଁଇ ନର ଅବା ନାରୀ
ସଭିଙ୍କ ଦାୟିତ୍ୱ ସମାଜ ମଧ୍ୟରେ।

ଈଶ୍ୱର ସୃଷ୍ଟିରେ ନାରୀ ଓ ପୁରୁଷ
ଦୁଇ ଗୋଟି ପୁଷ୍ପ ଏକଇ ବୃନ୍ତର,
ନାରୀ ଓ ପୁରୁଷ ବିଭେଦ ନ ରହି
ସଭିଙ୍କର ରହୁ ସମ ଅଧିକାର।

ଶୂନ୍ୟ ମନ୍ଦିର

ବିନମ୍ରେ ସଧୀରେ ଭାଷିଲେ ସନ୍ୟାସୀ
"ମନ୍ଦିର ଭିତରେ କାଇଁ,
ଲାଗୁନି ତ ମୋତେ ଅଛନ୍ତି ଦେବତା
ପୂଜା ଆରାଧନା ପାଇଁ" ।
ଏମନ୍ତ ବଚନ ଶ୍ରବଣ ମାତ୍ରକେ
କ୍ରୋଧ ଜର୍ଜରିତ ହୋଇ,
ଗର୍ଜିଲେ ରାଜନ " ହେ ନାସ୍ତିକ ସାଧୁ
ଏକଥା କୁହ କିମ୍ପାଇଁ ?

ରତ୍ନ ସିଂହାସନେ ସୁବର୍ଣ୍ଣ ବିଗ୍ରହ
ଯଥାମାନ୍ୟ ପୂଜା କରି,
ସ୍ଥାପିଚି ଦେବଙ୍କୁ ତଥାପି କହୁଚ
ମନ୍ଦିର ଶୂନ୍ୟ, କିପରି ?"
"ଶୂନ୍ୟ ନୁହେଁ ରାଜା" କହିଲେ ସନ୍ୟାସୀ
"ଦେଖଇ ମନ୍ଦିର ସାରା,
ନିଜର ସ୍ଥାପନା ସହିତେ ହେ ରାଜା
ରାଜକୀୟ ଦର୍ପ ଭରା ।"

ଭ୍ରୂକୁଞ୍ଚନ କରି କହନ୍ତି ରାଜନ
"ଶୁଣ ସାଧୁ କଥା ମୋର,
ବିଂଶ ଲକ୍ଷ ସ୍ୱର୍ଣ୍ଣ ମୁଦ୍ରା ବିନିମୟେ
ନିର୍ମିତ ଏହି ମନ୍ଦିର ।

ହିରା ନିଳା ମଣି ଖଚିତ, ଶିଖର
ଚୁମ୍ବଇ ଯାର ଅମ୍ବର,
ପୂଜା ନଇବେଦ୍ୟେ କରିଛି ସ୍ଥାପନା
ତନ୍ମଧରେ ଦେବଙ୍କର।

ଆଉ ତୁମେ କୁହ ନାହାନ୍ତି ଦେବତା
ଏଡ଼େ ଆସ୍ପର୍ଦ୍ଧା ତୁମର।"
ତଥାପି ସଧୀରେ କହିଲେ ସନ୍ୟାସୀ
"ଶୁଣ ରାଜା କଥା ମୋର।
ଯେ ସନ ପଡିଲା ମରୁଡ଼ି ଦୁର୍ଭିକ୍ଷ
ରାଜ୍ୟ ସାରା ହାହାକାର,
ସାହାଯ୍ୟ ଆଶାରେ ପ୍ରଜାଗଣେ ଆସି
ପହଞ୍ଚିଲେ ରାଜ ଦ୍ୱାର।

ବୃଥା ଗଲା ହେଲେ ତାଙ୍କର ପ୍ରାର୍ଥନା
କାନ୍ଦି କାନ୍ଦି ଗଲେ ଫେରି,
ଅରଣ୍ୟ ଗୁହାରେ ତରୁଛାୟା ତଳେ
ରହିଲେ ଭାଗ୍ୟ ଆଦରି।
ତୃଷା ଅନାହାରେ କାଟିଲେ ଜୀବନ
ଆବାଳ ବୃଦ୍ଧ ବନିତା,
"ହା ଅନ୍ନ ହା ଅନ୍ନ" କରିଲେ ଚିତ୍କାର
କଙ୍କାଳ ସାର ଜନତା।

ସେଇ ବର୍ଷ ରାଜା ଏଇ ସ୍ୱର୍ଣ୍ଣ ଦୀପ୍ତ
ମନ୍ଦିର ହୋଇ ନିର୍ମିତ,
ସମର୍ପିତ ହେଲା ଦେବଙ୍କ ନିମନ୍ତେ
ଯା' ପାଇଁ ତୁମେ ଗର୍ବିତ।
ହେଲେ ସେଇ ଦିନ ଦେଖି ଏ ଘଟଣା
କହିଗଲେ ଭଗବାନ,

ଦର୍ପ ଅହଙ୍କାରେ ଭରା ଯେ ମନ୍ଦିର
ନୋହିବ ମୋର ଆସ୍ଥାନ।

ଅନନ୍ତ ଆକାଶେ ଅଗଣ୍ୟ ତାରକା
ତା' ତଳେ ଆସ୍ଥାନ ମୋର,
ଯହିଁ ସତ୍ୟ ଶାନ୍ତି ଦୟା ପ୍ରେମ ବାରି
ଝରୁଅଛି ନିରନ୍ତର।
ଦେଇ ପାରେ ନାହିଁ ଯେଉଁ ରାଜା ଅନ୍ନ
ବସ୍ତ୍ର ବାସ ପ୍ରଜାଗଣେ,
ସେ ପୁଣି କରିବ ଦାନ ବାସ ମୋତେ
ବାନ୍ଧିବ ମୋତେ ବନ୍ଧନେ।

ଏହା କହି ଚାଲି ଗଲେ ଭଗବାନ
ପଥ ପ୍ରାନ୍ତେ ତରୁତଳେ,
କଟାଇଲେ ଦିନ, ଦୀନ ନାଥ ହୋଇ
ଦୀନ ଦରିଦ୍ରଙ୍କ ମେଳେ।
ଅଗାଧ ସମୁଦ୍ର ମଧ୍ୟେ ଫେନ ସମ
ଶୂନ୍ୟତା ମନ୍ଦିରେ ଆଜି,
ବିଶ୍ୱ ବୁକୁ ପରେ ରହିଗଲା ଆଜି
ଦର୍ପର ବୁଦ୍‌ବୁଦ ସାଜି।"

ଏହା ଶୁଣି ରାଜା କ୍ରୋଧାନଳେ ଜଳି
କହିଲେ, "ଆହେ ପାମର!
ସାଧୁ ନୁହଁ ତୁମେ ଭଣ୍ଡ, ମୋର ରାଜ୍ୟ
ଏହି କ୍ଷଣି ତ୍ୟାଗ କର"।
ସଧୀରେ ବିନମ୍ରେ ଭାଷିଲେ ସନ୍ୟାସୀ
"ସକଳେ ଅଛନ୍ତି ଯହିଁ,
ସେଠାକୁ ହେ ରାଜା କର ନିର୍ବାସନ
ସେଇଠି ରହିବି ମୁହିଁ।

(ରବି ଠାକୁରଙ୍କ ଲେଖାର ଛାୟାରେ ଲିଖିତ କବିତା)

ସତୀ ନିର୍ବାସନ

ସୁମିତ୍ରା ନନ୍ଦନ ସାରଥିଙ୍କ ସାଥେ
ବୈଦେହୀଙ୍କୁ ଘେନି ରଥେ,
ଅଗ୍ରଜ ଆଦେଶ ପାଳନ ନିମନ୍ତେ
ବାହାରିଲେ ବନ ପଥେ।

ମନ୍ଥର ଗତିରେ ରଥ ଚାଲୁଥାଏ
ପାରି ହୋଇ ବନ ଭୂଇଁ,
ଚକିତ ନୟନେ ଦେଖୁଥାନ୍ତି ସୀତେ
ଏ ପଟ ସେ ପଟ ଚାହିଁ।

ବନ ଦୃଶ୍ୟ ଦେଖି କହନ୍ତି ଲକ୍ଷ୍ମଣେ,
"ଆହା, କେଡ଼େ ମନଲୋଭା,
ଦେଖ ହେ ଲକ୍ଷ୍ମଣ! ଦେଖ ଦେଖ, ଘୋର
ଘନ ବନସ୍ପତି ଶୋଭା।

କୁରଙ୍ଗ କୁରଙ୍ଗୀ ନିର୍ଭୟେ ନିର୍ବିଘ୍ନେ
ଡେଇଁ କରୁଛନ୍ତି କେଳି,
କେତେ କେତେ ସୁରେ ଶୁଭୁଅଛି ଶୁଣ
ବନ ବିହଗ କାକଳି।

ଜାତି ଜାତି ବନ ପୁଷ୍ପେ ବନତଳ
ବହୁରଙ୍ଗେ ବିମଣ୍ଡିତ,
ବାସ ଯା'ର ବୋହି ନେଇ ବିତରଇ
ଦିଗ ଦିଗନ୍ତେ ମାରୁତ ।

ନାନା ରଙ୍ଗେ ନାନା ଜାତି ପ୍ରଜାପତି
ପୁଷ୍ପ ଦଳ ପରେ ବସି,
ପଙ୍ଖ ଦୋହଲାଇ ମନ ଆନନ୍ଦରେ
ମଧୁ ନେଉଛନ୍ତି ଶୋଷି ।

ସ୍ୱଚ୍ଛନୀରା ଝର ଝରି ଝରି ଯାଇ
କରେ କୁଳୁ କୁଳୁ ସ୍ୱନ,
ଜଳ ବିହଙ୍ଗମ ପଙ୍ଖ ଝାଡ଼ି ଝାଡ଼ି
କରୁଛନ୍ତି ସନ୍ତରଣ ।

"ଭାବି ନ ଥିଲି ମୁଁ, " କହନ୍ତି ବୈଦେହୀ,
"ଦେଖଇ ଯା' ବେନି ଡୋଳେ,
ଆହା, କି ସୁନ୍ଦର, କେଡ଼େ ଅନୁପମ
ପ୍ରକୃତି, ଧରିତ୍ରୀ କୋଳେ ।"

ନିଘଞ୍ଚ କାନନ ଶୋଭା ଦରଶନେ
ସୀତାଙ୍କ ଗହନ ମନ,
(ହେଲେ) ଝୁରି ହେଉଥାଏ ରାମଙ୍କ ବିହୁନେ
କ୍ଷଣ କ୍ଷଣ ପ୍ରତିକ୍ଷଣ ।

ଆସୁଥାଏ ପ୍ରଶ୍ନ କିପାଁ ରଘୁବୀର
ଦେବରଙ୍କ ରଥେ ମୋତେ,
ପଠାଇ ଅଛନ୍ତି ବନ ଦୃଶ୍ୟ ଦେଖି
ସ୍ୱୟଂ ନ ଆସି ମୋ ସାଥେ ।

କିଛିକ୍ଷଣ ଅନ୍ତେ ସାରଥି ରଖନ୍ତେ
ଭାଗିରଥି ତୀରେ ରଥ,
ରଥରୁ ଓହ୍ଲାଇ ଚଉଦିଗେ ଚାହିଁ
ସୀତା ହେଲେ ବିମୋହିତ।

ହରିଣ ହରିଣୀ ମାନଙ୍କୁ ସମୀପେ
ଜନକ ଦୁହିତା ପାଇ,
ଆଉଁଶି ଦିଅନ୍ତି ସଯତନେ ସ୍ନେହେ
ଅତି ଆନନ୍ଦିତ ହୋଇ।

ବେଳ କାଳ ଦେଖି ଯୋଡ଼ି ବେନି କର
ଲକ୍ଷ୍ମଣ ସୀତାଙ୍କୁ ଚାହିଁ,
କହିଲେ "ହେ ମାତ ! କ୍ଷମା କରି ଦିଅ
ଏ ଅଧମ ଦୋଷ ପାଇଁ।

ଅଗ୍ରଜଙ୍କ ଆଜ୍ଞା ପାଳିବାକୁ ହେବ
ତାଙ୍କ ଆଗେ ମୁହିଁ ଛାର,
ଛାଡ଼ିଯିବି ମୁଁ ଯେ ତୁମକୁ ଏ ବନେ
ହୃଦୟ କରି ପଥର।"

ସଜଳ ନୟନେ ସୁମିତ୍ରା ନନ୍ଦନ
ସ୍ପର୍ଶି ସୀତାଙ୍କ ଚରଣ,
ଫେରାଇଲେ ରଥ ବୈଦେହୀଙ୍କୁ ତେଜି
ଶୋକାକୁଳ ଭଗ୍ନ ମନ।

ଘନ ଘୋର ନାଦେ ରଥର ଶବଦେ
ବନ ଭୂଇଁ ଗଲା ଥରି,
ସୌମିତ୍ରିଙ୍କ ନେତ୍ରୁ ଝର ଝର ହୋଇ
ଲୁହ ଯାଉଥାଏ ଝରି।

ଡିନ୍ତି ଯାଉଥାଏ ଅଙ୍ଗ ବସ୍ତ୍ର ତାଙ୍କ
ତିନ୍ତି ଯାଉଥିଲା ଧନୁ,
କମ୍ପିତ ହୃଦୟ ଫାଟି ପଡୁଥିଲା
ତିନ୍ତି ଯାଉଥିଲା ତନୁ।

ଚଳନ୍ତି ରଥକୁ ହତଜ୍ଞାନ ହୋଇ
ସୀତେ ଦେଖୁଥାନ୍ତି ଦୂରେ,
ଫେରି ଯାଉଥାନ୍ତି ଅଯୋଧ୍ୟା ନଗରେ
ଲକ୍ଷ୍ମଣ ବେଗେ ରଥରେ।

ତଡ଼ିତ ବେଗରେ ଘଞ୍ଚ କାନନରେ
ଅଦୃଶ୍ୟ ହୋଇଲା ରଥ,
କ୍ଷଣିକେ ଜାନକୀ ଭୂପତିତା ହୋଇ
ନିମିଷେ ଗଲେ ମୂର୍ଚ୍ଛିତ।

ଏ ଦୃଶ୍ୟ ଦେଖନ୍ତେ ପଶୁ ପକ୍ଷୀଗଣ
କ୍ଷଣେ ହୋଇଗଲେ ସ୍ଥିର,
ଶୁଭିଲାନି ଆଉ ବିହଗ କାକଳି
ବହିଲାନି ଝରେ ନୀର।

ଅନ୍ଧକାରାଚ୍ଛନ୍ନ ହୋଇଲା ଅମ୍ବର
ମେଘ ଉହାଡ଼େ ସୂରୁଜ,
ବଦନ ଢାଙ୍କିଲେ ଶୋକାକୁଳେ ଦେବ,
ଦିନ ଦିଶେ ଯେହ୍ନେ ସଞ୍ଜ।

ଶୋକ ସନ୍ତାପିତେ ଇନ୍ଦ୍ର ବରଷିଲେ
ଜାନକୀଙ୍କ ପରେ ବାରି,
ଲଭିଲେ ଚେତନା କିଛିକ୍ଷଣ ଅନ୍ତେ
ବୈଦେହୀ ରଘୁ ସୁନ୍ଦରୀ।

ଆକୁଳେ ବିକଳେ ଘୋର ଅନ୍ଧକାରେ
ଝରାଇ ନୟନୁ ଲୁହ,
ବିଳପିଲେ ସତୀ ଜନକ ନନ୍ଦିନୀ
ବୁକୁରେ ଅମାପ କୋହ।

"ଆହେ ରଘୁବୀର! ହେ ଦୟା ସାଗର!
କିଆଁ ଦେଲ ନିର୍ବାସନ?
କାହାର ଶରଣ ପଶିବ ଏ ଦାସୀ
ପୁଛେ ମୋ ଦଗ୍ଧ ପରାଣ।

କୁହ ଦାଶରଥି କିପରି ବଞ୍ଚିବି
ଏ ବନେ ମୁଁ ଏକାକିନୀ,
କିଏ ମୋ ଭରସା ଏ ଘୋର କାନନେ
ହେବ ମୋ ରକ୍ଷାକାରିଣୀ?

କେମନ୍ତେ କୁହ ଗୋ କାଟିବି ମୁଁ ଦିନ
ନ ଦେଖି ତବ ଶ୍ରୀମୁଖ,
ଏ କାଙ୍ଗାଳିନୀର ଏ କି ମନ୍ଦ ଦଶା
ଭାବି ହୋଇଯାଏ ମୂକ।

ଏ ଅଭାଗିନୀର ଭାଗ୍ୟ କାହିଁ ଆଉ
ଶୁଣିବ ତୁମ ବଚନ,
ମୃତ୍ୟୁ ଶ୍ରେୟସ୍କର ବଞ୍ଚି ରହିବାର
କିବା ଆଉ ପ୍ରୟୋଜନ।

ମୁହିଁ ଅନ୍ତଃସତ୍ତ୍ୱା ତୁମରି ସଙ୍ଗମେ
ଏହା ତୁମେ ଜାଣ ନାହିଁ,
କିପରି ପାଳିବି ଶାବକକୁ ବନେ
ବୁଦ୍ଧି ମୋତେ ନ ଦିଶଇ।

ତୁମ ପଦ ବିନା ଭାବିନାହିଁ କେବେ
ପୂଜିବି କାହା ପୟର,
କିପରି ଭାବିଲ ମୁଁ ଅଟେ ଅସତୀ
କୁହ ତୁମେ ରଘୁବୀର।

ତୁମେ ପରା ପ୍ରଭୁ ପୁରୁଷୋତ୍ତମ
ଏ କେଉଁ ପୁରୁଷାକାର ?
ଏ ଅଭାଗିନୀକୁ ନିର୍ବାସିତ କରି
କି ଯଶ ହେବ ତୁମର ?"

ବିଳପି ବିଳପି ପାହିଲା ରଜନୀ
ସୂରୁଜ ଆସିଲେ ଉଇଁ,
କୁସୁମ ଚୟନେ ମୁନି କନ୍ୟା ଯେବେ
ଆଶ୍ରମୁ ଆସିଲେ ଧାଇଁ।

ଶୁଣିଲେ ଅଦୂରେ ଅବଳା କ୍ରନ୍ଦନ
ଶୁଭୁଅଛି କଇଁ କଇଁ,
କିଏ ସେ ଅବଳା, ଧାଇଁ ଗଲେ ପାଶେ
ସଅଳ ଜାଣିବା ପାଇଁ।

ଅନିନ୍ଦ୍ୟ ସୁନ୍ଦରୀ ରୂପରୁ ଜାଣିଲେ
ଉଚ୍ଚ କୁଳଜାତ ନାରୀ,
କି ଏ ସୁନ୍ଦରୀ ଗର୍ଭବତୀ ନାରୀ
ବନେ ଆସିଲେ କିପରି ?

ମୁନି କନ୍ୟା ତାଙ୍କ ପଣତେ ସରାଗେ
ନୟନୁ ପୋଛି ଲୋତକ
ଘେନି ଗଲେ ସାଥେ ବାଲ୍ମିକୀ ଆଶ୍ରମେ
ସାଦରେ ସ୍ନେହ ପୂର୍ବକ। ▪

ସାବିତ୍ରୀ ଓ ସତ୍ୟବାନ

॥ ୧ ॥

ପୂର୍ବେ ମଦ୍ରଦେଶେ ରାଜା ଅଶ୍ୱପତି
ସୁଖ ଶାନ୍ତି ଭରେ ପାଳୁଥିଲେ ପ୍ରଜା,
ସତ୍ୟନିଷ୍ଠ ଧର୍ମୀ ପ୍ରଜାପ୍ରାଣ ବୋଲି
ରାଜାଙ୍କର ସଦା ଉଡୁଥିଲା ଧ୍ୱଜା ।
ହେଲେ ନିଃସନ୍ତାନ ଥିବାରୁ ରାଜନ
ନିତ୍ୟ ପୂଜା ଜପେ କାଟୁଥିଲେ କାଳ,
ଅଠର ବରଷ ତପସ୍ୟାର ବଳେ
କନ୍ୟା ରୂପେ ତାଙ୍କୁ ପ୍ରାପ୍ତ ହେଲା ଫଳ ।

ଅଶ୍ୱପତି ରାଜା ରଖିଲେ ସାନନ୍ଦେ
ସୁପୁତ୍ରୀଙ୍କ ନାମ ସାବିତ୍ରୀ ନାମରେ,
ଅତି ଅଲିଅଳି ଗେଲ ବସରର
ହୋଇ ସେ ବଢ଼ିଲେ ରାଜ ନଅରରେ ।
ଲାଗୁଥିଲେ ଯେହ୍ନେ ଶୁକ୍ଳ ପକ୍ଷ ଚାନ୍ଦ
ବଢୁଅଛି ଧୀରେ ବିଛୁରି ସୋମାଭା,
ଯଉବନ ପ୍ରାପ୍ତି ହୁଅନ୍ତେ ସାବିତ୍ରୀ
ଅଙ୍ଗରୁ ସ୍ଫୁରିଲା ତେଜସ୍ୱିନୀ ଆଭା ।

ରୂପ ଲାବଣ୍ୟରେ ଦେବୀମନ୍ତ ତେଜ
ସାବିତ୍ରୀଙ୍କ ଅଙ୍ଗୁ ହେଲା ବିଛୁରିତ,

ବିବାହ ଆଶାୟୀ ରାଜପୁତ୍ର ଗଣେ
ସେ ରୂପ ଦେଖନ୍ତେ ହେଲେ ଭୟଭୀତ।
ସେପାଇଁ ରାଜନ ସାବିତ୍ରୀଙ୍କୁ ଡାକି
ସ୍ପଷ୍ଟ କରିଦେଲେ ତାଙ୍କ ମନ ବାଞ୍ଛା,
"ନିଜେ ଅନ୍ୱେଷଣ କର ବରପାତ୍ର
ରୂପ ଗୁଣବାନ ଯିଏ ତୁମ ଇଚ୍ଛା।"

ଏହା ଶୁଣି କନ୍ୟା ସଲ୍ଲଜ ପୂର୍ବକ
ଦଣ୍ଡବତ କଲେ ପିତାଙ୍କୁ ତାଙ୍କର,
ତହିଁ ପରଦିନ ଅମାତ୍ୟଙ୍କ ସାଥେ
ରଥ ଚଢ଼ି ହେଲେ ପ୍ରାସାଦୁ ବାହାର।
ଦେଶ ପରେ ଦେଶ ବନ ଉପବନ
ଭ୍ରମିଲେ ସାବିତ୍ରୀ ଉତ୍ସାହ ସହିତ,
ନାନା ମୁନି ଋଷି ଦ୍ୱିଜ ଗୁଣୀଜନେ
ଜଣ ପରେ ଜଣେ କରିଲେ ସାକ୍ଷାତ।

ଶେଷରେ ମିଳିଲେ ଶାଲ୍ୱଦେଶ ରାଜା
ଦ୍ୟୁମତସେନଙ୍କୁ ଘୋର ବନସ୍ତରେ,
ପତ୍ନୀ ପୁତ୍ର ଧରି କରୁଥିଲେ ସିଏ
କୁଟୀରରେ ବାସ ନିରାଡ଼ମ୍ବରରେ।
ଦ୍ୟୁମତସେନଙ୍କ ପରିଚୟ ପରେ
ସାବିତ୍ରୀ ଜାଣିଲେ ଘଟଣା ସମସ୍ତ,
ଭାଗ୍ୟ ବିପର୍ଯ୍ୟୟେ ଅନ୍ଧ ହୋଇବାରୁ
ଶତ୍ରୁମାନେ କଲେ ରାଜ୍ୟ ଅପହୃତ।

ଏବେ ଯୁବା ତାଙ୍କ ପୁତ୍ର ସତ୍ୟବାନ
ରୂପରେ ଗୁଣରେ ନ ବଳିବେ କେହି,
ପ୍ରଥମ ଭେଟରେ ସାବିତ୍ରୀଙ୍କ ହୃଦେ
ତାଙ୍କ ପ୍ରତିଛବି ଗଲା ଆଙ୍କି ହୋଇ।

ପତିଦେବ ରୁପେ ହୃଦୟ ମନ୍ଦିରେ
ଯେବେ ଥାପିବାର ମନେ କଲେ ସ୍ଥିର,
ପିତାଙ୍କୁ ସଅଳ ଦେବାକୁ ସମ୍ବାଦ
ଉଚ୍ଛୁଳିଲା ମନ ହୋଇଲେ ଅସ୍ଥିର।

॥ ୨ ॥
ନଦ ନଦୀ ଝର କାନନ କାନ୍ତାର
ଅତିକ୍ରମ କରି ରଥ,
ଫେରି ଆସୁଥାଏ ରାଜ ନବରକୁ
ଡେଇଁ ଅଙ୍କା ବଙ୍କା ପଥ।
ରାସ୍ତା ଦୁଇ ଧାରେ ଦୋହୋଲି ସମୀରେ
ମଥା ନତ କରି ଡାଳ,
ପିଟି ହେଉଥାଏ ରଥ ପରେ ଆସି
ଦେହେ ବହି ଫୁଲ ଫଳ।

ବନ ପକ୍ଷୀମାନ କରୁଥାନ୍ତି ସ୍ୱନ
ଝାଡ଼ି ଝାଡ଼ି ପଙ୍ଖ ଦୁଇ,
ହରିଣ ହରିଣୀ ସୁଖେ କ୍ରିଡ଼ାରତ
ବନେ ଛନ ଛନ ହୋଇ।
ସୁନ୍ଦରୀ ସାବିତ୍ରୀ ଏ ଦୃଶ୍ୟ ଦେଖନ୍ତେ
ମୁଗ୍ଧେ ବେନି ନେତ୍ର ମେଲି,
ପିଇ ଯାଉଥାନ୍ତି ପ୍ରକୃତି ମଦିରା
ତୃଷାର୍ତ୍ତ ହୃଦୟ ଖୋଲି।

ମାନସ ପଟକୁ ଯେବେ ଆସୁଥାନ୍ତି
ଯୁବରାଜ ସତ୍ୟବାନ,
ତାଙ୍କ ରୂପ ଗୁଣ ମନେ ଉଙ୍କି ମାରି
ମୋହିତ କରଇ ପ୍ରାଣ।
ପୁଣି କେବେ ଥରେ ହୋଇବ ସାକ୍ଷାତ

ଭାବି ମନ ଉତ୍କଣ୍ଠିତ,
ଏମନ୍ତ ସମୟେ ପ୍ରାସାଦ ସମ୍ମୁଖେ
ଆସି ପହଞ୍ଚିଲା ରଥ।

ଅଲିଅଳି କନ୍ୟା ଆଗମନ ଜାଣି
ରାଜା ଅଶ୍ୱପତି ଖରେ,
ସମ୍ଭାଳି ନପାରି ପାଛୋଟି ନେବାକୁ
ପହଞ୍ଚିଲେ ରାଜ ଦ୍ୱାରେ।
ତାଙ୍କ ସାଥେ ଥିଲେ ଦେବର୍ଷି ନାରଦ
କରିବା ପାଇଁ ସ୍ୱାଗତ,
ରଥରୁ ଓହ୍ଲାଇ ସାବିତ୍ରୀ ଦୁହିଁଙ୍କୁ
ଜଣାଇଲେ ଦଣ୍ଡବତ।

ଅତି ଆନନ୍ଦରେ ଗଦଗଦ ହୋଇ
ଗପିଗଲେ ସବୁ କଥା,
ପିତାଙ୍କୁ ସଅଳ କଲେ ଅବଗତ
ସମସ୍ତ କୁଶଳ ବାର୍ତ୍ତା।
ଦ୍ୟୁମତସେନଙ୍କ ପୁତ୍ର ସତ୍ୟବାନ
ରୂପ ଗୁଣେ ଅଧିକାରୀ
ହୋଇଥିବା ଯୋଗୁଁ, ବର ହିସାବରେ
ହୃଦେ ନେଇଛନ୍ତି ବରି।

ଶୁଣନ୍ତେ ଏ ବାର୍ତ୍ତା ଦେବର୍ଷି ନାରଦ
ନିରବିଲେ କିଛି କ୍ଷଣ,
ଉଚିତ ଭାବିଲେ କରିବେ ପ୍ରକାଶ
ଭିତର ରହସ୍ୟମାନ।
“ସତ୍ୟବାନ ରୂପ ଗୁଣେ ଅଧିକାରୀ
ଇଏତ ଅଟେ ନିଶ୍ଚିତ,
ମାତ୍ର ବିଡ଼ମ୍ବନା ଏଥିରେ ଜଡ଼ିତ
ଥିବାରୁ ହେଲେ ବିବ୍ରତ।

ବିଡ଼ମ୍ବନା ତକ ସଭିଙ୍କ ଆଗରେ
ମହର୍ଷି କଲେ ପ୍ରକାଶ,
"ଆଜି ଠାରୁ ମାତ୍ର ଗୋଟିଏ ବରଷ
ସତ୍ୟବାନଙ୍କ ଆୟୁଷ।"
ଶ୍ରବଣ ମାତ୍ରକେ ଅଶ୍ୱପତିଙ୍କର
ଶ୍ରୀମୁଖ ଗଲା ଝାଉଁଳି,
ଯେସନେ ଅରୁଣ କିରଣେ ଝାଉଁଳି
ପଡ଼ଇ ଗଙ୍ଗଶିଉଳି।

ରହିଯାଇ କ୍ଷଣେ କହିଲେ ପୁତ୍ରୀଙ୍କୁ
"ଅଳ୍ପାୟୁ ପତି ଏପରି,
ହେବ ଅନୁଚିତ ଜାଣୁ ଜାଣୁ ପୁଣି
ଯଦି ନିଅ ତୁମେ ବରି।
ଅଭିପ୍ରାୟ ମୋର ପୁଣି ଯାଇ କର
ନୂତନ ପାତ୍ର ସନ୍ଧାନ,
ହୋଇଥିବ ଯିଏ ଦୀର୍ଘାୟୁ ସୁନ୍ଦର
ବୀର ଶୂର ଗୁଣବାନ।"

କହିଲେ ସାବିତ୍ରୀ ପିତାଙ୍କୁ ସଧୀରେ
"ଜୀବନରେ ଏକ ବାର,
ହୁଅନ୍ତୁ ଦୀର୍ଘାୟୁ ନତବା ଅଳ୍ପାୟୁ
ଥରେ ବରିବି ମୁଁ ବର।
ମନେ ମନେ ମୁହିଁ ବହୁ ଭାବି ଚିନ୍ତି
ଏମନ୍ତ କରିଛି ସ୍ଥିର,
ହୋଇ ନପାରିବି ସେଥିରୁ ବିଚ୍ୟୁତ
ଏ ଯେ' ପ୍ରତିଜ୍ଞା ମୋହର।"

ଦେବର୍ଷି ଜାଣନ୍ତେ ଅଟଳ ଅଟଳ
ନିଷ୍ପତ୍ତି ସାବିତ୍ରୀଙ୍କର,

ପରାମର୍ଶ ଦେଲେ ରାଜାଙ୍କୁ ସମ୍ପନ୍ନ
କରିବାକୁ ବିଭାଘର।

॥ ୩ ॥
କିଛି ଦିନ ଅନ୍ତେ ଶୁଭ ବେଳା ଦେଖି
ଲଗ୍ନ ହୋଇଗଲା ସ୍ଥିର,
ସତ୍ୟବାନ ସାଥେ ହେବାକୁ ସମ୍ପନ୍ନ
ସାବିତ୍ରୀଙ୍କ ବିଭାଘର।
ରାଜା ଅଶ୍ୱପତି ଦୁହିତା ସଙ୍ଗତେ
ବିଜେ କଲେ ତପୋବନ,
ପିତା ମାତା ସାଥେ ବସବାସ ଯହିଁ
କରୁଥାନ୍ତି ସତ୍ୟବାନ।

ସାଥୀରେ ତାଙ୍କର ଥିଲେ ପାତ୍ରମନ୍ତ୍ରୀ
ପୁରୋହିତ ସହଚର,
ଆସବାବ ପତ୍ର ବିବାହ ସାମଗ୍ରୀ
ଅଳଙ୍କାର ଉପଚାର।
ରାଜନ ଦେଖିଲେ ଦ୍ୟୁମତସେନଙ୍କୁ
ଶାଳ ବୃକ୍ଷ ଛାୟା ତଳେ,
କୁଶାସନେ ବସି ବିଶ୍ରାମ କରନ୍ତି
କୁରଙ୍ଗ କୁରଙ୍ଗୀ ମେଳେ।

ପରିଚୟ ଦେଇ ଅବଗତ କଲେ
ତାଙ୍କ ଆସିବା କାରଣ,
ବର ହିସାବରେ କରିଅଛି କନ୍ୟା
ସତ୍ୟବାନଙ୍କୁ ବରଣ।
ତେଣୁ ସୁପୁତ୍ରୀଙ୍କୁ ପୁତ୍ର ବଧୂରୂପେ
ଗ୍ରହଣ କରିବା ପାଇଁ,
କଲେ ଅନୁରୋଧ ଦ୍ୟୁମତସେନଙ୍କୁ
ରାଜା ଯୋଡ଼ ହସ୍ତ ହୋଇ।

ସଧୀରେ ଦ୍ୟୁମତସେନ ପ୍ରକାଶିଲେ
"ରାଜଚ୍ୟୁତ ହୋଇ ମୁହିଁ,
ଦିବସ ରଜନୀ କରଇ ତପସ୍ୟା
ଜଙ୍ଗଲ ମଧ୍ୟରେ ରହି।
ଜୀବନ ଧାରଣ ଏଠାରେ କରିବା
ଅଟଇ ବଡ଼ କଠିନ,
ଭାବି ନପାରଇ କନ୍ୟା କେଉଁ ପରି
ଏଠାରେ କାଟିବ ଦିନ।

ସେ ପାଇଁ ସାହସ କରିପାରୁନାହିଁ
ଦେବାକୁ ମୋର ସମ୍ମତି,
କ୍ଷମା କରିଦିଅ ଏ ସର୍ବହରାକୁ
ଆହେ ରାଜା ଅଶ୍ୱପତି।"
ଅଶ୍ୱପତି ଏହା ଶୁଣନ୍ତେ କହିଲେ
"ଦୁଃଖ କଷ୍ଟ ଦୁନିଆରେ,
ନୁହେ ଚିରସ୍ଥାୟୀ, ଆସଇ ନିଶ୍ଚିତ
ସୁଖ, ଦୁଃଖ ଗଲା ପରେ।

ତେଣୁ ନିବେଦଇ ନ କରିବା ପାଇଁ
ପ୍ରସ୍ତାବକୁ ପ୍ରତ୍ୟାଖ୍ୟାନ,
ଆଶିଷ ପୂର୍ବକ ପୁତ୍ର ବଧୂଭାବେ
କନ୍ୟାକୁ କର ଗ୍ରହଣ।
ଦ୍ୟୁମତସେନଙ୍କ ମିଳିଲା ସମ୍ମତି
ଏହି ନିବେଦନ ପରେ,
ଶୁଭ ପରିଣୟ ହୋଇଲା ସମ୍ପନ୍ନ
ବ୍ରାହ୍ମଣଙ୍କ ସମ୍ମୁଖରେ।

ସାକ୍ଷୀଥିଲେ ଯେତେ ଆଶ୍ରମ ନିବାସୀ
ପାତ୍ରମନ୍ତ୍ରୀ ମୁନି ଋଷି,

ଜଙ୍ଗଲ ପାଦପ କୁସୁମ ଲତିକା
ପଶୁପକ୍ଷୀ ବନବାସୀ।
କନ୍ୟାଙ୍କୁ ପିନ୍ଧାଇ ସ୍ୱର୍ଣ୍ଣ ଅଳଙ୍କାର
ପଟ୍ଟବସ୍ତ୍ର ସରଞ୍ଜାମ,
ପଟୁଆର ସାଥେ ବାହୁଡ଼ିଲେ ରାଜା
ଅଶ୍ୱପତି ନିଜ ଧାମ।

॥ ୪ ॥
ସିନ୍ଦୁରିତ ହେଲା ପୂରୁବ ଗଗନ
ଆଲୋକ ଗଲା ବିଛୁରି,
କନକ କିରଣ ଛାଇ ଆଲୁଅରେ
ତପୋବନ ଗଲା ଭରି।
ବିହଗ କୂଜନେ କଳ କଳ ସ୍ୱନେ
ବନ ହେଲା ମୁଖରିତ,
ବିବିଧ ରଙ୍ଗରେ ବିକଶି ସୁମନ
ସୁବାସିତ ସୁଶୋଭିତ।
ଗୁଣୁ ଗୁଣୁ ସୁରେ ମଧୁଲିଟ ଗାଏ
ଏ ଫୁଲୁ ସେ ଫୁଲ ଡେଇଁ,
ଚୁମା ଦେଇ ଦେଇ ସୁକୋମଳ ଦଳ
ମଧୁ ଯାଉଥାନ୍ତି ପିଇ।
ଆଶ୍ରମ ହରିଣୀ କନ କନ ହୋଇ
ଚାହୁଁ ଥାଏ ଆଖି ମେଲି,
ଡେଇଁ ଡେଇଁ ଗଲେ ଗୁଣ୍ଠୁଚି ପାଦପେ
ଶାଖା ଯାଉଥାଏ ହଲି।

ତପନ କିରଣ ବାତାୟନ ଦେଇ
କୁଟୀରେ ଯାଇଛି ବୁଣି,
ନେତ୍ର ମଳି ମଳି ସାବିତ୍ରୀ ଉଠନ୍ତି
ବିହଗ କୂଜନ ଶୁଣି।

ରଣୁ ଝୁଣୁ ଝୁଣୁ ସ୍ୱର୍ଣ୍ଣ ଅଳଙ୍କାର
ଅଙ୍ଗରେ ପାଟ ବସନ,
କପାଳେ ସିନ୍ଦୁର ଲେସି ହୋଇ ଦିଶେ
ଜବା କୁସୁମ ସମାନ।

ତହିଁ ଆଗ ରାତି ଘଟଣା ମନରେ
କାହାଣୀ ସମାନ ଆସି,
ଚଲା ମେଘ ପରି ମନ ଆକାଶରେ
ଧୀରେ ଯାଉଥାଏ ଭାସି।
ବାହାରେ ଦେଖନ୍ତି ନିଷ୍କପଟମୟ
ସରଳ ସଭିଙ୍କ ମନ,
ପ୍ରକୃତି କୋଳରେ ନାଚି କୁଦି ଖେଳି
କାଟନ୍ତି ସର୍ବେ ଜୀବନ।

ପିତାଙ୍କ ପ୍ରଦତ୍ତ ସ୍ୱର୍ଣ୍ଣ ଅଳଙ୍କାର
ପଟ୍ଟବସ୍ତ୍ର ଅଙ୍ଗୁ କାଢ଼ି,
କୁଟୀର ଭିତରେ ରଖିଲେ ସାବିତ୍ରୀ
ସବୁ ଯତନେ ସଜାଡ଼ି।
ସନ୍ୟାସିନୀ ସମ ଗୈରିକ ବସନ
ଅଙ୍ଗେ କରି ପରିଧାନ,
ଶାଶୁ ଶ୍ୱଶୁର ଓ ସ୍ୱାମୀଙ୍କ ସନ୍ତୁଷ୍ଟେ
ସଦା ଦେଲେ ମନ ଧ୍ୟାନ।

କଲେ ବିମୋହିତ ଗୁରୁଜନ ବର୍ଗେ
ଭାଷି ମଧୁର ବଚନ,
ଆନନ୍ଦ ଲଭିଲେ ନିଷ୍ଠାପର କାର୍ଯ୍ୟେ
ବ୍ୟସ୍ତ ରହି ପ୍ରତିଦିନ।
ସତ୍ୟବାନ ପରି ସ୍ୱାମୀ ଲାଭ କରି
ଖୁସି ହୋଇଲେ ବି ମନ,

ନାରଦଙ୍କ ବାଣୀ ମନେ ପଡ଼ିଗଲେ
ବିଳପି ଉଠଇ ପ୍ରାଣ।

ମନର କଥାକୁ ମନରେ ଲୁଚାଇ
ମନକୁ ଆସିଲେ କୋହ,
ନିରୋଳାରେ ବସି କପାଳ ଭରସି
ପୋଛନ୍ତି ଆଖିର ଲୁହ।

।। ୫ ।।
ବିତିଲା ଦିବସ ବିତିଗଲା ମାସ
ପାଖେଇ ଆସିଲା ଦିନ,
ଚାରି ଦିନ ଅନ୍ତେ ସତ୍ୟବାନଙ୍କର
ବିନାଶ ହୋଇବ ପ୍ରାଣ।
ସାବିତ୍ରୀଙ୍କୁ ହେଲା ଏମନ୍ତ ଭାବନା
ପ୍ରତିକ୍ଷଣ ଅସମ୍ଭାଳ,
ସେ ପାଇଁ ସାବିତ୍ରୀ ବ୍ରତ ଉପାସନେ
ବିତାଇଲେ ବେଳ କାଳ।

ବ୍ରତ ପାଳନର ଅନ୍ତିମ ଦିବସେ
ହସ୍ତରେ ଧରି କୁଠାର,
ସତ୍ୟବାନ କାଷ୍ଠ କର୍ତ୍ତନ ନିମନ୍ତେ
କୁଟୀରୁ ହେଲେ ବାହାର।
ସାବିତ୍ରୀ ଦେଖନ୍ତେ କହିଲେ "ହେ ପ୍ରିୟେ,
ତୁମକୁ ଏକାକୀ ବନ,
କାହିଁକି କେଜାଣି ଛାଡ଼ିଦେବା ପାଇଁ
ବଳୁ ନାହିଁ ଆଜି ମନ।

ତୁମ ସାଥେ କେବେ ଯାଇନି ଗୋ ପ୍ରିୟେ
ଭ୍ରମିବାକୁ ଘୋର ବନ,

ଅନୁମତି ଦେଲେ ଯାଆନ୍ତି ସଙ୍ଗତେ
କହୁ ଅଛି ମୋର ମନ।"
ରହିଲେ ଅନାଇ ସଜଳ ନୟନେ
ସାବିତ୍ରୀ ଏତକ କହି,
ସତ୍ୟବାନଙ୍କର ଉତ୍ତର ଅପେକ୍ଷି
ବୃକ୍ଷ ଆଢୁଆଳେ ରହି।

ଥର ଥର ହୋଇ ଗୋଲାପି ଅଧର
ସତେକି କମଳ ଦଳ,
ଥରି ଯାଉଥିଲା ଆବେଗେ ତାଙ୍କର
ନେତ୍ର କରି ଛଳ ଛଳ।
ସତ୍ୟବାନ ଦେଖି କହିଲେ "ହେ ପ୍ରିୟେ,
ଏ କି ତୁମ ଅଭିପ୍ରାୟ,
କିପରି ଗୋ ପାଦ ପକାଇବ ବନେ
ବନ ଯେ କଣ୍ଟକମୟ।

ତଥାପି ଗୋ ଯଦି ବଳୁଅଛି ମନ
କରିବିନି ପ୍ରତିବାଦ,
ଆସ ମୋର ସାଥେ ପିତାଙ୍କୁ ପଚାରି
ନେଇ ତାଙ୍କ ଆଶୀର୍ବାଦ।"
ଦ୍ୟୁମତସେନଙ୍କୁ ପୁଛନ୍ତେ ସାବିତ୍ରୀ
ପତି ସଙ୍ଗତରେ ବନ,
ପାରିବେ କି ଯାଇ ଥରୁଟିଏ ପାଇଁ
ଯାହା ପାଇଁ ବଳେ ମନ।

ଶୁଣନ୍ତେ ଶ୍ୱଶୁର କହିଲେ "ହେ ବଧୂ,
ମାଗିନ ତ କିଛି ମୋତେ,
ସାଦରେ ଅନ୍ତରୁ ଦିଏ ଅନୁମତି
ଯାଅ ପତିଙ୍କ ସଙ୍ଗତେ।"

ଅନୁମତି ପାଇ ହରସେ ସାବିତ୍ରୀ
ବାହାରିଲେ ସ୍ୱାମୀ ସାଥେ,
ଏ ପଟ ସେ ପଟ ଅନାଇ ଅନାଇ
ଚାଲିଲେ ଜଙ୍ଗଲ ପଥେ।

ସ୍ୱଚ୍ଛ ନଦୀ ଜଳ କୁସୁମିତ ଲତା
ବନ ବିହଙ୍ଗମ ସ୍ୱର,
କେକା କେକୀଙ୍କର ନୃତ୍ୟ କରୁଥାଏ
ମନ ଲୋଭା ବନ ତଳ।
ବନ ଶୋଭା ଦେଖି ପଥ ଚଲା ପୀଡ଼ା
ନାହିଁ ପଡୁଥାଏ ଜଣା,
ହେଲେ ନାରଦଙ୍କ ବାଣୀ ଭାବି ଦେଲେ
ହୃଦୟେ ଦିଏ ଯନ୍ତ୍ରଣା।

ସତ୍ୟବାନ ଫଳ ତୋଳି ଆଣି ଡାଳୁ
ହସ୍ତେ ଦିଅନ୍ତି ଧରାଇ,
ସାବିତ୍ରୀ ସାନନ୍ଦେ ସଯତନେ ଫଳ
ରଖନ୍ତି ଡାଲାରେ ନେଇ।
ଅଜାଣତେ କେବେ ହୋଇଯାଏ ଯଦି
ଦୁହିଁଙ୍କ ଚକ୍ଷୁ ମିଳନ,
ସଲ୍ଲଜେ ସରାଗେ ସାବିତ୍ରୀ ବୁଲାଇ
ନିଅନ୍ତି ତାଙ୍କ ବଦନ।

ଫଳ ତୋଳିସାରି ସତ୍ୟବାନ ଗଲେ
ବନସ୍ତକୁ କାଷ୍ଠ ପାଇଁ,
କ୍ଷଣିକ କର୍ତ୍ତନେ ବସିଲେ ଭୁଇଁରେ
ଶିର ପରେ ହସ୍ତ ଦେଇ।
କଲେ ଅନୁଭବ ଯେପରି କିଏ ସେ
ଆଘାତଇ ମଥା ପରେ,

କରିଲେ ଚିତ୍କାର "ସାବିତ୍ରୀ ସାବିତ୍ରୀ"
କୁଠାର ଥୋଇ ଭୁଇଁରେ।

ଧାଇଁ ଯାଇ କୋଳେ ଧରିଲେ ସାବିତ୍ରୀ
ସତ୍ୟବାନଙ୍କର ମଥା,
ଭାବିଲେ ନିଶ୍ଚିତ ସତ୍ୟ ହେଲା ପରା
ନାରଦ ମୁନିଙ୍କ କଥା।
ଅଶ୍ରୁଳ ନୟନେ ଆଉଁସିଲେ ଧୀରେ
ସତ୍ୟବାନଙ୍କର ଶରୀ,
ମନ୍ଦ କଥାତକ ମନ ମଧ୍ୟେ ଆସି
ମନ ଦେଉଥାଏ ଘାରି।

କ୍ଷଣିକେ ନିଶୁନ୍ ନୀରବ ନିସ୍ତବ୍ଧ
ହୋଇ ଗଲା ବନତଳ,
ଶୁଭିଲାନି ଆଉ ବିହଗ କାକଳୀ
ଶୁଭିଲାନି କୋଳାହଳ।
ବନ ପଶୁ ପକ୍ଷୀ କାହିଁ ଉଭେଇଲେ
ଚଉଦିଗ ଶୂନଶାନ,
ବହିଲାନି ଆଉ ସୁଲୁ ସୁଲୁ ବାଆ
ଅନ୍ଧକାର ହେଲା ବନ।
ଏମନ୍ତ ସମୟେ ଅନୁଭବ ହେଲା
ଆସୁଛନ୍ତି ପରା କେହି,
ପାଦ ଶବ୍ଦ ବାରି ସେହି ଦିଗ ଆଡ଼େ
ସାବିତ୍ରୀ ରହିଲେ ଚାହିଁ।

ଦେଖିଲେ ଅଦୂରେ ଦିପ୍ତୀମାନ ଦେବ
ମୁକୁଟ ମଣ୍ଡିତ ଶିର,
ଲୋହିତ ନୟନ ରକ୍ତିମ ବସନ
କୋକିଳ କୃଷ୍ଣ ଶରୀର।

ଚଉଦିଗେ ଆଭା ହୁଏ ଉଭାସିତ
ସ୍ୱର୍ଣ୍ଣ ମୁକୁଟରୁ ଯାଇ,
କୃଷ୍ଣକାୟ ଦେହେ ରୁଧିରାକ୍ତ ନେତ୍ର
ଭୟଙ୍କର ଦିଶୁଥାଇ।

ସେ ଦିବ୍ୟ ପୁରୁଷ ଆସିଲେ ସମୀପେ
ହସ୍ତେ ଛନ୍ଦି ଏକ ପାଶ,
ତାଙ୍କ ପଛେ ପଛେ ଚାଲିଥାଏ ଏକ
ଭୀଷଣକାୟ ମହୀଷ।
ପାଶେ ଆସି ସତ୍ୟବାନଙ୍କର ଶରୀ
କରିବାରୁ ନିରୀକ୍ଷଣ,
ଉଦବେଳିତ ନେତ୍ରେ ଚାହିଁଲେ ସାବିତ୍ରୀ
ଭୟେ ହୋଇ ମ୍ରିୟମାଣ।

ପର ମୁହୂର୍ତ୍ତରେ ସାବିତ୍ରୀ ନିଜକୁ
ସଂଜତ କରିବା ପରେ,
ସତ୍ୟବାନଙ୍କର ମଥା ତଳେ ଥୋଇ
ଛିଡ଼ାହେଲେ ନମ୍ରଭରେ।
ବାଷ୍ପାକୁଳ କଣ୍ଠେ ବେନି କର ଯୋଡ଼ି
ଦିବ୍ୟ ପୁରୁଷଙ୍କୁ ଚାହିଁ,
ମାଗିଲେ ସାବିତ୍ରୀ ପରିଚୟ ତାଙ୍କ
ଆସିଛନ୍ତି କାହିଁ ପାଇଁ।

ଏହା ଶୁଣି ଦିବ୍ୟ ପୁରୁଷ ଭାଷିଲେ
"ଅଟଇ ମୁଁ ଯମରାଜ,
ସତ୍ୟବାନଙ୍କର କାଳ ପୂରିବାରୁ
ଆସିଅଛି ମୁହିଁ ଆଜ।
ଏବେ ଠୁଁ ତାଙ୍କର ଇହଲୀଳା ତକ
ଇତି ହେଲା ମର୍ତ୍ତ୍ୟଲୋକେ,

ଘେନିଯିବି ମୁହିଁ ତାଙ୍କ ଶରୀରକୁ
ସ୍ୱର୍ଗଲୋକ ଅଭିମୁଖେ।

ହେ ସାବିତ୍ରୀ ତୁମେ ସତୀ ପତିବ୍ରତା
ତପସ୍ୱିନୀ, ସେଥିପାଇଁ,
କହୁଅଛି କଥା ମାନବୀ ହେଲେବି
ଦ୍ୱିଧା ତିଳେ ମୋର ନାହିଁ।"
ସଧୀରେ ସାବିତ୍ରୀ ପୁଣି ପ୍ରଶ୍ନ କଲେ
"ଦୂତମାନେ ପ୍ରାଣୀ ପାଇଁ,
ଆସନ୍ତି କେବଳ ମର ଶରୀରକୁ
ମୃତ୍ୟୁପରେ ନେବାପାଇଁ।

କେଉଁ କାରଣରୁ ଆହେ ଯମରାଜ
ସ୍ୱୟଂ କରିଛନ୍ତି ବିଜେ,
କି ତାର ରହସ୍ୟ କହିବ କି ମୋତେ
ଜାଣିବାକୁ ମନ ଖୋଜେ।"
"ସତ୍ୟବାନ ଗୁଣୀ ମାନଙ୍କ ମଧ୍ୟରେ
ଅଟନ୍ତି ଶ୍ରେଷ୍ଠ ପୁରୁଷ,
ସେଥିପାଇଁ ଅନୁଚର ନ ପଠାଇ
ନିଜେ ଆସିଅଛି ପାଶ"।

ଏହା କହି ଯମ ପାଶେ ବାନ୍ଧିବାକୁ
ଲାଗିଲେ ସତ୍ୟବାନଙ୍କୁ,
ବଳ ଖର୍ଚ୍ଚକରି ବାନ୍ଧିଦେଇ ଯାତ୍ରା
କଲେ ଦକ୍ଷିଣ ଦିଗକୁ।
ଉପାୟ ନ ପାଇ ଆକୁଳେ ଆତୁରେ
ଯମରାଜ ପଶ୍ଚାତରେ,
ଧାଇଁଲେ ସାବିତ୍ରୀ ସ୍ୱାମୀ ଦେବତାଙ୍କୁ
ଫେରି ପାଇବା ଆଶାରେ।

ସାବିତ୍ରୀଙ୍କୁ ପଛେ ଆସିବାର ଦେଖି
ଭାଷିଲେ ମୃତ୍ୟୁ ଦେବତା,
"ହେ ସାବିତ୍ରୀ ତୁମେ ପତି ସେବା କରି
ଅଟ ସତୀ ପତିବ୍ରତା।
ତୁମେ ସେ ଋଣରୁ ସଂପୂର୍ଣ୍ଣ ଭାବରେ
ହୋଇଗଲ ଆଜି ମୁକ୍ତ,
ଏବେ ଫେରି ଯାଇ ସ୍ୱାମୀ ପରଲୋକ
କ୍ରିୟା କରିବା ଉଚିତ।"

କହିଲେ ସାବିତ୍ରୀ "ଆହେ ଧର୍ମରାଜ
ଯହିଁ ନିଅ ପତିଦେବ,
ତାଙ୍କ ସାଥେ ସାଥେ ସେଇଠାକୁ ଯିବା
ଅଟଇ ମୋର କର୍ତ୍ତବ୍ୟ।
ପତି ବିନା ମୋର ନାହିଁ ଅନ୍ୟ ଗତି
ହେଉ ପଛେ ଦୂର ପଥ,
ଯେତେ ଦୀର୍ଘ ଯାତ୍ରା ହେଲେ ପଛେ ହେଉ
ଜମା ହୋଇବିନି କ୍ଳାନ୍ତ।

ଏତ ଅସମ୍ଭବ ପତି ବିନା ମୁହିଁ
ବନେ କରିବାକୁ ବାସ,
ଚିର ଦିନ ତେଣୁ ମୋର ଅଭିଳାଷା
ରହିବି ସ୍ୱାମୀଙ୍କ ପାଶ।
ଯମରାଜ ଶୁଣି କହିଲେ "କଲ୍ୟାଣୀ,
ତବ ବାଣୀ ସୁମଧୁର,
ସତ୍ୟବାନଙ୍କର ଜୀବନକୁ ଛାଡ଼ି
ଅନ୍ୟ ବର ମାଗିପାର।

ସାବିତ୍ରୀ:
ଆହେ ଧର୍ମରାଜ ଶ୍ୱଶୁର ମୋ ଅନ୍ଧ
ବନରେ ବାସ କରନ୍ତି,
ଏକଇ କେବଳ ବର ଦିଅ ଯଦି
ଦିଅ ତାଙ୍କୁ ଦୃଷ୍ଟିଶକ୍ତି ।

ଯମରାଜ:
ତାହା ହିଁ ହୋଇବ ଆଜିଠାରୁ ମୁହିଁ
କଲି ତାଙ୍କୁ ଦୃଷ୍ଟି ଦାନ,
ପୁଣି କହୁଅଛି ଫେରିଯାଅ ତୁମେ
ନ କରି ଅନୁସରଣ ।

ସାବିତ୍ରୀ:
ସ୍ୱାମୀଙ୍କ ସଙ୍ଗତେ ରହିଛି ତ ଏବେ
ତେଣୁ ନାହିଁ ମୋର କ୍ଲାନ୍ତି,
ସେଇ ତ' କାମନା ସେଇ ତ' ବାସନା
ସେଇ ତ' ସକଳ ଶାନ୍ତି ।
ଯେଉଁଠାକୁ ନେଉଅଛ ମୋର ପତି
ସେଇଠାକୁ ଯିବି ମୁହିଁ,
ସ୍ୱାମୀ ମୋ' ପରାଣ ସ୍ୱାମୀ ବିନା ମୋର
ଅନ୍ୟଗତି କିଛି ନାହିଁ ।
ହେ ଧର୍ମାବତାର ! ଆହୁରି ସୌଭାଗ୍ୟ
ଅଛି ମୁଁ ତୁମ ସଙ୍ଗରେ,
ସାଧୁ ସଙ୍ଗ ସଦା ସଭିଙ୍କ କାମନା
ଜନ୍ମ ଆଉ ଜନ୍ମାନ୍ତରେ ।

ଯମରାଜ:
ହେଲି ମୁହିଁ ତୁଷ୍ଟ ତୁମେ ସୁଭାସିନୀ
ମଧୁର ତୁମ ବଚନ,

ମାଗ ଏକ ବର ବାଦ ଦେଇ ଖାଲି
ସତ୍ୟବାନଙ୍କ ଜୀବନ।

ସାବିତ୍ରୀ:
ଆହେ ଧର୍ମବୀର ଶ୍ୱଶୁର ମୋହର
ଫେରସ୍ତ ପାଆନ୍ତୁ ରାଜ୍ୟ,
ପୁଣି ଆଉ ଥରେ ପାଳନ୍ତୁ ପରଜା
କରି ଧର୍ମ କର୍ମ କାର୍ଯ୍ୟ।

ଯମରାଜ :
ତଥାସ୍ତୁ ସାବିତ୍ରୀ ତାହା ହିଁ ହୋଇବ
ଫେରିଯାଅ ଏବେ ଗୃହ,
ବଞ୍ଚି ରହି କର ଧର୍ମ କର୍ମ ପୁଣ୍ୟ
ଛାଡ଼ି ପତିଙ୍କର ମୋହ।

ଏହା କହି ପୁଣି ଧର୍ମରାଜ କଲେ
ସ୍ୱର୍ଗଲୋକକୁ ଗମନ,
ତାଙ୍କ ପଛେ ପଛେ ବିପତି ସାବିତ୍ରୀ
କରିଲେ ଅନୁଗମନ।
ଚାଲିଥାନ୍ତି ନାହିଁ କ୍ଳାନ୍ତି ଶ୍ରାନ୍ତି ଅଙ୍ଗେ
ସ୍ୱାମୀଙ୍କୁ ପାଇବା ପାଇଁ,
ଜାଣିଲେ ଧର୍ମାତ୍ମା ଆସନ୍ତି ସାବିତ୍ରୀ
କ୍ଷଣେ ପଛକୁ ଅନାଇ।

ସାବିତ୍ରୀ:
ଆହେ ଧର୍ମରାଜ କିବା ମୁଁ କହିବି
ତୁମକୁ ସବୁ ତ ଜଣା,
କର୍ମ ଅନୁସାରେ ଫଳ ଦିଅ ତୁମେ
କାହାକୁ ଅବା ଅଜଣା।

ଦ୍ରୋହ ଆଚରଣ କେହି ଆନ ପ୍ରତି
କରିବା ନୁହେଁ ଉଚିତ,
ଶତ୍ରୁ ମଧ୍ୟ ଦୟା ଅନୁଗ୍ରହ ପାତ୍ର
ଯଦି ସେ ଶରଣାଗତ।

ଧର୍ମରାଜ:
ମଧୁର ଭାଷିନୀ ତୁମେ ହେ ସାବିତ୍ରୀ
ଅମୃତ ତୁମ ବଚନ,
ତୃଷାର୍ତ୍ତଙ୍କୁ ବାରି ପ୍ରଦାନ ପୂର୍ବକ
କରଇ ତୃଷା ମୋଚନ।
ତୁମର ବଚନ ଶ୍ରବଣ ମାତ୍ରକେ
ପ୍ରୀତ ହେଲା ମୋର ମନ,
ମାଗି ପାର ଆଉ ଏକ ବର, ଛାଡ଼ି
ସତ୍ୟବାନଙ୍କ ଜୀବନ।

ସାବିତ୍ରୀ:
ପିତା ମୋର ମହାରାଜା ଅଶ୍ୱପତି
ଅପୁତ୍ରିକ ଏ ଯାବତ,
ବଂଶରକ୍ଷା ପାଇଁ ଦିଅ ଏହି ବର
ହେଉ ତାଙ୍କ ପୁତ୍ର ଶତ।

ଯମରାଜ:
ଦେଲି ଏହି ବର ଅଶ୍ୱପତିଙ୍କର
ପୁତ୍ର ହୋଇବ ନିଶ୍ଚୟ,
କହୁଛି ତୁମକୁ ତୁମେ ଏବେ କିନ୍ତୁ
ଲେଉଟି ଯାଅ ନିଳୟ।

ସାବିତ୍ରୀ:
ଆହେ ସୂର୍ଯ୍ୟପୁତ୍ର ନିରପେକ୍ଷ ହୋଇ
କରୁଛ ତୁମେ ଶାସନ,
କେହି ନୁହଁ ଶତ୍ରୁ କେହି ନୁହଁ ମିତ୍ର
ସର୍ବେ ଅଟନ୍ତି ସମାନ।
ଧର୍ମ ସଜ୍ଜନତା ମିତ୍ରତା ଗୁଣରେ
ତୁମେ ତ ହୋଇଛ ଧନ୍ୟ,
ସେହି ଗୁଣ ପାଇଁ ବିମୋହିତ ହୋଇ
କରେ ମୁହିଁ ଯଥା ମାନ୍ୟ।

ଧର୍ମରାଜ:
ତୁମେ ପ୍ରିୟମ୍ବଦା ଏପରି ବଚନ
ଶୁଣି ନଥିଲି ମୁଁ କେବେ,
ସତ୍ୟବାନ ଛଡ଼ା ଅନ୍ୟ ବର ମାଗି
ଗୃହ ଫେରିଯାଅ ଏବେ।

ସାବିତ୍ରୀ:
ତେବେ ଯମରାଜ ଦିଅ ଶେଷ ବର
ସତ୍ୟବାନଙ୍କ ଔରସୁ,
ହୋଇ ଶତ ପୁତ୍ର ମୋ ସଂସାରେ ସୁଖ
ଶାନ୍ତିର ବାରି ବରଷୁ।

ଯମରାଜ:
ତଥାସ୍ତୁ ସାବିତ୍ରୀ ହେବ ଶତପୁତ୍ର
କର ନାହିଁ ତିଳେ ଡେରି,
ବହୁ ଦୂର ପଥ ଚାଲି ଆସିଲଣି
ଏବେ ଯାଅ ଗୃହେ ଫେରି।

ସାବିତ୍ରୀ:
ଆହେ ହେ ଧର୍ମାତ୍ମା ଦେଲ ମୋତେ ବର
ଶତପୁତ୍ର ହେବ ମୋର,
ହେଲେ ନେଇ ଯାଅ ପତିଙ୍କୁ ମୋହର
ଇଏ କିପରି ବିଚାର।
ପର ପୁରୁଷ ଠୁଁ ଜନମିବେ ପୁତ୍ର
ମୁଁ ଯେ ସତୀ ସାଧ୍ୱୀ ନାରୀ,
ସେ ପାଇଁ ପତିଙ୍କୁ ଫେରି ପାଇବାକୁ
କରୁଛି ମୁହିଁ ଗୁହାରି।

ଯମରାଜ:
ଏ କି ହେଲା ଆହେ ତୁମେ ବୁଦ୍ଧିମତୀ
ତୁମ ବୁଦ୍ଧି ଠାରେ ମୁହିଁ,
ହୋଇ ପରାଜିତ ଏହିକ୍ଷଣି ତୁମ
ସ୍ୱାମୀଙ୍କୁ ଦେଲି ଫେରାଇ।
ହୋଇ ସେ ଜୀବିତ ହୁଅନ୍ତୁ ଦୀର୍ଘାୟୁ
ଲାଭ କରନ୍ତୁ ପୌରୁଷ,
ସତୀ ସାଧ୍ୱୀ ବୋଲି କାଳେ କାଳେ ରହୁ
ଜଗତେ ତୁମର ଯଶ।

ଏହା କହି ଯମ ରାଜ ହୋଇଗଲେ
ଅକସ୍ମାତେ ଅନ୍ତର୍ଦ୍ଧାନ,
ବେନି ନେତ୍ର ମେଲି ନିଦ୍ରା ପରିହରି
ବିଲୋକିଲେ ସତ୍ୟବାନ।
କହିଲେ ସଧୀରେ "ଆଗୋ ପ୍ରିୟା ମୋର
ଦୋଷ ନଧରିବ ତିଳେ,
ଏତେ କାଳ ଧରି ପଡ଼ିଥିଲି ଶୋଇ
ନିଦ୍ରା ଦେବୀଙ୍କର କୋଳେ।

ଅନ୍ଧାର ହେଲାଣି ଅସ୍ତାଚଳେ ଅସ୍ତ
ଗଲେଣି ସୂର୍ଯ୍ୟ ଦେବତା,
ଚାଲ ଯିବା ଏବେ ଫେରି କୁଟୀରକୁ
ଚାହିଁ ଥିବେ ପିତା ମାତା।"
ସାବିତ୍ରୀ ନିଜର କେଶପାଶ ବାନ୍ଧି
ଦୁଇ ବାହୁ ବଳେ ଧରି,
ଉଠାଇଲେ ପ୍ରିୟ ସ୍ୱାମୀ ଦେବତାଙ୍କୁ
ଯିବା ପାଇଁ ଗୃହେ ଫେରି।

ଧୀର ପଦ ପାତ କରି ସତ୍ୟବାନ
ସାବିତ୍ରୀଙ୍କୁ ଭାରା ଦେଇ,
ମନ୍ଥର ଗତିରେ ଚାଲିଲେ ନିଘଞ୍ଚ
ବନ ପାରିହେବା ପାଇଁ।
କିରଣ ବିଞ୍ଚୁରି ଉଇଁ ଆସିଥିଲେ
ଚନ୍ଦ୍ରମା ଦୂର ଗଗନେ,
କ୍ଷୀଣ ଚନ୍ଦ୍ରାଲୋକେ ଛାୟା-ଆଲୋକର
କ୍ରୀଡ଼ା ଲାଗିଥିଲା ବନେ।

ଏକ ପରେ ଏକ ଧର୍ମରାଜଙ୍କର
ଫଳବତୀ ହେଲା ବର,
ସତ୍ୟବାନ ସାଥେ ସାନନ୍ଦେ ସାବିତ୍ରୀ
କାଟିଲେ ସୁଖେ ସଂସାର।

■

ପ୍ରେମର ପରିଭାଷା

ଏ ଆଶ୍ୱିନ ରାତେ

ଆଗୋ ପ୍ରିୟେ, ଦେଖ ଦେଖ, ଏ ଆଶ୍ୱିନ ରାତେ
ଚଉପାଶେ ଶୁଭ୍ର ଜ୍ୟୋତ୍ସ୍ନା ପଡ଼ିଛି ବିଛୁରି,
ପୁନିଅଁ ସରଗ ଶଶୀ ନିର୍ମଳ ଶରତେ
ଦିଶୁଅଛି ଅବିକଳ ରୂପା ଥାଳି ପରି ।

ଟିପି ଟିପି ପଡ଼ିଅଛି ପଲ୍ଲବେ ନୀହାର
ମୁକ୍ତା ସମ ଦିଶେ ଦେଖ ଜହ୍ନ ଆଲୁଅରେ,
ଝରା ଗଙ୍ଗ ଶିଉଳିର ଶୋଭା ମନୋହର
ଛପା ଶାଢ଼ୀ ପରି ଦିଶେ ଶ୍ୟାମ ଘାସ ପରେ ।

ଫିକା ଆଲୁଅରେ ଦେଖ, ସରୋବର ନୀରେ
କି ସୁନ୍ଦର ଫୁଟିଛନ୍ତି ଦଳ ମେଲି କଇଁ,
ହେଇ ଶୁଣ, ରାତ୍ରିଚର ପକ୍ଷୀ କାହିଁ ଦୂରେ
ପ୍ରୀତି ଭରା ଗୀତି ଆହା, ଯାଉଛନ୍ତି ଗାଇ ।

ଦେଖ ପ୍ରିୟେ, କୁଆଁତାରା ଆସିଲାଣି ଉଇଁ,
କ୍ଷଣିକେ ସିନ୍ଦୁରା ଫାଟି ନିଶି ଯିବ ପାହି ।

କାମିନୀ

କାମିନୀ ଗୋ, ବର୍ଷା ଭିଜା ଶ୍ରାବଣ ରାତ୍ରିରେ
କ୍ଷୀଣାଙ୍ଗୀ ଶୁଭ୍ରାଙ୍ଗୀ ତୁମେ ଲୁଚିଅଛ କାହିଁ,
କିଟି କିଟି କାଉ କଳା ଘନ ଅନ୍ଧକାରେ
ଶୁଭ୍ର ଚାରୁ ଅଙ୍ଗ ତୁମ ଦୃଶ୍ୟ ହୁଏ ନାହିଁ ।

ତଥାପି ଗୋ, ଅନୁଭବେ ତୁମ ଉପସ୍ଥିତି,
ଗନ୍ଧବହ ଯେବେ ତୁମ ଗନ୍ଧ ଆଣେ ବହି,
ଟିପି ଟିପି ବରଷାର ଉଦାସିଆ ରାତି
ହୋଇଉଠେ ପ୍ରୀତିମୟ ତୁମ ଗନ୍ଧ ପାଇ ।

ତୁମେ ତ ନଥିବ ଆଉ କାଲି ପ୍ରଭାତରେ
ସୁବାସ ବିତରି ଦେଇ ଯାଇଥିବ ଝରି,
ଯେସନେ ପ୍ରେୟସୀ ରାତ୍ରି ପ୍ରିୟ ସହିତରେ
ବିତାଇବା ପରେ ଖରେ ଘରେ ଯାଏ ଫେରି ।

ହୋଇଲେ ବି ହେଉ ତୁମ ସ୍ଥିତି କ୍ଷଣସ୍ଥାୟୀ,
କାମିନୀ ଗୋ,
କ୍ଷଣିକରେ ଦିଅ ତୁମେ ଜନ ମନ ମୋହି ।

ଚଇତ୍ରର ଚଇତାଳେ ରାତେ

ଚଇତ୍ରର ଚଇତାଳେ ରାତେ,
ମଲ୍ଲିକାର ମହ ମହ ବାସେ
ତମିସ୍ରାର ନିବିଡ଼ ପରଶେ
ବସିଥିଲି ପ୍ରିୟତମା ସାଥେ ।

ବହୁଥିଲା ମନ୍ଦ ସମୀରଣ
ଲାଗୁଥିଲା ଚନ୍ଦନ ପରାୟ
ସୁଶୀତଳ ସ୍ୱଚ୍ଛ ଗନ୍ଧମୟ
ଉତଫୁଲ୍ଲିତ କରୁଥିଲା ମନ ।

ଦୂର ବହୁ ଦୂର ଆକାଶରେ
ଚିକିମିକି କରୁଥିଲେ ତାରା
ଲାଗୁଥିଲେ ସତେ ଅବା ହୀରା
ଲୁଚି ରହି ଘନ ଅନ୍ଧକାରେ ।

ନିଶାଚର ପକ୍ଷୀ ରହି ରହି
ଗାଉଥିଲେ ବୃକ୍ଷଡାଳେ ବସି
ସମୀରଣେ ଆସୁଥିଲା ଭାସି
କି ମଧୁର ସ୍ୱନ ଆହା ସେହି ।

ଭାଙ୍ଗି କେବେ ଘଞ୍ଚ ନିରବତା
ପ୍ରିୟତମା ଗୁଣୁ ଗୁଣୁ ହୋଇ
ଗାଉଥିଲେ ଗୀତ ମୋତେ ଚାହିଁ
ଭରି ଦେଇ ସୁରେ ମାଦକତା ।

ମଧୁମୟ ତନ୍ଦ୍ରାବୋଳା ରାତି
ପୁଲକିତ କରିଦେଇ ପ୍ରାଣ
ଶୀହରିତ ହେଉଥିଲା ମନ
ଶୁଣୁଥିଲି ଯେବେ ସେହି ଗୀତି ।

ଲାଗୁଥିଲା ସତେକି ସପନ
ରାଇଜରେ ଭ୍ରମୁଅଛୁଁ ଆମେ
ଉଇଁଥିଲେ ନିଶି ପାହି କ୍ରମେ
ପୂର୍ବାଶାରେ ତରୁଣ ଅରୁଣ ।

■

ଚାନ୍ଦ ଓ କୁମୁଦ

ଆହା ରେ କୁମୁଦ, ସ୍ୱଚ୍ଛ ସରୋବର ନୀରେ,
ଫୁଟୁ ତୁହି କମନୀୟ ଶୁଭ୍ର ଦଳ ମେଲି,
ଯହିଁରୁ ସତେକି ଅବା ମୁକ୍ତା ମାଳି ଝରେ
ଫେନୀଳ ଜୋଛନା ଯେବେ ତହିଁ ଯାଏ ଢାଳି ।

ସାରା ଦିନ ମୁଦି ହୋଇ ପଡ଼ିଥାଉ ଜଳେ,
ସଞ୍ଜୁଆ ଆକାଶେ ଯେବେ ଜହ୍ନ ଆସେ ଉଇଁ,
ସୋମାଭା ପରଶେ ସାରା ଯାମିନୀ ଉଚ୍ଛୁଳେ,
ସେତେବେଳେ ଚକ୍ଷୁ ମେଲି ଫୁଟି ଉଠୁ ତୁହି ।

କି ଅବା ସମ୍ପର୍କ ତୋର ଚନ୍ଦ୍ରମା କିରଣେ ?
କାହିଁ ପାଇଁ ହେଉ ତୁହି ସଦା ଆକର୍ଷିତ,
ପ୍ରେମିକାର ମନ ସୁଧୁ ପ୍ରେମିକ ହିଁ ଜାଣେ
ସେଇ କି ଗୋ ଚାନ୍ଦ-କଇଁ ପ୍ରେମର ସଙ୍ଗୀତ ।

ପ୍ରକୃତି ଜଗତେ ପ୍ରେମ ସଦା ମଧୁମୟ,
ନ ହୋଇବ କାଳେ କାଳେ ତାହାର ବିଳୟ ।

ତୁମେ ମୋ ପ୍ରେୟସୀ ତୁମେ ଅର୍ଦ୍ଧାଙ୍ଗିନୀ

ଲିଭି ଯାଉଥିଲା ହୋମାନଳ ଶିଖା
ଭାସି ଆସୁଥିଲା ସେହେନାଇ ସୁର,
ଫେରିଯାଉଥିଲେ ପ୍ରିୟଜନ ଘରେ
ଥମି ଯାଇଥିଲା ଜନ କୋଳାହଳ।

ତେଜି ପିତା ଭ୍ରାତା ଜନନୀ ଭଗିନୀ
ସହି ସାଙ୍ଗ ସାଥୀ ବନ୍ଧୁ ପରିଜନେ,
ଆସିଲ ସେ ଦିନ ନବ ବଧୂ ସାଜି
ଅଲକ୍ତ ପୟରେ ସଜଳ ନୟନେ।

ନିଜ ବାପଘର କରିଦେଇ ପର
ବରି ନେଇଥିଲ ଶଙ୍ଖା ଓ ସିନ୍ଦୁର,
ପଦ ପାତ କଲ ପର ଘରେ ଆସି
ଅଜଣା ମଣିଷ ଅଜଣା ସଂସାର।

ବାସର ଶେଯରେ ସରମକୁ ତେଜି
ହୋଇଥିଲ ତୁମେ ମୋ ଅଙ୍କ ଶାୟିନୀ,
ମୋ ପାଇଁ ତୁମେ ଗୋ ଉର୍ବଶୀ ମେନକା
ଚିତ୍ତ ବିନୋଦିନୀ ମୋ ମନ ମୋହିନୀ।

ତୁମ ହସ ବୋଲା ନରମ ଚାହାଣୀ
ନେଉଥିଲା ଯେବେ ଚିତ୍ତ ଚୋରି କରି,
ଭାବୁଥିଲି ତେବେ ପକ୍ଷୀରାଜେ ଚଢ଼ି
ସପନ ପୁରୀକୁ ଯାଆନ୍ତେ କି ଉଡ଼ି।

ତୁମକୁ ବସାଇ ପ୍ରଣୟ ବେଳାରେ
ଖୋଦଉଥିଲି ମୁଁ କୋଣାର୍କ ମନ୍ଦିର,
ତୁମେ ନାନା ଛନ୍ଦେ ତୁମେ ନାନା ରଙ୍ଗେ
ରଙ୍ଗାଉଥିଲ ଗୋ ମୋ ହୃଦ କନ୍ଦର।

ଦୁଇ ଦୁଇ ମନ ଦୁଇ ଦୁଇ ପ୍ରାଣ
ମିଳନର ଅନ୍ତେ ସନ୍ତକ ସ୍ୱରୁପ,
ବିକଶିତ ହେଲା ପ୍ରଣୟ କୁସୁମ
ସୁବାସ ଯାହାର ଅଶେଷ ଅମାପ।

ପିତୃତ୍ୱର ସ୍ୱାଦୁ ସେବନ ନିମନ୍ତେ
ପତ୍ନୀ ହୋଇ ଦେଲ ପ୍ରଥମ ସୁଯୋଗ,
ନଅ ମାସ ଗର୍ଭ ପୀଡ଼ା ସହ୍ୟ କଲ
ତଥାପି କରିନ କେବେ ଅଭିଯୋଗ।

ପର ମୁହୂର୍ତ୍ତରେ ନିଜ ସୁଖ ତେଜି
ପର ସୁଖ ପାଇଁ ରଖିଲ ନଜର,
ମୋ ଦୁଃଖ ସୁଖରେ ଆଶା ନିରାଶାରେ
ଭାଗ ନେଇ ତୁମେ ହେଲ ଭାଗୀଦାର।

ନୀଳକଣ୍ଠ ପରି ପିଇଲ ଆକଣ୍ଠେ
ଗରଳ ସମାନ ମୋ କଟୁ ବଚନ,
ଚାରୁ ମୁଖ ତୁମ ଖୋଲିବାର କେବେ
ଦେଖିନାହିଁ କେହି, ରହିଛ ମଉନ।

ଜୀବନ ସାଗର ଉଚ୍ଛଳ ତରଙ୍ଗେ
ପତ୍ନୀ ଓ ପ୍ରେମିକା ଭୂମିକା ନିଭାଇ,
ଦୁନିଆ ଆଗରେ କରିଲ ସ୍ଥାପିତ
ଯିଏ ପତ୍ନୀ ସିଏ ପ୍ରେମିକା ଅଟଇ।

ଆଜି ବି ଭାବିଲେ ଲାଗେ ଅଭିନବ
ତୁମ ସାଥେ ସେହି ପହିଲି ଫଗୁଣ,
ସମୟ କଷଟି ପଥରେ ଆହୁରି
ଜକ ଜକ ଦିଶେ ସତେକି ସୁବର୍ଣ୍ଣ।

ସେପାଇଁ କହିବି ଆଗୋ ପ୍ରିୟତମା
ତୁମେ ମୋ ପ୍ରେୟସୀ ତୁମେ ଅର୍ଦ୍ଧାଙ୍ଗିନୀ,
ଯମୁନା ତଟରେ ଅବା ଦ୍ୱାରକାରେ
ତୁମେ ମୋ ରାଧିକା ତୁମେ ମୋ ରକ୍ମିଣୀ।

■

ଦିନ ଶେଷେ

ଅସ୍ତାଚଳ ଦିଶେ ନାନା ରଙ୍ଗେ ରଙ୍ଗମୟ
କିରଣ ବିଛୁରି ରବି ଯାଉଛନ୍ତି ବୁଡ଼ି,
ଅଲୌକିକ ଶୋଭା ଯା'ର ଚିତ୍ରପଟ ପ୍ରାୟ,
କଳା ମେଘି ଶାଢ଼ୀ ପିନ୍ଧି ରାତ୍ରି ଆସେ ମାଡ଼ି।

ଫେରୁଛନ୍ତି ପକ୍ଷୀ ନିଡ଼େ ଦଳ ଦଳ ହୋଇ
ଚଞ୍ଚୁରେ ଆହାର ଧରି ଦିନ ଅବସାନେ,
କ୍ଷୁଧାର୍ତ୍ତ ଶାବକ ନିଡ଼େ ରହିଛନ୍ତି ଚାହିଁ
ଜଠରାଗ୍ନି ନିର୍ବାପିତ କରିବାକୁ କ୍ଷଣେ।

ଚିକି ମିକି ଦିଶେ ହୀରା ସମ ସନ୍ଧ୍ୟା ତାରା
ଅନନ୍ତ ଅସୀମ ନଭେ, ଦୂରେ, ବହୁ ଦୂରେ
ସନ୍ଧ୍ୟା ଦୀପେ ଆଲୋକିତ ତୁଳସୀ ଚଉରା
ଶଙ୍ଖ ଘଣ୍ଟା ବାଜି ଉଠେ ଗାଆଁ ଦେଉଳରେ।

ନବବଧୂ, ଦିନ ଶେଷେ, ବାତାୟନ ପାଶେ,
ଅଥୟେ ଅନାଏ ପତି ଲେଉଟିବା ଆଶେ।

ନିଃସଙ୍ଗ ରଜନୀ

ଦିନକର କାମ ସାରି କିରଣ ବିଛୁରି
ଦିଗ୍‌ବଧୂ ପଣତ ତଳେ ଲୁଚିଲେ ସୂରୁଜ,
ପୂରୁବେ ଉଇଁଲା ଚାନ୍ଦ ରୂପା ଥାଳି ପରି,
ପ୍ରିୟେ, ତୁମେ ନ ଆସିଲ ଆସି ହେଲା ସଞ୍ଜ।

ବାତାୟନ ଦେଇ ଦେଖେ ନିର୍ଜନ ସରଣୀ
ଉଦ୍ୟାନରୁ ହେନା ବାସ ଭୁରୁ ଭୁରୁ ହୋଇ
ଭାସିଆସେ, ମୋ ପାଇଁ ଏ ନିଃସଙ୍ଗ ରଜନୀ
କେମନ୍ତେ ବିତିବ ପ୍ରିୟେ ମୋତେ ଜଣା ନାହିଁ।

ସାରାଦିନ ଚାହିଁ ରହି ମନ ମୋ ଉଦାସ
ବିରହିଣୀ ମୁହିଁ ଆଉ ନପାରଇ ସହି,
ଲାଗଇ ଯେସନେ କରୁଛନ୍ତି ଉପହାସ
ଚାନ୍ଦ ତାରା ଦୁହେଁ ମିଳି ଅନ୍ତରିକ୍ଷେ ରହି।

କୁହ ପ୍ରିୟେ କୁହ ମୋତେ ତୁମ ହୃଦ ଖୋଲି,
ସବୁଦିନ ପାଇଁ କି ଗୋ ମୋତେ ଗଲ ଭୁଲି ?

■

ଫିକା ଫଗୁଣ

ଫଗୁଣର ରଙ୍ଗ ଫିକା ପଡ଼ିଆସେ
ମଉଳେ ଚଇତି ମଲ୍ଲି,
କୋଇଲିର କୁହୁ ନ ଶୁଭଇ ଆଉ
ତୁମେ ନ ଆସିଲ ବୋଲି
ପ୍ରିୟେ,
ତୁମେ ନ ଆସିଲ ବୋଲି ।

ମଳୟ ବହେନି ଆମ୍ବ ବଉଳେନି
ଫୁଟେନି ପଳାଶ ବନେ,
ଦଶ ଦିଶି ଦିଶେ ଧୂଳି ଧୂସରିତ
ଶୁଷ୍କମୟ, ଏ ଫଗୁଣେ,
ଭଅଁର ବି ଆଉ ବଜାଉନି ବୀଣା
ଫୁଲେ ଫୁଲେ ବୁଲି ବୁଲି
ପ୍ରିୟେ,
ତୁମେ ନଆସିଲ ବୋଲି ।

ଗାଇବାକୁ ଗୀତ ଚାହିଁଲେ ବି ଚିତ୍ତ
ମନେ ନ ପଡ଼ଇ ସୁର,
ମରମ କଥାତ ମରମେ ମରୁଛି
ତୁମେ ଗଲ ବୋଲି ଦୂର ।
ଅତୀତ ସୁମରି ମନ ହୁଏ ଘାରି

ନପାରି ତୁମକୁ ଭୂଲି
ପ୍ରିୟେ,
ତୁମେ ନଆସିଲ ବୋଲି।

ସଦା ତନୁ ମନ ହୁଅଇ ଉଚ୍ଛନ୍ନ
ଝୁରଇ ତୁମରି ପାଇଁ,
ପାଆନ୍ତି କି ପୁଣି କତିରେ ତୁମକୁ
ପରାଣ ଉଠନ୍ତା ଜିଇଁ,
(ଆଉ)ଲେଉଟନ୍ତା ପୁଣି ବସନ୍ତ ଏ ବନେ
ଗାଆନ୍ତା ଗୀତ କୋଇଲି,
ପ୍ରିୟେ,
ଆସନ୍ତ ନି ଥରେ ବୁଲି।

■

ବର୍ଷା ବିରହ

ଆଜି ଏ ଶ୍ରାବଣେ ରିମି ଝିମି ବାରି ଝରେ
ତରୁ ଶାଖା ଦୋହୋଲାଇ ବହେ ପ୍ରଭଞ୍ଜନ,
ପ୍ରିୟେ ତୁମେ ମନେ ପଡ଼ି, ମନ ମୋର ଝୁରେ
ବିରହ ଅନଳେ ଜଳେ ଶୁଷ୍କ ତନୁ ମନ।

କଳା ମେଘ ଉହାଡ଼ରୁ ଦେଖେ ଥରେ ଥରେ
ନୃତ୍ୟ କରି ଲୁଚି ଯାଏ ଚଞ୍ଚଳା ଚପଳା,
ଥରି ଯାଏ ଧରା, ଘଡ଼ ଘଡ଼ିର ହୁଂକାରେ
ଏକାକିନୀ ବସି ଦେଖେ ପ୍ରକୃତିର ଲୀଳା।

ପୁଷ୍କରିଣୀ ବିଲ ବାଡ଼ି ବର୍ଷା ଜଳେ ଭରି
ଚଉଦିଗ ମୁଖରିତ କଳ କଳ ସ୍ୱନେ,
ବେଙ୍ଗ ଡାକେ "ବେଙ୍ଗୁଲୀ ଲୋ" ଉଚ୍ଚ ରଡ଼ି କରି
ଦେହ ହୁଏ ଶିରି ଶିରି ଶୀତଳ ପବନେ।

ପ୍ରିୟେ !
ତୁମେ ନାହଁ, ବାରି ସମ ନୟନରୁ ଲୁହ,
ଝରି ଆସେ, କେବେ ଆସି ପୋଛି ଦେବ କୁହ ?

ମନ ପକ୍ଷୀ ଝୁରେ

ମନେ କେତେ ଆଶା ବହି ରହିଥିଲି ଚାହିଁ
ଧଇର୍ଯ୍ୟ ବର୍ତ୍ତିକା ଜାଳି ହୃଦୟ କନ୍ଦରେ,
ସୁବାସିତ ସୁମନରେ ମାଳା ଗୁନ୍ଥି ମୁହିଁ
ତବ ଗଳେ ପିନ୍ଧାଇବା ପାଇଁ ଯତନରେ ।

ଭାବିଥିଲି, ଧୋଇଥାନ୍ତି ପଦ, ଅଶ୍ରୁ ଢାଳି
ଦେଖିଥାନ୍ତି ହସ ହସ ମୁଖ ତବ ବାରେ
ଗାଇଥାନ୍ତି ଗୀତ ମଧୁର ମୂର୍ଚ୍ଛନା ତୋଳି
କଣ୍ଠରୁ ମୋହର, ନାନା ରାଗେ ନାନା ସୁରେ ।

ମନ କଥା ତକ ମନର ପେଟିକା ଖୋଲି
କହି ଯାଇଥାନ୍ତି ତବ ପାଶେ ବସି ରହି,
ଉଜାଗର ରହି ନୟନ ଯୁଗଳ ମେଲି
ଦେଖିଥାନ୍ତି ସ୍ୱପ୍ନ ତୁମକୁ କତିରେ ପାଇ ।

(ହେଲେ) ନିଶି ଗଲା ପାହି ସିନ୍ଦୁରା ଫାଟିଲା ଧୀରେ
ତୁମେ ନଆସିଲ ବୋଲି ମନ ପକ୍ଷୀ ଝୁରେ ।

■

ନ କହିଲେ ଭଲ

ଆମ କୋର୍ଟ କଚେରି

ହାତୀଟି ଦେଖିଲା ମଇଁଷି ଧାଇଁଚି
ବଡ଼ ଧଇଁସଇଁ ହୋଇ,
ତାକୁ ଅଟକାଇ ପଚାରିଲା ହାତୀ
"କିଆଁ ଦଉଡୁରେ ଭାଇ।"

ଡର ଡର ହୋଇ କହିଲା ମଇଁଷି
"କହିବାକୁ ବେଳ ନାହିଁ,
ଶୁଣିଲି କୁଆଡେ ବାନ୍ଧି ନେଉଛନ୍ତି
ସରକାର ଏବେ ଗାଈ।"

ଏହା ଶୁଣି ସାରି ହାତୀଟି କହିଲା
"ତୁ ତ ନୋହୁ ଏକ ଗାଈ,
ତୁଚ୍ଛାଟାରେ କିଆଁ ଦଉଡୁ ଭାଇରେ
ଜମା ଦରକାର ନାହିଁ।"

ହାତୀ କଥା ଶୁଣି କହିଲା ମଇଁଷି
"ଏ କଥା ପ୍ରମାଣ ପାଇଁ,
ଲାଗିଯିବ ମୋତେ କୋଡିଏ ବରଷ
ଭାରତ କଚେରି ଧାଇଁ।"

ଇଏ ସତ ଭାବି ସହସା ହୋଇଲା
ହାତୀର ପିଳେହୀ ପାଣି,
ଉଚ୍ଛୁର ନକରି ସିଏବି ଧାଇଁଲା
ମଇଁଷି ବଚନ ଶୁଣି।

■

ଧନ୍ୟ ତମେ ମିଡିଲ୍ କ୍ଲାସ

ଧନୀ ହେଲେ ଭଲ, ଗରିବ ବି ଭଲ
ମିଡିଲ୍ କ୍ଲାସ ହେଲେ ମଲ,
ଏ ପଟେ ନୁହଁ କି ସେ ପଟେ ବି ନୁହଁ
ମଝିରେ ହିଁ କଲ ବଲ।

ଧନୀ ଲୋକମାନେ କୋଟି କୋଟି ଟଙ୍କା
ବ୍ୟାଙ୍କରୁ ନିଅନ୍ତି ଋଣ,
ହାତକୁ ଟଙ୍କାଟି ଆସିବା ମାତ୍ରକେ
ହୋଇଯାନ୍ତି ଅନ୍ତର୍ଦ୍ଧାନ।

ବିଜୟ ମାଲ୍ୟାକୁ ନୀରବ ମୋଦିକୁ
ଚକ୍ଷୁ ସାମନାରେ ଦେଖ,
ହୋଇଲେ ଉଭାନ୍ ପକେଟେ ପକେଇ
କୋଟି କୋଟି ଟଙ୍କାତକ।

ନପୁଂସକ ପରି ଅନେଇ ରହିଲେ
ସରକାରି ଅଫିସର,
ନିଶକୁ ଫୁଲାଇ ସେମାନେ ରହିଲେ
ବିଦେଶରେ ତୋଳି ଘର।

ଗରିବ ବାଲାଙ୍କୁ ଚାଷ କରିବାକୁ
ବ୍ୟାଙ୍କ ଦେଇଥାଏ ଋଣ,
ସୁଝନ୍ତିନି କେହି ଋଣ ଟଙ୍କା କେବେ
ଭାବନ୍ତି ଆପଣା ଧନ।

ଭୋଟ ବେଳକୁ ରାଜନୀତି ବାଲା
ହୁଅନ୍ତି ତାଙ୍କ ସହାୟ,
ବ୍ୟାଙ୍କ ଋଣ ତକ ନ ଶୁଝିବା ପାଇଁ
କାଢ଼ନ୍ତି ଫନ୍ଦି ଉପାୟ।

ନିର୍ବାଚନ ବେଳେ ସେଇ ଦଳ ଦେଖି
ଦେଇ ଦିଅ ତାଙ୍କୁ ଭୋଟ୍,
ତେଣୁ ଚିନ୍ତା ନାହିଁ ଋଣ ମାଧ୍ୟମରେ
ବ୍ୟାଙ୍କ ଟଙ୍କା କର ଲୁଟ୍।

ମଧ୍ୟବିତ୍ତ ବାଲା ସବୁଠୁଁ ଭକୁଆ
ପାଖରେ ସୀମିତ ଧନ,
ଡରି ଆଣନ୍ତିନି ଜୀବନରେ କେବେ
ବ୍ୟାଙ୍କ ଠାରୁ ଟଙ୍କା ଋଣ।

ଘର ତୋଳିବାକୁ କାର୍ କିଣିବାକୁ
ଯଦିବା ଆଣନ୍ତି ଋଣ,
ନିଦ ହୁଏ ନାହିଁ ଭାବି ଭାବି ତାହା
ନ ସୁଝିବା ଯାଏଁ ଜାଣ।
(ହେଲେ)ଆହୁରି ଆଶ୍ଚର୍ଯ୍ୟ ବ୍ୟାଙ୍କ ଲୁଟ୍ ଟଙ୍କା
ଦିନ ମାସ ବର୍ଷ ଧରି,
ଭରଣା କରନ୍ତି ଟିକସ ମାଧ୍ୟମେ
ମୁଣ୍ଡ ଝାଳ ତୁଣ୍ଡେ ମାରି।

ନାଲି ପାଣି କରାମତି

ନାଲିପାଣି କରାମତି,
ପେଟରେ ପଡ଼ନ୍ତେ ଛାଏଁ
ହଜିଯାଏ ମଣିଷର ବୁଦ୍ଧି ବୃତ୍ତି,
ଏତ
ନାଲି ପାଣି କରାମତି ।

କି ଥିଲା କି ହେଲା ସମାଜ ଆଜିରେ
ସବୁ ଏବେ ନାରଖାର,
ଘରେ ଘରେ ଆଜି ମଦୁଆ ମାତାଲି
ମଦ ବିକେ ସରକାର,
ଗେରସ୍ତ ପିଟଇ ମଦ ପିଇଦେଇ
ଭାରିଜାକୁ ଦିନ ରାତି,
ଏତ
ନାଲିପାଣି କରାମତି ।

ହରିଆ ବାରିକ ମଦ ପିଉ ପିଉ
ଯମ ନେଲା ଆରପାରି,
ଡହଳ ବିକଳ ହେଲେ ପିଲା ଝିଲା
ବିଧବା ହୋଇଲା ସ୍ତିରୀ,
କେଉଁ ଆଶା ନେଇ ଜିଇଁବ ଆଉ ସେ
ହଜିଗଲା ସୁଖ ଶାନ୍ତି,

ଏତ
ନାଲି ପାଣି କରାମତି ।

ବଳାତ୍କାର ନାରୀ ଧର୍ଷଣ ଦେଶରେ
ମଦୁଆ ମାତାଲି ବଢ଼ି,
କେତେ ପରିବାର ନାଲି ପାଣି ପିଇ
ଆଖି ଆଗେ ଗଲେ ସଢ଼ି,
ମଦୁଆ ଚାଳକ ମଟର ଗାଡ଼ିରେ
ରାସ୍ତା ଦୁର୍ଘଟଣା ନିତି,
ଏତ
ନାଲି ପାଣି କରାମତି ।

ଅଫିସର ଠାରୁ ପୁଲିସ ସଭିଏଁ
ମଦେ ଏବେ ଟଳ ଟଳ,
ଆଇନ କାନୁନ ଯେ ଯାହା ବାଟରେ
ଇଏ ପରା କଳିକାଳ,
ନିଶା ନିବାରଣ ଗଲା ଅକାରଣ
ନଷ୍ଟ ଭ୍ରଷ୍ଟ ହେଲା ନୀତି,
ଏତ
ନାଲି ପାଣି କରାମତି ।

ଦେହେ ତୋଫା ଧୋବ ଖଦଡ଼ ବସନେ
ବାହାରନ୍ତି ନେତା ଗଣ,
ସେଇମାନେ କଲେ ଗାନ୍ଧୀ ପ୍ରତିମୂର୍ତ୍ତି
ମଦ ପିଇ ଉଦ୍‌ଘାଟନ,
କାହାକୁ କହିବା ଭେଜାଲ ଦୁନିଆ
ମଦୁଆଙ୍କର ରାଜୁତି,
ଏତ
ନାଲି ପାଣି କରାମତି । ∎

ନୂଆ ବିକାକିଣା, ନୂଆ ବେଉସା

ପ୍ରାଚୀନ କାଳରୁ ଲାଗି ଆସିଅଛି
ଦୁନିଆରେ ବିକା କିଣା,
ଜଣେ ବିକ୍ରି କରି ଅନ୍ୟ କ୍ରୟ କଲେ,
ବେଉସା ନାମରେ ଗଣା।

ଜମି ହୁଏ କିଣା ଘର ହୁଏ କିଣା
କିଣୁ ପାଦ ପାଇଁ ଯୋତା,
ଚଡ଼ି, ପତଲୁନ୍, କୁରୁତା, କମିଜ
ଟୋପି, ଲୁଙ୍ଗି, ଧୋତି, ଛତା।

ମେଣ୍ଢା, ଛେଳି, ଗାଈ, ଘୁଷୁରୀ, ମଇଁଷି
ଶୁଖୁଆ, ଚିଙ୍ଗୁଡ଼ି, ମାଛ,
ଡାଲି, ତେଲ, ଲୁଣ, ଆଳୁ, ବାଇଗଣ
କିଣିବାରେ କରୁ ଖର୍ଚ୍ଚ।

କ୍ରୀତଦାସ ମାନେ ହେଉଥିଲେ କିଣା
କଉଁ ଆଦିମ କାଳରେ,
ଯଉତକେ ବର କିଣିବା ଉଠିଛି
ଏବେ ଆମ ସମାଜରେ।

ଏତେ କିଣା ମଧ୍ୟେ ଏମ୍‌ଏଲ୍‌ଏ କିଣିବା
ଶୁଣି ନଥିଲି ମୁଁ କେବେ,
ମେଣ୍ଢା ଛେଳି ପରି ଏମ୍‌ଏଲ୍‌ଏ କିଣିବା
ଦେଶରେ ଶୁଣୁଛି ଏବେ।

ଶୋଇବା ଆଗରୁ ଏକ ଦଳରେ ତ
ସକାଳକୁ ଅନ୍ୟଦଳ,
ସତ୍ୟ ନ୍ୟାୟ ନୀତି ଚୁଲିକୁ ଗଲାଣି
ସବୁ ରାଜନୀତି ଖେଳ।

ଯେଉଁ ଦଳ ହାତେ ଅଧିକା ପଇସା
ତାହାର କ୍ଷମତା ବେଶି,
ଏମ୍‌ଏଲ୍‌ଏ ହାଟରେ ସେଇ ପଇସାରେ
ଦର ହୁଏ କଷା କଷି।
ଇଏ ବିକା କିଣା ଏମିତି ଦଲାଲି
ଶୁଣି ନଥିଲି ମୁଁ କେବେ,
ଦିନ ପ୍ରତିଦିନ ନୂଆ ଇତିହାସ
ଲେଖା ହେଉଅଛି ଏବେ।

"ଭ୍ରଷ୍ଟାଚାର କର ଭାରତରୁ ଦୂର"
ସବୁ ଅଟଇ ଛଳନା,
ସବୁ ଭ୍ରଷ୍ଟାଚାରୀ, ଆମେ ସବୁ ଭାଇ
ନେତାଙ୍କ ହାତେ ଖେଳନା।

■

ପ୍ରିୟତମା !
ତୁମେ ବି ବଦଳି ଗଲ

ଋତୁ ପରେ ଋତୁ ଛଅ ଋତୁ ଯାକ
ବଦଳନ୍ତି ବରଷରେ,
ପାଗ ବଦଳଇ ତାପ ବଦଳଇ
ସକାଳ ସଞ୍ଜ ଭିତରେ ।

ସମୟ ସହିତ ତାଳ ମେଳ ଦେଇ
ବଦଳଇ ବେଶଭୂଷା,
ତା' ସାଥେ ବଦଳେ ପାନୀୟ ଭୋଜନ
ବଦଳି ଯାଏ ବି ଭାଷା ।

ଭୂଗୋଳ ବଦଳି ବଦଳାଇ ଦିଏ
ଦେଶ ଆଉ ମହାଦେଶ,
ପାଞ୍ଚ ବରଷରେ ବଦଳନ୍ତି ମନ୍ତ୍ରୀ
ବଦଳଇ ଇତିହାସ ।

ଯାହା ବି ବଦଳୁ ସବୁ ସହଣୀୟ
ମନ୍ଦ ହଉ ଅବା ଭଲ,
ହେଲେ ପ୍ରିୟତମା ଭାବୁ ପାରୁନାହିଁ
ତୁମେ ଯେ ବଦଳି ଗଲ ।

ତୁମ ସାଥେ ସେହି ପହିଲୁ ସାକ୍ଷାତ
ଏଇ ଲାଗେ କାଲି ପରି,
ମଥାରେ ଓଢ଼ଣା ପାଦରେ ଅଳତା
ଚାଲୁଥିଲ ଥିରି ଥିରି।
ପଚାରିଲେ କିଛି ଓଢ଼ଣା ଭିତରୁ
ହସି ଦେଉଥିଲ ଖାଲି,
କେତେବେଳ ପରେ ଗୋଟିଏ ଶବଦ
କହୁଥିଲ ମୁହଁ ଖୋଲି।

ସେତେବେଳେ ଆମେ ଯାଉଥିଲୁ
ଦୁହେଁ ସପନ ସଉଦା କରି,
କେଡ଼େ ଗରବରେ କହୁଥିଲ ତୁମେ
କେ' ହୋଇବ ଆମ ସରି।
କିନ୍ତୁ ପ୍ରିୟତମା ସେ ଅତୀତ କଥା
ରହିଗଲା ଅତୀତରେ,
ନିରୋଳାରେ କେବେ ବସିଥାଏଁ ଯଦି
ଅତୀତ ହିଁ ଉଙ୍କି ମାରେ।

ତୁମ ପାଶେ ଏବେ ବେଳ ନାହିଁ ଆଉ
ବସିବାକୁ ଦୁଇ ଜଣ,
ସ୍ୱାମୀ ସେବା ଛାଡ଼ ରୋଷେଇ ବାସ ବି
ହେଲାଣି ଏବେ ସପନ।
ଯେଉଁ ଦିନ ଠାରୁ ଫ୍ଲାଟ ଟିଭି ସ୍କ୍ରିନ
କାନ୍ଥେ ଆସି ଲାଗି ଗଲା,
ସେଇଦିନ ଠାରୁ ସିରିଏଲ, ମୁଭିରେ
ବେଳ ତକ ସବୁ ଗଲା।

ଆଉ ବାକି ବେଳ ମେସେଜ ଚେକିଂରେ
ଆଇ ପ୍ୟାଡ଼ ଧରି ଗଲା,

ମେସେଜ ଆସିବା ମାତ୍ରକେ ତୁରନ୍ତ
ମେସେଜ ବି ପଠାହେଲା ।

ଗୁଗୁଲୁ ମାଧ୍ୟମେ ଦେଶ ବିଦେଶର
ରଖୁଛୁ ସବୁ ଖବର,
ଫେସବୁକ ଖୋଲି ବନ୍ଧୁଙ୍କର ଫୋଟୋ
ଲାଇକ କର ବାରମ୍ବାର ।
ଯିଏ ବି ବଦଳୁ ଦୁନିଆ ବଦଳୁ
ମନ୍ଦ ହେଉ ଅବା ଭଲ,
ହେଲେ ପ୍ରିୟତମା ଭାବିପାରୁନାହିଁ
ତୁମେ ବି ବଦଳି ଗଲ ।

ମନେ ପଡ଼େ ନୂଆ ବାହାହୋଇ ଯେବେ
ଷ୍ଟୁଡିଓକୁ ଯାଇଥିଲୁ,
ଜାକି ଜୁକି ହୋଇ ବ୍ଲାକ ଏଣ୍ଡ ହ୍ୱାଇଟରେ
ଫୋଟ୍ରେ ଟିଏ ତୋଳିଥିଲୁ ।
ଏବେ ମୁଁ କହିଲି ଥରେ ଯିବା ଚାଲ
ଫୋଟୋ ଖଣ୍ଡେ ତୋଳିବାକୁ,
କହିଲ କଣନା ସେଲ୍ଫିରେ ଚଳୁଛି
କିଏ ଯିବ ଷ୍ଟୁଡିଓକୁ ।

ସେଲ୍ ଫୋନ ଦ୍ୱାରା ଉଠୁଣୁ ବସୁଣୁ
ଫୋଟୋ ମାନ ତୋଳୁଅଛ,
ସାଙ୍ଗଙ୍କ ପାଖକୁ ପ୍ରତି ମିନିଟରେ
ନେଟ ଦେଇ ପଠାଉଛ ।
ଯାହା ବି ବଦଳୁ ଯାଏ ଆସେ କେତେ
ହେଉ ମନ୍ଦ ଅବା ଭଲ,
ହେଲେ ପ୍ରିୟତମା ତୁମ ବଦଳିବା
କରେ ମୋତେ କଲବଲ ।

ବାହା ଘର ପରେ ବନାରସୀ ପାଟ
କିଣିଥିଲି ତୁମ ପାଇଁ,
କୁଆଡ଼େ ଗଲାଣି କାହିଁ ତ କେବେ ମୁଁ
ପିନ୍ଧିବାର ଦେଖୁନାହିଁ।
ଏବେ ଖାଲି ତୁମେ କ୍ୟାଟଲଗ୍ ଦେଖି
କିଣ ଚିକିମିକି ଶାଢ଼ୀ,
କିଏ ଜାଣିଥିଲା ତୁମର ପସନ୍ଦ
ବଦଳି ଯିବ ଏପରି।

ପଶାପାଲି ଶାଢ଼ୀ ବାଙ୍ଗାଲୋର ସିଲ୍କ
ବନାରସୀ ଦାମି ପାଟ,
ସୁଟ୍‌କେଶେ ରଖି, ପିନ୍ଧୁଛ କେବଳ
ସ୍କଟ ସବୁ ଛୋଟ ଛୋଟ।
ଜଙ୍ଘ ଚିପା ଲେଗିଙ୍ଗ୍ ଉଠିଛି ଫେସନ
ଆଜିକାଲି ପିନ୍ଧିବାକୁ,
ଟାଇଟ୍ ଏମିତି ପିନ୍ଧୁଛ କେମିତି
ଇଚ୍ଛା ହୁଏ ଜାଣିବାକୁ।

ଲମ୍ବା କୃଷ୍ଣବେଣୀ କାଟି ଦେଇ ଏବେ
ଦିଶୁଅଛ ପୁଅ ଭଳି,
ସିଏ ପୁଣି ଦିଶେ ଅଡୁଆ ତଡୁଆ
(ଘରେ) ପାନିଆ ନ ଥିଲା ପରି।
ଯାହା ବି ବଦଳୁ ଯିଏ ବି ବଦଳୁ
ହେଉ ମନ୍ଦ ଅବା ଭଲ,
ଶେଷେ ପ୍ରିୟତମା ଭାବି ମୁଁ ପାରୁନି
ତୁମେ ବି ବଦଳି ଗଲ।

■

ବାପୁଜୀଙ୍କୁ ପତ୍ର-୧

ଶ୍ରଦ୍ଧେୟ ବାପୁଜୀ ଯଥାମାନ୍ୟ ନେବ
ଭାରତ ବର୍ଷର ନାଗରିକ ମୁହିଁ,
ପତ୍ର ଜରିଆରେ ଲେଖୁଛି ଦେଶର
ବିଶେଷ ଖବର ଜଣାଇବା ପାଇଁ ।

ତୁମେ ଯିବାପରେ ସହରେ ନଗରେ
ହୋଇଗଲା ତୁମ ମୂର୍ତ୍ତିର ସ୍ଥାପନା,
ଜାଣେ ମୁଁ ନିଶ୍ଚୟ ତୁମ ଭଳି ଲୋକ
କରିଥାନ୍ତ ମନା ଏ ସବୁ ଯୋଜନା ।

କେତେ ବର୍ଷ ଧରି ନେତାଗଣ ମିଳି
ତୁମ ମୂର୍ତ୍ତିପରେ ଦେଲେ ପୁଷ୍ପମାଳ,
ଆଜି ନେତୃବର୍ଗ ପ୍ରଗତୀରେ ମାତି
ମାଳ ଦେବାପାଇଁ ନମିଳଇ ବେଳ ।

ପାଇଲି ସମ୍ବାଦ ମଧ୍ୟପ୍ରଦେଶରେ
ତୁମ ମୂର୍ତ୍ତିପରେ ଅଗ୍ନି ସଂଯୋଗର,
ଆହୁରି ଶୁଣୁଛି ଯୋଜନା ଚାଲିଛି
ନାଥୁ ପାଇଁ ତୋଳା ହୋଇବ ମନ୍ଦିର ।

ଧୀରେ ଧୀରେ ତୁମ ପ୍ରତିମୂର୍ତ୍ତିମାନ
ଅପସରି ଯିବ ନଗରୁ ବଜାରୁ,
ନାଥୁ ପ୍ରତିମୂର୍ତ୍ତି ହେବେ ଉନ୍ମୋଚନ
ତା ବଦଳେ, ଶୁଣେ ଲୋକଙ୍କ ମୁଖରୁ।

ତୁମ ପାଇଁ ନିଶ୍ଚେ ଏ ଶୁଭ ଖବର
ଚାହୁଁ ତ ନଥିଲ ତୁମେ ଫୁଲ ମାଳ,
ତା ଛଡ଼ା ଆହୁରି ତୁମ ମୂର୍ତ୍ତି ପରେ
ଦେଖିବୁନୁ ଆମେ ଚଢ଼େଇଙ୍କ ମଳ।

ତୁମେ ଗୁଳିମାଡ଼େ ଯେବେ ଗଲ ଚାଲି
ଶେଷ ଶବ୍ଦ ଥିଲା ତୁମର "ହେ ରାମ",
ଏବେ ବି ଜନତା କଥାରେ କଥାରେ
ଉଚ୍ଚାରନ୍ତି ସଦା " ଜୟ ଶିରୀ ରାମ"।

ଜାଣି ହେବ ଖୁସି ଅଯୋଧ୍ୟା ନଗରେ
ମସଜିଦ ଭାଙ୍ଗି ରାମଙ୍କ ମନ୍ଦିର,
ହୋଇବ ସ୍ଥାପନା ସକଳ ପ୍ରଚେଷ୍ଟା
ଏତେ ବର୍ଷ ପରେ ହେଉଛି ସାକାର।

ସତ୍ୟ ଯୁଗର ଏ ଲାଗୁଛି ସଙ୍କେତ
ରାମ ରାଜ୍ୟ ହେବ ଭାରତେ ଥାପନା,
ତୁମ ସ୍ୱପ୍ନ ହେବ ଏତେ ଦିନେ ସତ୍ୟ
ଯାହାଥିଲା ଖାଲି ତୁମର ଭାବନା।

ପ୍ରୀତ ହେବ ଜାଣି ତୁମ ଗୁଜୁରାଟୁଁ
ଚଳାଉଅଛନ୍ତି ନେତା ଏବେ ଦେଶ,
ଜନେ କହିବାରେ ତାଙ୍କ ନେତୃତ୍ୱରେ
ହେଲାଣି ଦେଶର ବିପୁଳ ବିକାଶ।

ବିମୁଦ୍ରୀ କରଣ ହେବାପରେ ଲୋପ
ପାଇଗଲା ପରା କଳା ଧନତକ,
ତା ସହିତେ ପୁଣି ଛାଏଁ ଉଭେଇଛି
ଅନ୍ୟାୟ ଅନୀତି ଭ୍ରଷ୍ଟାଚାର ଯାକ।

ସରକାରଙ୍କର ସ୍ୱଚ୍ଛ ଅଭିଯାନ
ଯୋଜନା ବଳରେ ସବୁ ସ୍ୱଚ୍ଛମୟ,
ଭାରତେ ଅସନା ନାହିଁ ଆଉ ପରା
ଚଉଦିଗ ଦିଶେ ବିଦେଶ ପରାୟ।

କଚେରି ହତାରେ ପୁଲିସ ଆଗରେ
ଓକିଲେ ପିଟନ୍ତି ମୁଦାଲାକୁ ଧରି,
ତୁମେତ ଓକିଲ ନିଜେ ବିଚାରିବ
ମୁଁ ଅବା କହିବି କାହିଁକି କିପରି।

ତୁମେ କହୁଥିଲ ଯଦି କେହି ମାରେ
ଗୋଟିଏ ଚାପୁଡ଼ା ଗୋଟିଏ ଗାଲରେ,
ଦେଖେଇବ ତାକୁ ଆର ଗାଲଟିକୁ
ସେ ଗାଲେ ଯେମିତି ଚାପୁଡ଼ା ସେ ମାରେ।

ଆଜି କିନ୍ତୁ ଶିକ୍ଷା ଭିନ୍ନ ପ୍ରକାରର
ଯଦି କେହି ଦେଲା ଗୋଟିଏ ଚାପୁଡ଼ା,
ଚାପୁଡ଼ା ତ ଛାଡ଼ ଆଖିପିଛୁଳାକେ
ହେଉଅଛି ଲାଠି ବନ୍ଧୁକର ଲୋଡ଼ା।

ଆଉ କହୁଥିଲ ଏକ ଚକ୍ଷୁ ପାଇଁ
ଅନ୍ୟ କାର ଚକ୍ଷୁ କେହି ନଷ୍ଟ କଲେ,
ହୋଇଯିବେ ଅନ୍ଧ ସମସ୍ତେ ରାଇଜେ
ପ୍ରତିଶୋଧ ଫଳ ଭୋଗିବେ ସକଳେ।

ବାପୁ ତମେ ଥିଲ ଅହିଂସା ପ୍ରତୀକ
ଅହିଂସା ଅଧୁନା ପୁରା କାଳ କଥା,
ଚକ୍ଷୁ କଥା ଛାଡ଼ ସେ ଜମାନା ନାହିଁ
ମୁହଁ ଯଦି ଖୋଲ ଉଡ଼ିଯିବ ମଥା ।

ରଖିଥିଲ ନିଜ ଝରକାକୁ ଖୋଲି
ବହୁଥିଲା ଅନ୍ୟ ସଭ୍ୟତାର ବାଆ,
ବଦଳୁ ନଥିଲା ନିଜର ସଂସ୍କୃତି
ଅଖଣ୍ଡ ଅକ୍ଷୁର୍ଣ୍ଣ ରହୁଥିଲା ତାହା ।

ଏବେ ତୁମ କଥା ପଚାରୁଛି କିଏ
ନିଜ ଧର୍ମ ବଡ଼ କହି ସର୍ବେ ବ୍ୟସ୍ତ,
ନିଜ ଧର୍ମ ପାଇଁ ଡିଣ୍ଡିମ ବଜାଇ
ପ୍ରଚାରିବା ପାଇଁ ସଭିଏଁ ଅଭ୍ୟସ୍ତ ।

ମୁହିଁ ଅପଗଣ୍ଡ ମୁର୍ଖ ମନେ ଦ୍ୱନ୍ଦ୍ୱ
ନପାରଇ ଜାଣି କିଏ ମନ୍ଦ ଭଲ,
ସତ୍ୟ ଯୁଗ କିଏ କଳି ଯୁଗ କିଏ
ଦିବା ସ୍ୱପ୍ନ ଦେଖି ହୁଏ କଲ ବଲ ।

ତୁମେ ହିଁ ତ ଆମ "ଦେଶର ଜନକ"
ଆତତାୟୀ ଗୁଳି ବୁକୁପରେ ନେଇ,
ସେପାଇଁ ଭାବିଲି ପତ୍ରଟିଏ ଦେବି
ଏବର ସମସ୍ତ ଖବର ଜଣାଇ ।

ବାପୁଜୀଙ୍କୁ ପତ୍ର-୨

ଶ୍ରଦ୍ଧେୟ ବାପୁଜୀ ମୋର ପୂର୍ବ ଚିଠି
ପାଇଥିବ ବୋଲି କରୁଛି ମୁଁ ଆଶା,
ଲେଖିଥିଲି ଯହିଁ ତନ୍ନ ତନ୍ନ କରି
ଦେଶର ଖବର ଦେଶର ସମସ୍ୟା।

ଆଜିକାଲି ଏଠି ଭାରତେ ଘଟଇ
ପ୍ରତି ଘଣ୍ଟାକରେ ନୂତନ ଖବର,
ଇଣ୍ଟରନେଟ୍ ବଳେ ତଡ଼ିତ୍ ବେଗରେ
ପହଞ୍ଚେ ଖବର ଦେଶ ଦେଶାନ୍ତର।

ଜାଣି ଖୁସି ହେବ ଏବେ ଭାରତରେ
ରାମ ରାଜ୍ୟ ପାଇଁ ଚାଲିଛି ଯୋଜନା,
ମସଜିଦ୍ ଭାଙ୍ଗି ଅଯୋଧ୍ୟା ନଗରେ
ହୋଇବ ରାମଙ୍କ ମନ୍ଦିର ସ୍ଥାପନା।

ଇଏତ ଦେଶର ବିପୁଳ ବିଜୟ
ସୁପ୍ରିମ କୋର୍ଟର ଶୁଣାଣି ଫଳରେ,
ରାମଙ୍କର ନିଶ୍ଚେ ଆଶୀର୍ବାଦ ଇଏ
ତେଣୁ "ଶୀରି ରାମ" ସଭିଙ୍କ ମୁହଁରେ।

ପୁଲିସ ହାଜତେ ଆସାମୀଙ୍କୁ ଗୁଳି
କରି ହୁଏ ଏବେ କେସ୍ ସମାଧାନ,
ଆଗ ଭଳି ଆଉ କୋର୍ଟ କଚେରିରେ
ଓକିଲ ଜଜ୍‌ର ନାହିଁ ପ୍ରୟୋଜନ ।

ସୁଇସ ବ୍ୟାଙ୍କରୁ କଳାଧନ ଆଣି
ବାଣ୍ଟେ ସରକାର ଆଜି ଘରେ ଘରେ,
ସେପାଇଁ ଖୋଜିଲେ ମିଳିବେନି ଆଉ
ଗରୀବ ଗୁରୁବା ଆଜି ଭାରତରେ ।

ପିଆଜର ଭାଉ ଯେତେ ହେବ ହଉ
କିଆଁ ଦରକାର ତାର ସମାଧାନ,
ପିଆଜତ ଆମ ଅର୍ଥ ମନ୍ତ୍ରୀ କେବେ
ଖାଆନ୍ତିନି ବୋଲି ଦିଅନ୍ତି ଭାଷଣ ।

ଅର୍ଥନୀତି ତାଙ୍କୁ ପଚାରିବ କିଏ
ଜିଡିପି ନମ୍ବର ତାଙ୍କର ଅଧୀନ,
ନମ୍ବର କାମରେ ହେରାଫେରି ଯାକ
କିଏବା ଜାଣିବ ରହିଲେ ମଉନ ।

ସହର ମାନଙ୍କ ନାମ ବଦଳୁଛି
ଏହା ନୂଆ ସରକାରଙ୍କ ଯୋଜନା,
ନାମ ବଦଳିଲେ ଘଟିବ ବିକାଶ
ନିଶ୍ଚୟ ଇଏତ ମୌଳିକ ଭାବନା ।

ଆଲହାବାଦ ହୁଏ ପ୍ରୟାଗରାଜ ତ
ଦିନଦୟାଲ ନାମେ ମୋଗଲ ସରାଇ,
ଏମନ୍ତ ଅଭୂତ ପୂର୍ବକ ବିକାଶ
ଆଗରୁ ଦେଶରେ କେହି ଦେଖି ନାହିଁ ।

ତିନିଶ ସତୁରୀ ଧାରା କାଶ୍ମୀରରୁ
ଆଖି ପିଛୁଳାକେ ହୋଇଲା ଉଚ୍ଛେଦ,
କାଶ୍ମିରୀଏ ଖୁସ୍ ଭାରତୀୟ ଖୁସ୍
ଆତଙ୍କବାଦୀଏ ଗଣନ୍ତି ପ୍ରମାଦ।

କାଶ୍ମୀର ଭେଲି ନିରବ ନିସ୍ତବ୍ଧ
ସ୍ଥାନୀୟ ନେତାଏ ଏ ଯାଏଁ ହାଜତେ,
କେନ୍ଦ୍ର ସରକାର ଅଧୀନରେ ରାଜ୍ୟ
ପୂର୍ଣ୍ଣ ସୁରକ୍ଷିତ ଜବାନଙ୍କ ହାତେ।

କାଶ୍ମୀର ଝିଅଙ୍କ ଭାଗ୍ୟ ଫିଟିଗଲା
ବୋଲି କହୁଛନ୍ତି ଭାରତୀୟ ନେତା,
ସାରା ଭାରତରୁ ପୁଅ ମାନେ ଏବେ
ବିଭାହେବେ ଗୋରୀ କାଶ୍ମୀର ଦୁହିତା।

ସତୁରୀ ବରଷ ଲାଗି ଲାଗି ଯାହା
କରିପାରିଲେନି କଂଗ୍ରେସିଆ ଦଳ,
ଏବେକାର ନେତା ଛାଏଁ ଦେଖେଇଲେ
ଇଏ ପରା ତାଙ୍କ ବାଆଁ ହାତ ଖେଳ।

ନୂତନ ସିଏଏ କାନୁନ୍ ବଳରେ
ନିଷ୍କେସିତ ଲୋକେ ଆସିବେ ଭାରତେ,
ମୁସଲମାନଙ୍କୁ ଛାଡ଼ି ଅନ୍ୟ ଧର୍ମୀ
ନାଗରିକ ହେବେ ହିନ୍ଦୁଙ୍କ ସହିତେ।

ଏନ୍ଆଆର୍ସି ବଳରେ ଖୋଜା ହେବେ ଯିଏ
ନୁହଁନ୍ତି ଭାରତ ବର୍ଷ ନାଗରିକ,
ସମୟ ଆସିଲେ କଢ଼ା ହେବେ ଦେଶୁଁ
ଗଳା ଧକ୍କା ଦେଇ ଏକ ପରେ ଏକ।

ଜନତା କହନ୍ତି ଇଏ ଅସମ୍ଭବ,
ଧର୍ମ ନିରପେକ୍ଷ ଆମ ସମ୍ବିଧାନ,
ସବୁ ଧର୍ମୀଙ୍କର ସମ ଅଧିକାର
ସଭିଙ୍କର ଦାବୀ ସଭିଏଁ ସମାନ।

ଏ ସବୁକୁ ନେଇ ଜନତା କରଇ
ବିକ୍ଷୋଭ ଦେଶରେ ଦିନ କେତେ ହବ,
ସରକାର କହେ ଆମେ ସରକାର
ଆମର କାନୁନ ଜନତା ମାନିବ।

ବିଶ୍ୱବିଦ୍ୟାଳୟ ଛାତ୍ର ଛାତ୍ରୀଗଣ
ଅର୍‌ବାନ୍ ନକ୍ସାଲ ନାମରେ ନାମିତ,
ସେମାନଙ୍କ ପରେ ଘନ ଘନ ହୁଏ
ପୁଲିସ ଚଢ଼ାଉ ଲାଠି ମାଡ଼ ଲାତ।

ଆଜି ଗୋଟେ କଥା କାଲି ଆଉ ଗୋଟେ
ଦେଶରେ ଘଡ଼ିକେ ଘୋଡ଼ା ଛୁଟୁଅଛି,
କ୍ଷୁଦ୍ର ମଥା ମୋର ନ ବୁଝି ପାରଇ
କିଏ ଭୁଲ୍ କିଏ ଠିକ କହୁଅଛି।

ନେତା କହୁଛନ୍ତି ଦେଶ ଆଗଉଛି
ରାମରାଜ୍ୟ ସ୍ୱପ୍ନ ହେଉଛି ସଫଳ,
"ଆଲ୍ ଇଜ୍ ୱେଲ୍" ସବୁଠି ବିକାଶ
ସବୁଠି ଉନ୍ନତି ସବୁଠି ମଙ୍ଗଳ।

ଶୁଣିଲି ଆହୁରି ହୁଏ ଟଳମଳ
ତୁମ "ବାପୁ" ପଦ ଭାରତ ବର୍ଷରେ,
ମାର୍କିନ ଦେଶର ରାଷ୍ଟ୍ରପତି ପରା
ଥୋଇଲେଣି ତାକୁ ଅନ୍ୟ ମଥା ପରେ।

ଭାବିଲି ବାପୁଜୀ କରୁଥିବ କାଳେ
ଭାରତର ଚିନ୍ତା ସ୍ୱର୍ଗପୁରେ ରହି,
ସେଥି ପାଇଁ ଖଣ୍ଡେ ଲେଖିଦେଲି ଚିଠି
ବିଶେଷ ଖବର ଜଣେଇବା ପାଇଁ।

ବାପୁଜୀଙ୍କୁ ପତ୍ର-୩

ଶ୍ରଦ୍ଧେୟ ବାପୁଜୀ ଏକ ଏକ କରି
ଦୁଇଖଣ୍ଡ ପତ୍ର ଲେଖିଛି ଆଗରୁ,
ଆଶା କରୁଅଛି ପଢ଼ିଥିବ ନିଶ୍ଚେ
ପାଇଥିବ ଦେଶ ଖବର ସେଥିରୁ।

ନୂଆବର୍ଷ ଯୋଗୁଁ ଆସିଲା ମନରେ
ତୃତୀୟ ପତ୍ରଟି ଲେଖିବି ତୁମକୁ,
ନିଶ୍ଚୟ ତୁମର ମନ ହେଉଥିବ
ଦେଶ ସମାଚାର ସବୁ ଜାଣିବାକୁ।

ଜାଣିହେବ ଖୁସି ଅଯୋଧ୍ୟା ନଗରେ
ରାମଙ୍କ ମନ୍ଦିର ହେଉଛି ନିର୍ମାଣ,
ଶୁଭ ବେଳା ଦେଖି ନେତାଙ୍କ ହସ୍ତରେ
ଭିତ୍ତି ପ୍ରସ୍ତରର ହୋଇଛି ସ୍ଥାପନ।

ଏହା ହେବାପରେ ନେତାଙ୍କ ମତରେ
ଦେଶ ଦିଶିଲାଣି ରାମରାଜ୍ୟ ପରି,
ପଡୁନାହିଁ ତାଲା ଦାଣ୍ଡ କବାଟରେ
ଦେଖିବାକୁ ମିଳୁ ନାହିଁ ଆଉ ଚୋରି।

ଧନୁର୍ଦ୍ଧାରୀ ରାମ ମହାପ୍ରଭୁଙ୍କର
ଚିତ୍ରପଟ ଶୋଭେ କାନ୍ଥ ମାନଙ୍କରେ,
ଦିବା ରାତ୍ର ଖାଲି ଉଚ୍ଚାରଣ ହୁଏ
"ଜୟ ଶିରୀରାମ" ସଭିଙ୍କ ମୁଖରେ।

ଏତିକି କେବଳ କେତେ ସୀତାଙ୍କର
ମିଳୁ ନାହିଁ ଦେଖା ଏବେ ସମାଜରେ,
ଅସହ୍ୟ ହେବାରୁ କଷଣ ଧର୍ଷଣ
ପଶି ଯାଇଛନ୍ତି ବସୁଧା ଗର୍ଭରେ।

ମଝିରେ ମଝିରେ ଛାତ୍ର ଛାତ୍ରୀମାନେ
କରୁଥିଲେ ପ୍ରଶ୍ନ ସମ୍ବିଧାନ ନେଇ,
ଧର୍ମ ନିରପେକ୍ଷ ବୋଲି ମାଗୁଥିଲେ
ସମ ଅଧୀକାର ସମସ୍ତଙ୍କ ପାଇଁ।

କିଛି ଦିନ ଧରି କରିଲେ ବିକ୍ଷୋଭ
ସମ୍ବିଧାନ ମାନ ବଞ୍ଚେଇବା ପାଇଁ,
ଏମିତି ପିଟାଣି ଦେଲା ସରକାର
ଏବେ ସବୁ ଚୁପ୍ ଲାଠିମାଡ଼ ଖାଇ।

ଜାଣି ହେବ ଖୁସି,

ଦିଲ୍ଲୀ ଦୁର୍ଗ ଏବେ ଖଟିଖିଆ ସେଇ
କୃଷକ କବଳୁ ହୋଇଅଛି ମୁକ୍ତ,
ତା ମଧ୍ୟେ ସମସ୍ତ ମନ୍ତ୍ରୀ ମହାମନ୍ତ୍ରୀ
ବାସ କରୁଛନ୍ତି ହୋଇ ସୁରକ୍ଷିତ।

ଦୁର୍ଗ ଚତୁର୍ଦ୍ଦିଗେ ପିଚୁ ରାସ୍ତା ପରେ
ହୋଇଅଛି ପୋତା ଲୌହ କଣ୍ଟାମାନ,

ହୋଇଛି ନିର୍ମାଣ ସିମେଣ୍ଟ ପ୍ରାଚୀର
ନପଶିବା ପାଇଁ ଖଟିଖିଆ ଗଣ ।

ଏ ସବୁ ଉପରେ ଶହ ଶହ ସୈନ୍ୟ
ଛାଉଣୀ ପଡ଼ିଛି ଦିଲ୍ଲୀ ନଗରୀରେ,
ଲାଗନ୍ତି ଯେପରି ଚିନ ଆକ୍ରମଣ
ଅଟକାଉଛନ୍ତି ଭାରତ ସୀମାରେ ।

କିଷାନ୍‌ଙ୍କୁ ଏବେ ଜବାନ୍ ଜଗୁଛି
ପ୍ରଗତୀ ପଥରେ ଏବେ ହିନ୍ଦୁସ୍ତାନ୍,
ଏହା କେହି କେବେ ଶୁଣିବି ନଥିଲେ
ଜୟରେ ଜବାନ୍ ଜୟରେ କିଷାନ୍ ।

ଏପରି ପ୍ରଗତୀ ଏମିତି ବିକାଶ
କ୍ଷୀଣ ବୁଦ୍ଧି ମୋର ବୁଝି ନପାରଇ
କୁହ ବାପୁ ତୁମେ ଏପରି ଘଟଣା
ରାମ ରାଜ୍ୟର କି ଲକ୍ଷଣ ଅଟଇ ?

ମନରେ ଆସିଲା ଲେଖିଦେବି ଖଣ୍ଡେ
ଜାଣି ଖୁସି ହେବ ଦେଶର ଖବର,
ଦେଶର ଜନକ ହିସାବେ ଭାବିଲି
ଏ ସବୁ ଜାଣିବା ତୁମ ଅଧିକାର ।

■

ମାଙ୍କଡ଼ ହାତରେ ଶାଳଗ୍ରାମ

ହାୟ ରେ ହାୟ ରେ ଆମେରିକାବାସୀ
ହରେଇ ଦେଲ କି ବୁଦ୍ଧି ବୃତ୍ତି ।
ଶେଷକୁ ଗୋଟିଏ ବଫୁନ୍‌କୁ ଆଣି
ବନେଇଲ ତମ ରାଷ୍ଟ୍ରପତି !

ବଫୁନ୍‌ଟି ପୁରା ବାନର ସମାନ
ଯାହାର କି ନାହିଁ କାଣ୍ଡ ଜ୍ଞାନ,
ହାତେ ପାଇବାରୁ ଦେଶ ଶାଳଗ୍ରାମ
ନଚେଇ ନଚେଇ ନେଲା ପ୍ରାଣ ।

ଧୂଆଁବାଣ ମାରି କହିଲା କ'ଣ ନା
ଆମେରିକା ପୁଣି ଗ୍ରେଟ୍ ହବ,
ମେକ୍ସିକୋ ସୀମାନ୍ତେ ସୁରକ୍ଷା ନିମନ୍ତେ
ବିଶାଳ ପ୍ରାଚୀର ତୋଳା ହେବ ।

ବ୍ୟୟ ଯେତେ ହେବ ମେକ୍ସିକୋ ଭରିବ
ଏମିତି ଉଦ୍ଭଟ ବୁଦ୍ଧିରେ ହିଁ,
ଏକା ଥରକରେ ଆମେରିକା ବାସୀ
ବୁଦ୍ଧୁ ବନିଗଲେ ଖୁସି ହୋଇ ।

ବାବୁ ଜଣକ ଯେ କେଡ଼େ ଗୁଣବନ୍ତ
ଖୋଲି ନକହିଲେ ଯିବ ଚଳି,
କେତେ ଯେ ତରୁଣୀ ତା କବଳେ ପଡ଼ି
ମହତକୁ ଦେଲେ ଜଳାଞ୍ଜଳି।

ଯେ ଦିନୁ ନେଲା ସେ ରାଷ୍ଟ୍ରପତି ପଦ
ଉପଦେଷ୍ଟା ହେଲେ ଝିଅ ଜ୍ୱାଇଁ,
ପୁଅମାନେ ତାର ସରକାରୀ ଖର୍ଚ୍ଚେ
ବ୍ୟବସାୟ କଲେ ନିଜ ପାଇଁ।

ରାଷ୍ଟ୍ରପତି ବାବୁ ଦିନରାତି ବସି
ଟୁଇଟ ମାଧ୍ୟମେ ଦେଲେ ବାର୍ତ୍ତା,
ଦେଶ ଚଳେଇଲେ ଗୋଡ଼ାଣିଆ ଦଳ
ହୋଇ ବାବୁଙ୍କର ହର୍ତ୍ତା କର୍ତ୍ତା।

ବେରୋଜଗାରୀଙ୍କ ସଂଖ୍ୟା ବଢ଼ି ଯାଇ
ଦେଶବାସୀ ହେଲେ ହଇରାଣ,
ଆଗ ଯେତେ ଥିଲା ତା'ଠାରୁ ଅଧିକ
ବଢ଼ିଗଲା ଆମେରିକା ଋଣ।

ହିଂସା, ଦ୍ୱେଷ, ଧର୍ମ, କଳା ଗୋରା ଭେଦ
ବୃଦ୍ଧି ପାଇ ଚାରି ବରଷରେ,
ଯେଉଁ ଆମେରିକା ହୁଙ୍କାରୁ ଥିଲା
ଲୋକ ହସା ଏବେ ପୃଥିବୀରେ।

ଆସିଛି ଯେମିତି କୋଭିଡ ବେମାରୀ
ଆମେରିକା ହେଲା ଥରହର,
ଲକ୍ଷ ଲକ୍ଷ ଲୋକେ ମରିବା ସତ୍ତ୍ୱେ ବି
ନିଦ ନ ଭାଙ୍ଗିଲା ବାବୁଙ୍କର।

ବିଶ୍ୱନେତା ଯେବେ କୋଭିଡ ଦାଉରୁ
ରକ୍ଷା ପାଇବାକୁ ହେଲେ ଭାଳି,
ନିର୍ବିଘ୍ନେ ନିଶ୍ଚିନ୍ତେ ସାଙ୍ଗମେଳ ନେଇ
ବାବୁ ପଳେଇଲେ ଗଲ୍ଫ ଖେଳି।

ଏମିତି ବିତିଲା ଚାରୋଟି ବରଷ
ଆସିଲା ଶେଷକୁ ନିର୍ବାଚନ,
କିପରି ହୋଇବ ପୁଣି ରାଷ୍ଟ୍ରପତି
ମନ ହେଲା ତାର ଛନ ଛନ।

ଚାମଚା ଦଳଙ୍କୁ ଶୁଣାଇ କହିଲା
"ମୋ ଭଳିଆ କେହି ରାଷ୍ଟ୍ରନେତା,
ନଥିଲେ କେବେ ବି ନହୋଇବେ କେବେ
ଭୋଟ ଦିଅ ମାନି ମୋର କଥା।"

ଲାଗିଲା ଲଢ଼େଇ, ନିର୍ବାଚନ ହେଲା
ଭୋଟ ଗଣତି ବେଳ ହେଲା,
ଗଣନାର ଶେଷେ ହାରି ଯାଇ ସିଏ
ତଳେ ପଡ଼ି ମାଟି ଖାଇଗଲା।

ତଥାପି ନ ମାନି ଓକିଲଙ୍କୁ ଧରି
ଲାଗିଗଲା କେସ୍ ଠୁଙ୍କିବାରେ,
କେସ୍ ବି ହାରିଲା, ତଥାପି ଜିତିବା
ଆଶା ନେଇ ଏବେ ଅପେକ୍ଷାରେ।

ସର୍ବେ ସନ୍ଦୀହାନ "ହ୍ୱାଇଟ୍ ହାଉସ୍"
ଛାଡ଼ିବ କି ସିଏ ନ ଛାଡ଼ିବ,
କିଏ ଜାଣେ ପୁଣି ଶେଷକୁ ବଫୁନ୍
କେଉଁ ଚାଲ୍ ପୁଣି ଭିଆଇବ।

ସମ୍ମାନ ବାବୁଙ୍କ ହୋଇଗଲା କଣ।
ହାରି ଯିବା ଯୋଗୁଁ ନିର୍ବାଚନ,
ରଜାଙ୍କ ଭଳିଆ ରହିଥାନ୍ତା ସିଏ
ହ୍ୱାଇଟ୍ ହାଉସେ ଚିରଦିନ।

ହେଲା ହେଲା ସିଏ କାର୍ଟୁନ୍ ଗୋଟିଏ
ତାର ଏତେ ପୁଣି ସମର୍ଥକ।
ଚଉସ୍ତରୀ ମିଲିଅନ ଶୁଣିଦେବା କ୍ଷଣି
ପାଲଟି ଯାଆନ୍ତି ସର୍ବେ ମୁକ।

ଆମେରିକା ଯାଇ ବିଶ୍ୱ ଦରବାରେ
ଗଣତନ୍ତ୍ରର ମନ୍ତ୍ର ପ୍ରଚାରେ,
(ହେଲେ) ତାଙ୍କ ରାଷ୍ଟ୍ରପତି କୁରାଢ଼ୀ ମାରୁଚି
ଗଣତନ୍ତ୍ରର ପାଦ ଉପରେ।

■

ଆମେରିକାର ରାଷ୍ଟ୍ରପତି ନିର୍ବାଚନ ପରିପ୍ରେକ୍ଷୀରେ ଲିଖିତ।

ଯିବି ମୁଁ ବାବାଜି ହୋଇ

ଧନ୍ୟରେ ପିଆଜ ଧନ୍ୟ ତୋର ଗୁଣ
ଧନ୍ୟ ତୋର କରାମତି,
ପାର୍ଲିଆମେଣ୍ଟରେ ତୋହରି ଉପରେ
ଆଲୋଚନା ହୁଏ ନିତି।

କି ଯେ ତୁ କୁହୁକ କରୁଛୁ, ସଭିଏଁ
ତୋତେ ହିଁ ଭଲ ପାଆନ୍ତି,
ତୋର ଉଚ୍ଚା ଭାଉ ବଦଳେଇ ଦିଏ
ଭାରତର ରାଜନୀତି।

ଦି' ହଜାର ତେର ମସିହାରେ ତୋର
ବଢ଼ିଯିବା ଯୋଗୁଁ ଦର,
କଂଗ୍ରେସ ହାରିଲା ବିଜେପି ଗଢ଼ିଲା
ଭାରତରେ ସରକାର।

ଏବେ ଚାଲିଲାଣି ତୋତେ କେନ୍ଦ୍ର କରି
ପୁଣି ରାଜନୀତି ଖେଳ,
ତୋ' ଦର ଆକାଶ ଛୁଇଁଲାରୁ ହୁଏ
ସରକାର ଟଳମଳ।

ପାର୍ଲିଆମେଣ୍ଟରେ ନିର୍ମଳା ମାଡାମ୍
ସଫା ସଫା ଦେଲେ କହି,
ପିଆଜ ଜମାରୁ ଖାଆନ୍ତିନି ସିଏ
ତେଣୁ ଦର ଜଣା ନାହିଁ।

କିଏ ଜାଣିଥିଲା ତୋ' ଆଗେ ଏମିତି
ସରକାର ହେବ ନ୍ୟୁନ,
ମଝିରେ ମଝିରେ ଦେଖେଇ ଦଉଛୁ
ତୋହର ଅସଲ ଗୁଣ।

ଫେସବୁକ୍ ଟିଭି ଖବର କାଗଜେ
ସବୁଠିଁ ପିଆଜ କଥା,
ଏହା ଦେଖି ଦେଖି ହେଲିଣି ବାଇୟା
ଚକ୍କର କାଟୁଛି ମଥା।

ତେଣୁ ମୁଁ ଭାବୁଛି ଆଜି ଠାରୁ ଆଉ
ପିଆଜ ଭକ୍ଷିବି ନାହିଁ,
ଦିକ୍ଷା ନେଇ ଘର ଭାରିଜାକୁ ଛାଡ଼ି
ଯିବି ମୁଁ ବାବାଜି ହୋଇ।

■

ବ୍ଲାକ୍ ଇଗଲ୍ ବୁକ୍ସ ପ୍ରକାଶିତ
ଡକ୍ଟର ଗଗନ ବିହାରୀ ପାଣିଗ୍ରାହୀଙ୍କ
ଏକ ବାସ୍ତବଧର୍ମୀ ଜୀବନାବୃତ୍ତ

'ଯାହା କଲି ଯାହା ପାଇଲି'

ସଂଗ୍ରହ କରନ୍ତୁ

Our books are available on below Amazon sites:
Amazon India: www.amazon.in, **Amazon USA:** www.amazon.com, Amazon Canada: www.amazon.ca, Amazon UK: www.amazon.co.uk, Amazon Spain: www.amazom.es, Amazon Italy: www.amazon.it, Amazon Netherlands: www.amazon.nl, Amazon Germany: www.amazon.de, Amazon France: www.amazon.fr, Amazon Japan: www.amazon.co.jp, Amazon Australia: www.amazon.com.au, Amazon Mexico: www.amazon.com.mx, Amazon Brazil: www.amazon.com.br, Amazon Singapore: www.amazon.sg, Amazon Arab Emirates: www.amazon.ae

ପ୍ରାପ୍ତି ସ୍ଥାନ (ଭୁବନେଶ୍ୱର)

ବ୍ଲାକ୍ ଇଗଲ ବୁକ୍ସ ଇଣ୍ଟେଲେକ୍ଟ୍ ସେଣ୍ଟର, ୧୨୯୪(ପି), ସିଆର୍ପିଏଫ୍ ସ୍କୋୟାର

BLACK EAGLE BOOKS

www.blackeaglebooks.org
info@blackeaglebooks.org

Black Eagle Books, an independent publisher, was founded as a nonprofit organization in April, 2019. It is our mission to connect and engage the Indian diaspora and the world at large with the best of works of world literature published on a collaborative platform, with special emphasis on foregrounding Contemporary Classics and New Writing.

www.ingramcontent.com/pod-product-compliance
Lightning Source LLC
Chambersburg PA
CBHW060556080526
44585CB00013B/584
9781645605560